政治リテラシーを考える

市民教育の政治思想

関口正司 編

風行社

[目次]

編者はしがき

本書は、共同研究「〈政治リテラシー〉の理論的研究と政治学教育への実践的展開」の研究成果として、共同研究チーム八名の論文を集成したものである。研究目的としては、当初より、以下のようなものを掲げている（科研費申請書より）。

本研究の目的は、現代の民主政治を担う市民に必要とされる「政治リテラシー」（政治に関する知識・技能・態度の複合体）の要素や内容を同定し、この知見に基づいて大学の政治学系カリキュラムを実際に開発することである。政治的無関心やポピュリズムなど、現代民主主義社会の市民の意識や資質にかかわる問題に対処するには、市民の「政治リテラシー」を高める教育に、政治学が率先して取り組む必要性がある。そこで本研究では、(1)「政治リテラシー」概念の歴史的・思想史的解明、(2)現代政治哲学における「政治リテラシー」概念の理論的整理、(3)「政治リテラシー」を獲得目標とする具体的な教育カリキュラムの構想と試行により、この課題に応える。

政治リテラシーという言葉の意味については、本書第一章で取り上げられるので詳細な説明はそちらに譲るとして、おおよその意味は、上記の研究目的でも言及しているように、デモクラシー社会における市民に必須と考えられる政治的資質ということであり、政治の営みにかんする知識・技能・態度の複合体、ということである。このような政治リテラシーを、理論、思想史、実際の取組という三つの観点から検討するのが、本書の趣旨である。

まず、第一章では、政治リテラシーの概念を整理した上で、クリックが提唱した政治リテラシー教育における概念アプローチを、実践面と理論面の双方から批判的に検討し、改良の可能性を示す。また、政治リテラシーにおける政治的思慮の要素の重要性を強調する。第二章では、市民を孤立した形でとらえるのではなく関係の網の目という見方から捉え直す視点から、主権者教育における責任や義務の扱い方を検討する。第三章は、『クリック・レポート』以後のイギリスにおけるシティズンシップ教育論の見直しの動向を、「徳論なき市民的共和主義」の可能性という観点から検討する。

以上の実践的および理論的な論考の後は、思想史的アプローチによる論考が続く。第四章では、とかく対比・対立という観点でとらえられがちなリップマンとデューイという二人の思想家を、公衆の政治教育という両者に共通の土俵で捉え直すことが試みられる。第五章はブルクハルトを取り上げた論考であり、とくにブルクハルトのルーベンス論に注目しながら、バランス感覚という政治リテラシーに必須のものが、市民型教養のあり方に取り入れられている点を考察している。第六章で取り上げられるのは、マシュー・アーノルドである。デモクラシーの必要性を認める一方で、政治と一線を画しながらも政治の質を左右する人文的教養のあり方を追求したアーノルドの思想的営為が探究されている。第七章では、専門家・知識人と一般人との乖離というデモクラシーの逆説と、現代産業文明がもたらす欲求の肥大化という二つの大きな問題への対処という観点から、リンゼイによる市民教育の取組を検討している。最後に、第八章では、アメリカの神学者、ラインホールド・ニーバーを取り上げ、宗教と政治リテラシーという問題を正面から検討している。世俗主義的な政治へのアプローチがともすれば政治一色に染まりがちで、宗教や芸術などの幅広い非政治的領域の意義を見落とす危険に注意を払う必要があることを考慮に入れると、この論考は重要な意義を持っている。これは第五章、第六章、第七章の論考にも共通する点でもあり、これらの論考は、かつてレイモンド・ウィリアムズが『文化と社会』で提起した way of life としての文化・教養（culture）という問題を、あらためて政治リテラシーの視角からとらえ直そうとする試みだとも言えるだろう。

市民教育や政治教育、さらにシティズンシップ教育など、呼び方はさまざまであれ、政治の次元での市民（国民）の教育というテーマは、けっして新しくない。古代デモクラシーの時代はひとまず措くとしても、一九世紀以降、デモクラシーの政治体制において主人公の位置にいる市民（国民）の資質（知識・技能・態度）が、この政治体制の実際の善し悪しを左右するという問題意識から、市民教育は、政治思想の一大トピックとなってきた。それは、本書所収の思想史的研究からも明らかである。

市民教育を理論的にばかりでなく、実践的な取組として重視する傾向は、今では、世界大に広がっている。あるいは少なくとも、民主主義体制をとる先進諸国ではそうである。日本も例外ではない。第二次大戦後の民主化の過程で、デモクラシーの理想を掲げつつ独自の取組がさまざまな形で行なわれてきた。二一世紀に入る頃には、イギリスのシティズンシップ教育の現状についての情報が多くなり、それを題材にした理論的考察や、実験的な授業の取組も進んだ。こうした動きはまだ小さなものであったかもしれないが、地道に積み上げていくことで、日本独自の政治的文化的資産になる可能性も期待できた。このような期待から、われわれの共同研究は、二〇一四年に開始されたのである。

この研究期間中に、日本では、政治リテラシー教育の方向を左右する重要な法改正が行なわれた。一八歳以上の国民に投票権を与える憲法改正のための国民投票法が二〇〇七年に成立して以後、選挙権の年齢下限を一八歳に引き下げる動向が強まり、二〇一五年にはこの引き下げを定めた改正公職選挙法が成立し、二〇一六年の参議院選挙から適用が始まったのである。これで、政治リテラシー教育の自発的な取組をとりまく環境は大きく変わった。有志的な小規模の取組とはまったく別次元で、全国的に制度的な取組として「主権者教育」が始まったのである。経験のない学校関係者は、何をどこから始めてよいのかよくわからないまま試行錯誤し、大方は、無難なところで「模擬投票」に落ち着いたというのが現状のように思われる。大学の低年次における政治学や憲法の科目などにどう影響したのかは、判然としない。

実のところ、国民投票の投票者や議員選挙の選挙人の資格の大幅な変更は、国の意思決定の基本構造の変更であり、その意味では、実質的な憲法改正とすら言える。さかのぼれば、二〇〇七年の国民投票法の成立（施行は二〇一〇年）は憲法改正へのステップとして議論になったけれども、それ自体が憲法改正の性格を帯びていたのである。そして、有権者年齢の下限を一八歳に引き下げる二〇一五年の選挙権拡大も同様だった。かつて欧米で普通選挙権が導入されたとき、その大きな要因となったのは全体戦争による国民総動員の必要性であった。総動員の端的な事例は徴兵である。選挙権と兵役義務は表裏一体のものだった。戦後の日本では、普通選挙権と徴兵制のつながりは切り離されたが（今後もそうであるべきだが）、それでもやはり、選挙権は国政の最終責任を有権者に負わせる重い権利であり、それを一八歳の社会人や高校生や大学一年生などまで拡大することについては、もっと議論があってよかっただろう。少なくとも、権利と責任をしっかりと教える試みを一〇年程度行なった上で、広い国民的合意の下で法改正をしてもよかった大きな問題である。順序が違うのでは、というのが編者の率直な個人的感想である。

とはいえ、このような重要な環境変化にもかかわらず、いやむしろ、環境変化があったがゆえにと言うべきだろうが、われわれの共同研究の当初のスタンスは堅持されている。実際の教育との接点を維持しながらも、政治リテラシーの本質を追究しようとする限り、そうならざるをえない。本質とは変わらないもののはずだからである。また、実践的取組についても、有志的な自発的で自由な試みという当初のスタンスを変えていない。外国をモデルにした制度や容れ物を作ってから、中身を考える（あるいはあまり考えない）というのが、日本社会の習い性になっているようだが、まずは外国をモデルにするという発想は、そろそろ卒業してよいだろう（ただし、これは日本社会の一側面であって、ほとんど前例のない課題に自力で必死に向き合い続け、気がつくと世界のトップに立っていた、という側面もあることは見落とせない）。目の前の現状を出発点として、何が課題で何が可能かというところから始める必要がある、ということである。もちろん、経験至上主義では狭隘な見方になってしまう危険があるだろう。だから、外国の実践も理論も、けっして軽んじるべきではない。とはいえ、その場合でも、日本の実践でどのようにどこまで応用できるのかという貪欲で実践的（プラグマティックな）関心は欠かせない。

とは言いながらも、本書は、今後のあるべき「主権者教育」に対して、と言うか、むしろ「政治リテラシー教育」と呼びたいところだが、ともかくそれについて何か制度的な提言を直接試みるものではない。しかし、そうした提言につながるヒントは提供できればと考えている。その意味で、本書で想定している読者は、大学で政治学を専門とする学部に限らず一般教養科目として種々の専攻分野の学生たちに教えている先生方、初等・中等教育段階で、「公共」などの公民系科目や「主権者教育」を担当している先生方である。しかし、それと同時に、メディア関係者や行政の仕事に従事している方々、さらに、政治家の方々の目に留まる機会があることも期待している。本書が提供できるのはヒントでしかなく、提言めいたものがあったとしてもそれを唯一の正解だと主張する意図はない。むしろ、政治リテラシー教育の必要性の認識が高まり、それを前提として議論が深まっていくための、ささやかなきっかけであって欲しいというのが、われわれの期待である。そして、最後につけ加えると、本書のスタンスが、日本の政治学や社会科学全般のあり方を多少なりとも変えていくという点でも、ささやかなきっかけになることを期待している。

本書は、冒頭でも言及したように、平成二六年度〜三〇年度科学研究費・基盤研究Ｂ「〈政治リテラシー〉の理論的研究と政治学教育への実践的展開」（ＪＳＰＳ科研費 JP26285028）の助成を受けた研究成果の一部である。本書の刊行にあたっては、九州大学法政学会より、刊行助成を受けた。記して謝意を申し上げたい。また、本書の刊行を引き受けてくださった風行社の犬塚満さんには、『政治における「型」の研究』以来、二度目のお世話になった。以前と変わることのないきめ細かな配慮をさまざまな点でしていただき、大変な力をいただいた。心より御礼申し上げたい。

二〇一八年一一月

編者　関口正司

第一章　政治リテラシーと政治的思慮

関口正司

はじめに

本章の目的は、大学の低年次教養科目として教師が個人的に取り組む政治リテラシー教育、という場面を想定した上で、そこでの基本的な留意事項を提案することである。そのために、まず第一節では、政治リテラシーの概念を、シティズンシップ教育の理論と実践の双方での草分けであるバーナード・クリックの論考にもとづいて整理し確認する。その際、『クリック・レポート』と呼ばれる政府諮問委員会報告書と、クリック本人の議論との間には、多少の差異があるので、その点にも注意を払う。

次に第二節では、政治リテラシー教育を実践する際の課題を、筆者自身の経験を参考にして検討する。主な論点は、政治リテラシーの諸々の要素を列挙したクリックのリストはカリキュラムの新規開発のためのものというよりも、むしろ既存の授業が政治リテラシーの習得という点でどれぐらい機能しているのかを評価するための、チェックポイントとして活用するのが得策であること、さらにリストに掲げられたすべての要素を一挙に取り上げようとするのではなく、状況や授業目的などを念頭に置いて優先順位を立て、絞り込んだ方がよいこと、である。

第三節と第四節は、政治リテラシーに関してクリックが取り出している要素や項目は、やはりそれ自体としてかなり多く、無意味で不要と言うわけではないが、実践的・実務的な観点からばかりでなく、理論的な観点からも優先順位の設定や絞り込みの必要がある、という趣旨の考察である。第三節では主に、デモクラシーという概念の扱いについて検討する。クリックは、デモクラシーの概念を複合的で複雑な概念とみなし、これを授業でいきなり正面から扱うことに否定的である。この判断には、筆者も十分に賛同できる相当の根拠がある。しかし、現代のデモクラシー概念が多義的で論争的であるにもかかわらず、それ自体として望ましい唯一の政治社会のあり方ととらえる世界的に根強い傾向と、個人の自由や権利の保障をデモクラシーの必須の要素とみなす自由民主主義諸国に共通の傾向とを前提として、筆者はあえて、デモクラシー概念を政治リテラシー教育において最初から取り上げるべきだ、と提言したい。これは、厳密には理論的な考察というよりは、現状をふまえた政治的思慮にそくした考察と言うべきかもしれない。とはいえ、理論的な観点からの考察として、第三節ではさらに、共通善（共通の利益・公共の利益）という点、および、それと密接に関連する点として、個別的決定と一般的決定を区別する必要性という問題にかんして、クリックの議論を批判的に検討する。

第四節は、クリックが少なくとも正面からは取り上げていない思慮という観点から、政治リテラシーの課題を検討する。個別具体のケースで適切な（あるいは少なくともより悪くない）判断を導く資質としての思慮（政治の場であれば政治的思慮と呼んでもよいだろう）は、統治エリートだけに求められる秘義的な資質ではなく、デモクラシーにおいては広く市民に求められる資質である。ただし、思慮それ自体は、詰め込まれた知識から得られるものではなく、実際の経験を通じてしか育成されない。あくまでもこの点は念頭に置きながらも、第四節では、思慮が求められるケースを、高度な独創性が求められるようなケースと、大きな失敗をせずに切り抜ける必要があるケースとに場合分けすることを提案する。なぜなら、後者のケースについては、過去の経験やそれをふまえた格言や教訓といった学習し共有できるものを媒介にして、思慮を育成していく可能性や機会が、ある程度は存在すると言えるからである。

最後に、「おわりに」では、以上の考察を総括し、箇条書き風に整理したものを提示したい。

一　政治リテラシーの概念

1　シティズンシップ教育と政治リテラシー概念

政治に参加する市民の資質というテーマは、それ自体としては、政治に参加する市民という政治的事実（バーナード・クリックの言う「市民的共和主義」の歴史[1]）とともに古い。このテーマは、市民教育・政治教育のあり方として議論されてきた。しかし、市民の資質にかんする問題は、形の上では理論的・抽象的に論じられる場合でも、実際には、個々の歴史的状況において参加の形態や内容をどう考え、市民の資格にどれぐらいの広がりを認めるかという実践的問題と連動しており、政治リテラシーといった一般的な概念が正面から取り上げられることはなかった。もちろん、政治リテラシーという言葉や概念も、一定の歴史的コンテクストの中で登場してきたものではあるが、分析概念としてかなりの程度の一般性と精度があると言えるだろう。

政治リテラシー（political literacy）という語は、読み書き能力を意味するリテラシーになぞらえた造語である。[2]詳細な説明は後に行なうとして、あらかじめおおよその意味を示しておくと、政治リテラシーとは、政治にかんする基本的な知識と政治に関与する際の基本的な技能、さらに、それらの知識や技能を積極的に用いる意欲や態度も含めたものの総体を意味している。この語が最初に登場したのは、一九七七年に刊行されたバーナード・クリックとデレック・ヒーターの共著においてである。(3)これが、政治教育について実践的研究を行なっていた、クリックを含むグループの造語であることは、クリックとアレックス・ポーターを共編者とする一九七八年の別の文献で明言されている。(4)

政治という概念自体が多義的で論争可能な概念である以上、政治リテラシーの概念も、広く受容されていくにつれて同様にならざるをえないだろう。しかし、ある程度の共通な見方が不可能でないことは、イングランドで二〇〇二年に「シティズンシップ」という科目が必修化され、政治リテラシーがこの教科の重要な学習成果目標の一つに公式に組み入れられた事実に示されている。

科目の必修化を先導したのは、シティズンシップ教育にかんする政府諮問委員会が公表した委員会報告書である。委員会がクリックを座長としていたことから、この報告書は『クリック・レポート』という通称でよく知られている。『クリック・レポート』は、シティズンシップ教育によって達成をめざすべき三つの要素として、社会的・道徳的責任、社会参加とともに、政治リテラシーを挙げ次のように説明している。

> 第三に、生徒は、知識・技能・価値のいずれの面からも公的生活を学び、公的生活に影響を与えるにはどうしたらよいかも学ぶ。そうした知識・技能・価値は、「政治リテラシー」と呼ぶことができ、政治的知識だけでなく、もっと広範囲に及ぶものである。ここで言う「公的生活」は、日常の主立った経済問題や社会問題に関連した紛争解決や決定作成についての現実的な知識やそれらに向けた準備を含めるようなきわめて広い意味を指す。(5)

『クリック・レポート』では、シティズンシップ教育の実施にかんする法令(施行令)として定める際には、

【義務教育修了時までに到達すべき必須要件の概要】(6)

主要概念	価値観と心構え	技能と能力	知識と理解
■民主主義と専制 ■連携と対立 ■平等性と多様性 ■公平、正義、法の支配、規範、法律および人権 ■自由と秩序 ■個人と社会 ■権力と権威 ■権利と義務	■公益への関心 ■人間の尊厳と平等性への信頼 ■紛争解決への関心 ■思いやりある理解にもとづき、他者と協力したり他者のために働いたりする性質 ■責任ある行動への心構え：他者や自分への気遣い、自分の行動が他者に与える影響の事前の考察や予測、想定外や不運な結果に対する責任の引受け ■寛容な態度の実践 ■道徳規範にもとづく判断や行動 ■考えを主張する勇気 ■議論や証拠をふまえて自分の意見や態度を抵抗なく変更できる姿勢 ■個人の自発性と努力 ■礼節と法の支配の尊重 ■公正にふるまう姿勢 ■機会均等と男女平等の尊重 ■能動的なシティズンシップへのコミットメント ■ボランティア活動への参加 ■人権への関心 ■環境への配慮	■理由の通った議論を口頭でも文書でも展開する能力 ■他者と協力し効果的に働く能力 ■他者の経験や視点を考察し正当に評価する能力 ■問題解決に向けた取組を展開する能力 ■情報収集の際に最新のメディアや科学技術を慎重に利用する能力 ■目前に提示された証拠に対する懐疑的な姿勢と新たな証拠を模索する能力 ■操作や説得の方法を認識する能力 ■社会的・道徳的・政治的な課題や情勢を認識し、それに反応し、影響を与える能力	■地域・国・EU・イギリス連邦・国際レベルの時事的・現代的な問題や出来事 ■機能・変化のあり方なども含めて、民主主義社会の性質 ■個人・地域・ボランティア団体の相互依存的関係 ■多様性・意見の相違・社会的対立の性質 ■個人や社会の法的・道徳的権利および責任 ■個人や社会が直面する社会的・道徳的・政治的課題が持つ性質 ■機能・変化のあり方なども含めて、地域・国・ヨーロッパ・イギリス連邦・国際レベルで見たイギリス議会の政治的・法的な仕組 ■社会における政治的行為および自発的行為の性質 ■消費者・被雇用者・雇用者・家族および社会の一員として、市民が持つ権利と義務 ■個人や社会との関連性を持つ経済の仕組 ■人権憲章と人種問題 ■持続可能な開発と環境問題

授業の具体的な内容や方法については教育現場の裁量に委ねるべきとする一方で、達成すべき学習成果についてはかなり詳細なものを提示している。成果の必須要件（essential elements）としては、知識・理解（knowledge and understanding）、技能・能力（skills and aptitude）、価値観・心構え（values and disposition）の三要素とともに、三要素を貫く認識・思考の枠組として概念（concepts）が加えられている。(7) これらの要件を前提に、学習段階（キーステージ）ごとに、達成すべき学習成果が指定されている。義務教育修了時までの成果目標は、一七頁の表のようになっている。大学受験資格の認定試験となるAレベルの試験でも、こうした考え方にもとづく試験の枠組が構築されることになった（二三頁の表を参照）。

2　政治リテラシーにかんするクリックの議論

『クリック・レポート』は、クリック個人の著作ではなく公的文書であって、クリックの思想が一〇〇パーセント反映されているわけではない。政治リテラシーの概念について深く掘り下げた本人の考察は、クリックの著書『シティズンシップ教育論』にまとめられている。(8)

まず最初にふまえておくべきなのは、政治リテラシーの議論の大前提にあるクリックの政治観である。政治を二つの要素を含むものとして捉えるクリックの見方は、初期の著作『政治の弁証』以来一貫している。

クリックが政治の第一の要素と考えているのは、多様な利益が錯綜する社会に創造的な調停や妥協をもたらす営み、という要素である。(9)「創造的」という形容の意味は、クリック自身は明言していないが、調停や妥協を通じて多様な人々の共存と協力が維持され強化されるということと理解してよいだろう。

第二の要素は、権力による支配と被支配という、いわば垂直的な関係の不可避性である。政治社会における権力の不可欠性と言いかえることもできるだろう。この現実についてクリックは次のように論じている。

支配者と被支配者、多数者と少数者、政府と被治者、国家と市民といった関係に絡むのが政治である。これが、政治の最もすっきりした捉え方である。政治はこうあってほしくないと思う人もいるだろうが、しかし、政治はこうしたものである。政治は、他者への権力行使や権力への距離という点で、人々の間に格差があることに絡んでいる。政治は、統治という事実から始まる。(10)

ただし、この垂直的関係は上から下への一方通行的なものではない。効果的な統治には被治者による同意や信頼の契機が不可欠であり、その意味で両者の間には相互依存関係がある。この相互依存関係は、古今東西を問わず統治の普遍的性格と言ってよいだろうが、この点でのデモクラシー（といっても、名目や形式ではなく、実質において安定的に存続しているデモクラシー）の強みは、同意の契機をきちんと自覚して制度化していることである。(11)

「知識・技能・態度」という三要素の複合体である政治リテラシーは、以上の二つの要素を含むという意味での政治、これにかんするリテラシーである。各要素は一緒になって発達していくものと考えられており、それぞれが残り二つの条件となるような相互依存関係にある。(12) そして、利害の多元性と支配被支配の関係とが入り組んだものという政治観を前提に、政治リテラシーは、争点や問題の理解とその解決への効果的関与にかかわる能力として捉えられる。ただし、効果的関与と言っても、政治への直接的で積極的な参加という、多忙な生活者にとって必ずしもつねに可能とはならない活動だけを意味するわけではない。いつも見られているということを政治家や行政担当者に意識させるような効果的な監視も重要であり、そのためにも政治リテラシーは欠かせない。(13)

クリックはさらに、政治リテラシーに関連する重要な要素として「概念」を強調する（次頁の表を参照）。人間は概念なしには認識や思考ができないのであり、専門の政治学者に限らず世間一般の人々の場合でも、政治につ

【基本的な概念の概要】(14)

政府	
権力	実力によって、より一般的には権威の主張によって、意図された結果を達成する能力
実力	意図された結果を達成するための物理的な力、あるいはそのための武器の使用、すべての政府に潜在するものであるが、恒常的にではない
権威	制度・集団・個人が必要性という点で見解一致している役割を果たしていること、あるいは、すぐれた知識や技能を持つという理由で、その制度・集団・個人に与えられる尊敬と服従
秩序	状況や想定のすべてが変わってしまうと恐れることなしに持てる期待が、充足されている状態

相互関係	
法	政府によって定められ公布され施行されており、たとえ正当な政府ではないとしても、被治者が拘束力を認めている一般的規則の集合体
正義	結果にかかわりなく公正だと一般に認められている何らかの措置を通じて国民にもたらされるもの
代表	少数者が何らかの外形的特徴を具体的に示しているという理由で、多数者を代表しているという主張、国民全般の同意は、そうした理由の一つにすぎない
圧力	政府と国民が、法や実力以外のやり方で、相互に影響を及ぼすすべての手段

国民	
自然権	人間本来のあり方のための最低条件、法的権利や政治的権利に対してさえ優先する
個人性	各人および人類全体との関連で独自であるとわれわれがみなしているもの、一九世紀的な教義でしかない個人主義とは区別すべきである
自由	自分自身の意志により、強制されない仕方で、選択を行ない、公的意義のある物事をなすこと
福祉	個人や社会のたんなる存続ではなく、その繁栄と幸福も、政府が配慮すべき事柄であるという信条

いて語る際には、さまざまなが概念が頻繁に登場する。権力、権威、法、自由などである。

政治リテラシーを育成するシティズンシップ教育がめざしているのは、生徒たちにこれらの概念の定義を教え込み暗記させることではない。生徒たちは白紙の状態にあるのではなく、すでに諸々の概念を持っていて使用している。だから、「政治リテラシーを高めるためには、日常言語を使いこなし、あるときは意味を限定して研ぎ澄まし、あるときは曖昧な意味を解きほぐさねばならない」とクリックは注意する。(15) すでに獲得されている概念を修正し洗練することが、シティズンシップ教育のめざすところなのである。したがって、まず、生徒たちの概念がどのようなものかを把握することが優先課題となる。これについてクリックは次のように論じている。

> 私は、生徒の概念に幻想を抱いているわけではない。そうした概念だけでは、どれほどていねいに磨き上げ批判的に吟味しても、よそから（何らかの形で）概念を持ってきて、紹介し教えて補足しなければ、政治の現実世界を十分理解できそうにもない。……せめて、教え始めるときに、「公正」や「権威」といった用語が生徒にとって何を意味するのかについて、固定観念を控えられればと思う。どの段階の教育であれ、注意深く傾聴して生徒の先入観を把握すれば、半分は成功したも同然である。(16)

これは、重要でしかも実のところ、クリック自身も最終的に解決できていないように見える問題である。のちほどあらためて立ち戻ることにしたい。

知識・技能・態度という政治リテラシーの要素にかんするクリックの議論の中で、他に拾い上げておくべき点をいくつか追加しておこう。一つは、政治リテラシーの達成度をどう測定するかである。『クリック・レポート』では、教科としてのシティズンシップ科目における成績の評価と通知は「厳密に規定された学習成果によって行なうという見解を支持する」と述べられている。[17] たしかに、成果に到達するための教育の内容や方法は現場に委ねると言っても、到達点である学習成果が明確でなければ内容も方法も決められない。すでに触れたように、これについて『クリック・レポート』は、念頭に置くべき主要概念を提示した上で、政治リテラシーの各要素ごとに必須要件を列挙している。さらに、たとえば大学入試の前段階にあるＡレベルの認定試験では、次頁の表に示すように、設問ごとに到達度にかんする評価の観点までも示している。教科や入学資格試験の場合は、もちろんこのように詳細な観点や基準の提示は不可欠だろう。とはいえ、そうした観点や基準をどう理解して実際の評価や、さらには授業の内容や方法にまで反映させていくかは、この一覧表を見るだけでは、なかなか読み取りにくい。政治リテラシーの習熟度は、どのような意味で測定可能なのだろうか。

クリックによれば、政治リテラシーの習熟度の測定可能性は、要素ごとに異なっている。まず、知識については、ペーパーテストで直接に測定できる。概念の定義や制度の細目を問うのは、暗記力を測ることにしかならないので無意味であるとしても、公共的な性格を帯びた課題や争点を知っていることは政治リテラシーの基本であり、この点の知識や理解をテストで問うことには意味がある。「知識があるだけでは政治リテラシーの指標としては不十分だが、知識がないことはたいてい政治リテラシーの低さを示している」と言うことはできる。[19] そうした知識は、政治リテラシー全体が獲得されていることの十分条件ではないにしても、必要条件ではある。また、知識の水準の高さは、技能や態度における水準の高さを自動的に保証はしないとしても（仮に保証できるのであれば、知識の他に技能や態度という要素をわざわざ取り出してくる必要はないだろう）、知識の水準が低くても技能や態度の水準は抜群に高いということは、ふつうは考えにくい。知識の水準と技能や態度の水準に相関関係がまったくない、とまでは言い切れないだろう。

技能の測定についてクリックはほとんど言及していないが、『クリック・レポート』や施行令に準拠したＡレ

AQA, A-level, Citizenship Studies, CIST2 Democracy, Active Citizenship and Participation, 2013 June [18]

	知識と理解	分析と評価	伝える技能と活動経験	講評
	●シティズンシップに関する知識と、シティズンシップに関連した概念や理論を正確に理解している。 ●知識と理解をシティズンシップに関する争点に関連づけるために実例を用いている。	●シティズンシップの概念や時事的問題で学んだことに関連づけて、争点や問題や出来事を分析し評価する技能がある。	●議論の基盤となる適切な根拠を選び系統立てている。 ●議論は明確で論理的であり、シティズンシップ関連の用語を用いている。 ●適切なところで、自分自身の市民参加経験を活用している。 ●文書は読みやすくミスがほとんどない。	
問2．地方自治体の選挙の投票率が低いのはなぜか、述べなさい。	・地方選挙の投票率を、他の選挙と比較しながら理解している。 ・地方自治体選挙の投票率はたいていは三〇～四〇％だが、もっと低いこともある。 ・投票率との関連で「アパシー」という語を理解している場合もある。	・地方選挙の投票率に関する問題点を明確に理解している。 ・有権者のアパシーの理由を幾つか示している。知識不足、無風選挙、地域での政党活動の低さ、選挙制度、メディア報道の少なさ、政治への一般的な幻滅など。 ・問題に関する分析や評価の根拠を示している。	・自分自身や知人の選挙活動への言及があり、地元の社会との関連づけをしている。	・投票率が低い理由について一般論的に説明しているが、地方選挙での無関心までは説明していない解答が多かった。 ・さまざまな選挙での投票率を理解していたり、解答に適用できる地元関連の知識を持っている解答はほとんどなかった。
問6．能動的なシティズンシップには現状を変える努力が含まれます。自分が参加した活動について批判的に評価し、現状を変えることに成功あるいは失敗した理由を説明しなさい。		・自分が関わった活動と明確に関連づけている。 ・活動の成功や失敗の概略が、明確に示されている。 ・参加者たちの活動や役割の性質を詳細に説明している。	・活動を選んだ適切な理由が示されている。 ・活動がどのように現状を変えようとしていたのかを明確に説明している。 ・成功や失敗の度合の概要が明確に示され、なぜ成功したか失敗したかが説明されている。 ・自分の役割を明確に説明している。 ・結論が明快である。	・大半が自分の関わった活動について詳述しており、そこでの出来事に触れたものも多かった。 ・大半が活動目的の概略を記述しておらず、何が成功・失敗の判断基準なのか、成功・失敗を評価する根拠資料があるのかどうかを確認していない。 ・多くの活動をしたことよりも、一つの活動に絞って論じた方がよかった。

ベル試験では、たとえば二三頁の表に示されているように、受験者の社会活動経験を問う設問で工夫が施されている。つまり、活動の目的という観点から活動の成功や失敗を評価しているかどうか、という採点時の観点設定である。これで、活動経験の実質とともに、活動を効果的に系統化し改善点を自覚的に掘り起こすという面での技能があるかどうかはかなり明確に評価できるだろう。また、こうした点への配慮が徹底しているかどうかは、活動目標へのコミットメントの深さという、態度の側面についても間接的な指標となるだろう。

ただし、態度にかんしては、測定可能性という技術的な論点以前に、そもそも教えることができるのかという、本質的な問題もある。クリックが政治リテラシーに必要な態度として列挙しているのは、自由、寛容、公正、真実の尊重、理由を示す議論の尊重である。これらは、少なくともデモクラシー化した文明社会という歴史的な条件を前提として考える限りはということになるだろうが、それ以上に具体的な特定の社会のあり方や国民の忠誠心のあり方などにかんする実質的な価値ではなく、多元的な価値や利害が錯綜する現代社会においてその存立を支える形式的条件にかかわる「手続的価値」である。[20] たとえば、主張や議論における理由の尊重について、クリックは次のように注意している。

ここで言う理由の尊重とは、主張する際には理由を示し相手にも同じことを求める、という意味にとどまる。学校の授業で望ましいのは、政治的信条の妥当性の吟味ではなく、その意味や含意の吟味である。[21]

手続的価値にかかわる態度の育成方法は、手続的価値を尊重する態度を身につけるべし、と説教することではない。実際、クリックが作成した「政治リテラシーの樹形図」（二五頁）には、政治リテラシーに必要な知識、能力、経験にかんする項目はあるが、態度は、それ自体として単独では提示されていない。「樹形図で示している

【政治リテラシーの樹形図】(23)

- 争点を知る
  - 争点に関するさまざまな反応・政策・対立を知る
    - 重要な知識
    - 自分の利害と社会的責任
    - 行動のための技能

1
- a 誰がどんな政策を推進しているかに関する知識
- b 事実とされる主張への懐疑、別の情報源に関する知識
- c 物事の別の見方

2
- a 対立の場となる諸制度に関する知識
- b 問題解決の従来の手法や制度的資源・制約に関する知識
- c 争いを解決する別の方法や制度改革の可能性に関する知識

3
- a 現代社会に影響を与えるためのさまざまな方法に関する知識
- b 特定の目的を実現するための適切な方法や手段に関する知識
- c 改革された社会のあり方と、改革の方法や手段に関する知識

4
- a 自分への影響
- b 自分の利害や主義主張を表現する能力
- c 自分の利害や理想を追求するために正当性や根拠を提示する能力

5
- a 他者への影響
- b 他者の利害や主義主張を認識する能力
- c 他者が主張する正当性や根拠を理解する能力

6
- a 家庭や日常生活で価値や利害が対立した経験
- b 家庭や地域で参加・討議・意思決定をした経験
- c 改定や地域への参加に際して自分の意見を表明した経験

7
- a 学業全般での現実的な選択、自習時間などの活用
- b 政治や社会をめぐる討論、ゲーム、シミュレーション、企画
- c 学校での効果的意思決定の経験

（現実的な政治的判断）

（政治的民主主義）

（効果的な政治参加）

ように、態度を直接に教えるべきだと言いたかったわけではない。直接教え学べるのは、技能と知識に関連するものだけである」とクリックは明言している。[22] 異なる価値観や利益を持つ人々が、対立を解決するために共有せざるを得ない手続的価値にかんしては、「樹形図」に示唆されているように、知識や技能を教えられ学ぶ中で手続に習熟することによって手続の価値を実感する、という道筋が想定されている。

他方、特定の政治的信条において強調されている実質的価値を教え込もうとする教育は、クリックの考えでは効果がない（ただし、洗脳のような極端な場合まで考えると、実際に効果がまったくないのかどうかは議論の余地が残るところだろう）。たしかに、教師が自分の信じているこの種の価値から完全に離れて教育を行なうのは不可能だし、そうした不可能事を追求することはかえって有害であるけれども、そうした軽度の不可避的な偏向は、可能な限り政治の現実に即した議論の仕方を心掛ければ弊害を恐れる必要はない。しかし、理念的な主張を意図的に押しつけようとする強い偏向の場合は、効果がないばかりか、反発や無視や無関心を誘発してしまう。[24] 実質的な価値の習得は学習者本人の経験によるしかない、というのがクリックの考えである。

二　実践的な取組に向けて

『クリック・レポート』や、クリック本人の著作も含めて、イギリスにおけるシティズンシップ教育の理論的・実践的な模索は、日本における政治リテラシー教育にとっても大いに参考になるだろう。実際、初等中等教育から高等教育に至るまで、日本におけるさまざまな実践の試みにおいて、イギリスの事例は頻繁に参照されてきた。[25] こうした試みを継続し深めていくことは、一八歳にまで有権者年齢が引き下げられた今日、教育現場での当惑や混乱を克服して、国民の政治リテラシー向上という軸をぶれることなく貫いていくためにも、ますます必要になっている。

しかし、イギリスの事例、特に『クリック・レポート』やクリックの『シティズンシップ教育論』に示された政治リテラシーの内容や基本的な捉え方は、筆者自身、実際に授業に応用しようとした多少の経験から言うと、いくつかの難問を提起していることも事実であり、個々の実状に即した調整や修正が必要であることも否定できない。そこで、大学の教師が、まだ学部や教育プログラム全体としての組織的な取組が行なわれていない段階で、個人的に試行するという場面（筆者自身が経験した場面）を想定して、いくつかの論点を列挙しておきたい。

1　白紙の状態から新規に開発・設計して始めるのではなく、既存のものを見直しながら活用する

政治リテラシーの樹形図や『クリック・レポート』で示された学習成果目標の一覧リストは、一見したところ、新しいカリキュラムの設計図のように見える。しかし、具体的なカリキュラムをゼロから開発し設計する作業は、少なくとも短期的には、一個人の手に負えるものではない。

実のところ、新規からの出発という発想は、クリック自身も推奨しているわけではない。クリックによれば、樹形図の目的は二つに概括される[26]。つまり、①授業を受ける側が政治リテラシーを身につけているか、また、政治リテラシーを高める授業かを評価する基準であり、②教育内容に何を盛り込むべきかを示す明確な概略や一般的なモデルである。樹形図はモデルではあるが、クリック本人の次の指摘に示されるように、カリキュラムを新規開発するためのガイドラインと考える必要はない（もちろんそう考えることも可能だが）。

さらに、理論的にますますわかってきたことであるが、主要資料である「政治リテラシー」とそれを図式化した「政治リテラシーの樹形図」は、たんにカリキュラム開発のための骨子として見るべきではなく、むし

ろ、多くのさまざまな実際のカリキュラムのそれぞれが、あるいはそれらのすべてが、政治リテラシーを高める方向にあるかを評価するチェックリストと見るべきなのである。(27)

つまり、既存の科目や教科書・教材を、政治リテラシーの観点から吟味し、何がどこまで政治リテラシー教育に活用できるかを判断するチェックリスト、と見るのが現実的だということである。複数の教師が協力して政治学関係の科目を担当する場合に、それぞれの担当科目の特性を把握することにも使える。また、筆者の個人的な利用例で言えば、筆者はクリック『デモクラシー』をワークショップ形式の授業において教材として何度か使用したが、この本の内容を樹形図や概念の一覧リストと照合した上で、学生たちの議論に対する教師からのコメントにおいて留意する、といった使い方である。

2　欲張らず急がない

チェックリストとして扱うにしても、樹形図や概念一覧リストのすべての項目を、一単位（一時間半の授業を週一回で合計一五回）授業で取り込もうとするのは、まず無理である。四単位でも難しいだろう。急いですべてを取り上げようとすれば、結局は、概念の定義を形式的に示して暗記させるだけということになりかねない。概念が使われている具体例を示し、学ぶ側がその概念を使ってみるという丹念な進め方をしようとするのであれば、明確な優先順位や選択基準にもとづいて、焦点を当てる概念の数を絞り込む必要がある。優先順位や選択基準となるのは、授業の目的である。つまり、実際の授業を通じて学生たちに達成が期待される学習成果である。事後的に学習成果をチェックして獲得目標をさらに絞り込み、それに即して授業の内容や進め方を修正することも、当然ありうるだろう。こうした絞り込みについては、さらに理論的な観点から後にあらためて取り上げたい。

もし、複数の先生たちが一つのチームとして政治リテラシー教育に取り組むことができるのであれば、試行をくり返す中で、いくつかの授業で獲得目標が重ならないようにしたり、逆に意図的に重ね合わすといった工夫もできる。こうなると、一人の先生で全部を抱え込まずに、協力と分業の体制の下で、かなり緻密で秩序だった本格的なカリキュラム設計ができる。

もう一つ重要なのは、成果を早く得ようと急がないことである。特に、市民的共和主義の理想などに強くコミットしている先生の場合は、はやる気持ちから、知識や技能よりも、市民的徳と考えられるような態度を教え込もうとする可能性がある。しかし、先のクリックの指摘にもあったように、態度そのものを教え込もうと前のめりになると、むしろ、反発という逆効果をもたらす可能性もある。知識や技能が定着していけば、おのずから態度も形成されるということを念頭に置いて、ゆっくり着実に取り組むのが得策である。たとえば、筆者の経験では、「傾聴の姿勢」を技能として習得していくと、それに並行して、相手の意見を尊重するという態度も身についていくものである。(28)

技能を習得する機会の提供は、少人数のワークショップ的な授業形態でないとむずかしいのはたしかである。そうした授業がさまざまな制約からできないことも多い。しかし、だからといって、通常の講義形式を見限る必要はない。政治リテラシーが知識・技能・態度の複合体であることに十分に留意して、知識万能という姿勢にならないよう学生に注意を喚起しながら、学生が興味や共感を持てる具体例を上手に活用する工夫をすれば、技術向上にもつながるような授業のデザインもありうるだろう。

改善すべき点や工夫の余地は山ほど残されているけれども、その点も含めて多少の参考になるかもしれないので、筆者の実際の取組例（二〇人程度の学生を対象としたワークショップ形式の演習、五人一組のグループを編成してとことん議論させる方式、七年ほど試みた）を以下に示しておく。

筆者の実際の取組例（法政基礎演習　二〇一四年前期・二単位）

【ゼミシラバスより】

★目標――大学生活後半、および大学卒業後において自立的に学ぶための、基本的な知識・技能・態度を獲得する。また、それらの高度化について、どうしたらよいか、自分の方針を確立する。

①公共性と合意形成にかんする基本的な原理や知識を習得し、公民教育レベルのデモクラシー概念の批判的理解に活用できるようになる。また、総論的合意と各論的施策との関連の理解を通じて、地域自治と国レベル・国際レベルでの政治との関係を捉え直せるようになる。

②傾聴の姿勢が実感でき、合意形成や共通の課題発掘のための基本的なスキルが使えるようになる。（ワークショップの諸技法）

③ゼミ論の企画・執筆を通じて、調査報告書や企画書を書くためのスキルを使えるようになる。

　＊使用テクスト　バーナード・クリック『デモクラシー』、岩波書店

一回目：ガイダンス

二～八回目：予習したテキスト部分の討論、教師のコメント

九回目：個別的決定・一般的決定と多数決（事前配布資料を予習）、討論とレクチャー

一〇回目：事前に執筆手引を予習してもらった上で、ゼミ論執筆指導

一一～一四回目：ゼミ論構想発表（他のグループすべてを巡回して自分の構想の発表と質疑応答）

【学生の感想】

◆ゼミを受講して、政治に対する見方がだいぶ変わったと思う。特にデモクラシーのもつ、多数の暴政とかポピュリズムなどの影の部分の話は今まで全く知らなかったことだったのでとてもおもしろかった。

◆当初抱いていた「デモクラシー」に対するイメージが変わった半年間でした。

◆内容は、自分にとっては非常に理解するのが困難で、何度も同じグループの仲間に助けられたということがあった。しかしその経験が、ある人はこんな風に考えていて、別のこんな観点もあるのかという風に、自分では気づかないものの見方に触れるきっかけとなったことは、非常にうれしく感じました。

◆私と同じように議論が苦手だという仲間と練習するうちに、自分の意見を言うことに抵抗がなくなるどころか、どんどん言いたいと思えるようになりました。

◆相手の主張に耳を傾け理解すること、自分の主張を相手に正確に伝えることの難しさと共に楽しさを実感できるゼミでした。

◆一万字を超える論文を書くのは初めてであり非常に苦戦したが、二年生のうちからこのような論文執筆に取り組むことは大変良い経験になったと思う。

3　教える相手を知る

何らかの知識や技能を教える場合、教える相手がそれらの知識や技能をすでにどれぐらい持っているかを把握することは、当然のことながら欠かせない。たとえば、英語を教えるのであれば、ボキャブラリーや文法の知識がどのレベルにあるのかを把握することが、実際の授業やレッスンの内容や方法を左右するはずである。しかし、そう考えると不思議なことだが、政治学を教えるとき、学生がどのレベルにあるのかを正確に測定してみたという事例は聞いたことがない。筆者もそのような発想は、以前はなかった。文系の大学の授業は、最近はともかくも少数のエリート養成機関だった時代には、それぐらいアバウトでもよかったのかもしれない。しかし、現在の生徒や学生、市民全般を念頭に置いた政治リテラシー教育では、そうはいかないだろう。これについては、クリックが重要な問題提起を行なっている。先にも引用したが、あらためてその問題提起に戻ってみよう。

私は、生徒の概念に幻想を抱いているわけではない。そうした概念だけでは、どれほどていねいに磨き上げ批判的に吟味しても、よそから（何らかの形で）概念を持ってきて、紹介し教えて補足しなければ、政治の現実世界を十分理解できそうにもない。……せめて、教え始めるときに、「公正」や「権威」といった用語が生徒にとって何を意味するのかについて、固定観念を控えられればと思う。どの段階の教育であれ、注意深く傾聴して生徒の先入観を把握すれば、半分は成功したも同然である。(29)

筆者自身をふりかえってみると、講義や演習をする際、学生が政治の概念についてあたかも白紙であるかのようなとらえ方をしていたようである。たしかに、デモクラシーの概念については、高校までの教科書的な説明には大いに問題があると考えていたし、政治リテラシーを意識した演習を始めてからは、この問題を正面からテーマに取り上げはした。しかし、それ以外の諸概念、たとえば権力と権威といった、クリックが基礎的な概念に分類している諸概念については、学生の先入見ということはとくに意識していなかった。気になり始めたのは、実際にワークショップの中で学生たちと議論していくようになってからである。法学部の学生で政治学入門のような授業をすでに受けている場合は、たとえば権力の定義を尋ねればすらすらと答えてくれる学生もいる。ところが、ワークショップで実際に議論しているときには、そうした定義とは全く無関係に、自分たちがすでに持っている権力イメージに即した議論をしていることに気づかされたのである。

実のところ、クリックは学習者の先入見を把握する必要性という、この重要な問題を提起はしているのだが、彼らが実際にどのような先入見をもっているのか、それをどのように教師の側が是正するのか、という点に関し

仮想例【ゴミ収集場所を決める】

観点（配慮すべき基本ポイント）

〔観点1〕解決策（決定）の必要性

・近隣のどこかにゴミ収集場所がないと、不便で困るので絶対に必要

〔観点2〕利害の不可避的な多様性・多元性

・ゴミが散らかったり、収集日以外にゴミを出したり等々のトラブルがあるので、誰も自分の家の前がゴミ収集場所になることは望まない

〔観点3〕問題解決のために利害を調整し協力関係を維持・改善しようとする意志と能力の必要性

・ご近所同士なので、しこりを残さず、安定的に持続する解決策が必要

〔観点4〕強制の契機の不可避性

・いったん決まった方針やルールをみんなで守るための工夫の必要

ては、調査方法も含めて体系的な議論をしていないのである。そこで筆者は、まずは自分の担当授業で調査を試行してみようと考えたのだが、あいにく、基礎演習の担当からはずれたため、できなくなってしまった。そこで、実験できそうな授業を担当していた科研共同研究チームのメンバー四人（鏑木政彦先生、井柳美紀先生、石田雅樹先生、蓮見二郎先生）が協力を快諾してくださったので、二〇一七年度に、前頁に示した仮想例で学生たちにワークショップ形式で議論してもらう実験（一時間半の授業一コマ分）を通じて調査をお願いした。

〔A〕実験の結果にかんする諸先生からいただいたレポートを総合してみると、注目される点は以下のとおりである。

（1）技術的な解決可能性という見方が強い

・あらかじめ設問として「利害対立が存在し合意形成が困難である」と条件設定をしているにもかかわらず、優れた解決策を提示すればそれに皆が同意する（同意すべきだ）という思考様式が顕著である。

・対立の不可避性については、あまり議論が起きなかったが、問題設定自体が利害の不可避的な対立がおきている状況を設定しているためではないか。

・①住民の話し合いを重視するタイプと、②公平な制度や罰金などの制度やルールを作って、強制的に問題がおきないような制度設計を作るタイプとに分かれ、比重で言えば、②の意見が多かった。また、決定のために客観的データを示したり、具体的な数値を示したりと、状況を客観的に提示する必要性を示すものが多かった。

（2）決定の必要性

・話し合いを続けるだけでは駄目で、何らかの拘束力のある決定が必要であるという認識は広く共有されているように見える。しかし、それでは多数派が同意する提案に対して、少数の納得しない反対者がいる場合にどうすればよいかという点になると、少数者の話もよく聞くべきという意識も強い。両者が本来両立しにくいという点から思考を出発するのではなく、思考の末にようやくこの局面にたどり着くという傾向が強い。
・最終的に拘束力のあるルールづくりを行なうべきという点では意見の一致がある。ただ、住民の合意形成を重視する民主主義手続きと、行政主導によるスピーディーな決定とのあいだのジレンマについては、ジレンマ自体を認めているものの、どのあたりが妥当な決断かについての考察は少ない。

(3) 協力関係の形成という視点

・行政側が主導して優れた提案を行なえば、市民はおとなしく従う（従うべき）という意識が強い（今回であれば鍵付き回収箱と監視カメラ）。しかし、そのコストの負担や、それに反対する人にどう対応するかは考察が薄く、行政が誤る可能性について考察したものは皆無だった。市民側としては、地区の代表者（町内会長など）が主導して行政に働きかけることで問題解決が図られるという意見が多く見られた。
・現在の行政にかんする手続きなども前提として、対立の解決を図ろうという思考プロセスが見られた。
・改善する意志や能力の点については、必ずしも十分目が向けられている感じはなかった。①特に、住民間の話し合いが、現実にはどのようなレベルでどのような決定を下しうるのか、については言及がない。また、利害が対立する問題について、「話し合い」を行なうべきという意見については、当事者の問題解決能力について言及がないと同時に、地域間での話し合いがかえって地域の人間関係をマイナスにするなどの考えも特には出てこなかった。話し合いが解決に結びつくという楽観的な期待がみられる。②ただし、話し合いではなく、メリットとデメリットをフラットにする（金銭的メリットを与える）、という解決の方向性で考える場合も多くみられた。不公平でないことが重要という視点が全体的に強かった。

（4）全般的所見

全般的に、利害の対立に対する解決策として、公平性、メリットとデメリットの公平化などの視点が多く示された。また、強制的契機については、実効性があるかどうかはともかく、多くの指摘があった。一方、観点3（問題解決のための協力体制の維持・創出）の欠落が、特徴的だった。具体的に地域のどのような人たちが話し合うのか、といった視点が学生なので欠けているということだろうか。（ただし、メリットとデメリットを公平化すれば、解決できると思っているようでもあった。誰かが不利になってはならない、という見方は強い。）

〔B〕以上の結果をふまえて、筆者としては次のような反省点があると考えた。

（1）イデオロギー的議論や理念的抽象論にならないようにするために、身近な問題としてゴミ問題を例題としたが、学生にとって切実感のあるテーマでは必ずしもなかったように見える。テーマとして利害対立が妥協と譲歩によってしか処理できないという性質でありながら、学生がもっと切実感を持てる仮想事例を考える必要がある。

（2）筆者自身も地域の活性化をテーマにした学部演習のワークショップで経験したことであるが、具体例の問題そのものの解決策に関心が向いてしまい、討論や妥協といった解決の作法に目が向かないことが多い。解決が受け容れられるプロセスで苦労を重ねてはじめて、解決の作法まで考えるというのがふつうの思考順序だと思われるので、これは、経験の少ない学生を対象とする場合の大きな難問である。

（3）公平で合理的な解決の可能性を前提として、それが見つかり多数者が同意すれば、あとは、強制的に実施してもよい、という見方が一般的であるように思われた。地域に住む外国人との共存といったもっとシビアな問題、合理的に計算できるような利害ばかりでなく当事者の価値観やアイデンティティが絡んだ問題も事例として取り上げる必要がありそうである。

〔C〕以上の注目される点や反省点をふまえて、今後の課題として、三点指摘しておきたい。第一に、教師も学生もやってみておもしろかったと思えることを大事にするという観点から、さらに自主的に試行錯誤をくり返していく必要性である。制度化された上意下達の仕組の中で義務や方針として押しつけられても、学生も教師も意欲が湧かない。第二に、クリックの概念アプローチにかんする点である。大学生の場合に限られるのかもしれないが、ワークショップで具体的に頭を使った後には、やはり、政治学の一般的な概念に関連づけることが必要である。一般概念が先行して一人歩きするのは望ましくないが、他方、具体的経験を整理する容れものがないと、せっかくの経験が拡散してしまいそうである。クリックの言う「概念アプローチ」は理論のレベルではなるほどと思えるのだが、具体的な実践においてどう応用してよいのかがわかりにくい。基本的概念の定義を暗記するのではなく使い方をマスターすることが目標であるのはたしかだが、しかし、使い方に習熟することを通じて、概念を分析的に反省してみることも、特に大学生の場合にはあってよいようにも思える。また、第三に、やはり樹形図や概念リストの項目は数が多い、という印象は否めない。さらに言えば、どう優先順位をつけて絞り込んだらよいかは、経験的な試行錯誤だけでなく、もう少し理論的に吟味してもよいように思われる。以下では、その点を検討してみたい。

三　目標をどう絞り込むか――理論的考察

クリックの樹形図や概念リストを前提に、それらを、実際の授業を念頭に置いて絞り込むという経験的方法もあってよいが、さらに筆者は、樹形図や概念リストに敬意を払いつつも、理論的な見地からもリストそのものを多少見直す必要があるのではないか、とも考えている。

1　デモクラシーという複雑概念の扱い方

第一の問題点として言及したいのは、クリックがデモクラシーは複合的で複雑な概念だとして、基本概念のリストから除外していることである。[30] デモクラシーが複合的で複雑な概念であるのは事実であり、これについて否定すべき点はまったくない。しかも、デモクラシーという概念は、論者によって意味が異なるばかりか、相互に厳しく対立することもある本質的に論争的な概念ですらある。単純化やイデオロギー的な脚色ぬきで学習の場で扱うことは、たしかに容易ではないだろう。とはいえ、大方のふつうの市民は何らかの意味でのデモクラシーを望ましい政治のあり方としてとらえ、たいていはこのことを前提として、種々の政治的争点について自分の立場をとっている。実際の政治的争点について知識を持つことは、政治リテラシーの重要な一要素であるが、そうした争点と当事者たちのデモクラシー観とは、かなり密接な関係がありそうである。これを事実として受け止めることは、政治リテラシー教育の出発点で必要で避けられないと言えるだろう。たとえて言えば、自動車は非常に複雑な構造であり、その点の理解が運転の高度な熟達に必要なことはたしかであるけれども、さしあたり初心者が安全に運転するおおよその仕方を習得しておくことも欠かせないだろう。それと同じことである。

さらに言えば、少なくとも自由民主主義諸国では、人々のデモクラシー観の相違は、全面的に異質な相違というわけではなく、実際のところはむしろ、いくつかの基本概念やその相互関係の理解や重要度の評価の相違に由来していることが多い。この点を解きほぐし、安定した持続可能なデモクラシーが多様な利害や価値観をできるだけ調和的に共存させるという手続的価値を必須の要素としていることが理解できるようになれば、政治リテラシー教育にとって重要な前進となるだろう。

クリックが多様な利害や価値観の調和的共存を、デモクラシーではなく「政治」の課題としてとらえ、むしろその「政治」の観点から無反省なデモクラシー礼賛を批判するという順序を踏んでいることは、十分理解できるし、理論的にも歴史的な理解の仕方としても筆者としてはまったく賛成である。[31] しかし、デモクラシーを望ましいとするコンセンサスが現に存在している以上、同床異夢のようではあるにせよ、「異床異夢」よりはましな事態として受け止めて、デモクラシーを政治リテラシー教育の早い段階から取り上げていくのが思慮にかなっているだろう。つまり、ここでの議論は、抽象的な理論の問題というよりも、実際の受け容れやすさにかんする思慮的判断のレベルでの問題としてである。その見地からすれば、実際に『クリック・レポート』の「義務教育修了時までに到達すべき必須要件の概要」[32]において、主要概念の冒頭に「民主主義と専制」が取り上げられていることは（専制については後述するが、民主主義と専制を対照的なものとして扱う点も含めて）、イギリスにおける国民的コンセンサスに即した賢明な選択であるように思われる。

2　共通善（共通利益、公共の利益）

第二の問題点は、クリックが「共通善」という概念に対して批判的で慎重な姿勢をとっていることに関連する。この姿勢は、共通善、公共の利益、一般意思などの観念が、多様な利益の調整という「政治」の場を離れて独り歩きすることへのクリックの警戒心を反映している。[33] しかし、共通善は社会の構成員にとって結局のところは死活的に重要であるから、人々は共通善にかなった公共的決定に服従する動機を持つし、持つことができる。また、そうであればこそ、支配者は、権力維持という自分の都合に合わせて共通善を解釈したがるのであり、そのために共通善の実体化や神秘化を企てるのである。したがって、権力者のこうした傾向に対する警戒心それ自体はもっともなことであるけれども、その一方で、それ自体として人々に訴える力を持っている共通善の概念については、さらに深く掘り下げて考える必要があるだろう。[34] それは、以下に示すように、公共的決定のあり方という観点から、多義性と論争可能性を帯びたデモクラシーという複雑概念を解きほぐす鍵の一つともなる。

試みに、個人の利益を、その利益追求が他者や社会全般に与える影響の有無という観点から、次の四種類に分けてみよう。

	個人の利益
A	すべての個人が同じ利益を同時に追求しても、社会的な問題が生じない利益（他者の利益に影響しないか、プラスの影響しか与えない）
B	単独個人が追求しても他者の利益への影響は関知できないほど微少だが、ある程度多数の個人が同時に追求すると社会的にマイナスな問題となる利益
C	他者の利益や共通利益を害する自己中心的で反社会的な利益
D	共通利益

公共的決定との関係という見地からすると、利益Ａは公共的決定によって干渉すべきでない個人的自由の領域であり、利益Ｂは、状況によっては干渉が必要になる場合もある領域であり、利益Ｃは明らかに公的規制の対象である。利益Ｄ（社会成員全般に共通する利益）は、消極的な意味では、公的な権力や道徳的規制を通じて利益Ｃの追求を抑止して利益Ａや利益Ｂを保護することでもたらされる。その典型的な例は、身柄や財産の保護である。積極的な意味での利益Ｄは、公共的決定を通じて、社会成員全般が利益Ａや利益Ｂをより多く享受する機会や資源を充実させることでもたらされる。

自由民主主義諸国では、個人の自由や権利を尊重することが自らの最大の正当化根拠の一つであり、消極的な意味での共通利益Ｄの保護は社会全般のニーズとして認められている。したがって、共通利益をめぐる主な利害対立は、少なくとも露骨な自己利益優先の主張を避けざるをえない正当化論のレベルでは、共通利益Ｄを積極的な意味で増大させる政策の優先順位をめぐる対立、という形をとる。(35) たとえば、福祉優先か経済成長優先か環境保護優先かといった対立であり、それは、一定の政策の当面の受益者としてどの社会集団を優先させるか（裏返せば、どの社会集団が当面の相対的不利益を甘受すべきか）をめぐる対立にも連動する。そして、このような争点のあり方が、それぞれの立場でのデモクラシー理解に多少なりとも反映することになる。

共通利益、共通善、一般意志などの概念が、クリックが懸念するようないかがわしさを持つという事態は、二つに大別される。第一に、政治権力の保持者が共通利益Dを真剣に追求していないにもかかわらず、自分の地位の維持を共通利益Dであるかのように主張する場合である。これは、政治権力による利益Aや利益Bの侵害につながる事態であり、伝統的に立憲主義や自由主義が主要な課題としてきたものである。第二に、一九世紀末以降、国家の役割が増大するようになってからますます顕著になった事態であるが、共通利益Dを積極的な意味で増大させようとする際に優先順位が争点となり、それぞれの優先順位の主張が、それぞれの立場から、公共的な性格を満たしているとして排他的に正当化される事態である。

しかし、こうしたいかがわしさは、共通利益の概念を排除することによって除去されるわけではない。むしろ必要なのは、利益A、利益B、利益Cと、共通利益Dとの関係を鮮明にすることである。

いちばんわかりやすい例として、利益Aと共通利益Dとの関係を見てみよう。ある特定の個人が、自分の利益Aを公的決定においてそのまま個別事例として直接に配慮するよう要求してよいのはどんな場合だろうか。それは、利益Aを追求する権利や機会といった面で、明らかに平均水準に満たない不平等な境遇に置かれている場合である。しかし、平均水準を上回る処遇を求めることは、平等な権利の要求ではなく特権の要求となる。そうした処遇は、社会全般の利益を増進させる確実で強力な誘因になる等々の正当化がともなわない限り、公的根拠のないえこひいきになるから、公共的決定にそぐわない。共通利益や公益の言説がいかがわしさを帯びるのは、明確な公益性という根拠なしで特権的処遇を公益にかなうと強弁したり、あるいは、この論法を水準以下の劣悪な状況に置かれた人の抗議というケースに不当に流用して、正当な権利主張を公益に配慮しない個人のエゴだと非難したりする場合なのである。しかし、こうしたいかがわしさは、共通利益の概念にしばしばともないがちだとはいえ、本質的にこの概念に内在しているわけではない。

3　一般的決定と個別的決定の区別

共通の利益・共通善の概念の重要性は、一般的決定と個別的決定の区別や、この区別と不可分の関係にある法の支配との関係にもかかわってくる。[36] この点が重視されていないというのが、クリックの政治リテラシー概念に対する筆者の第三の批判点となる。

一般的決定と個別的決定との区別は、アリストテレス――クリックが『政治の弁証』において、弁証されるべき「政治」を最初に明確化した理論家として賞賛しているアリストテレスその人――に見出すことができる。よく知られているように、アリストテレスは、支配者の数という観点（一者の支配、少数者の支配、多数者の支配）と、共通の利益を尊重した法律を制定しているか、あるいは支配者の利益に偏った法律の制定をしているかという観点を組み合わせて、六種類の国制（政体）分類を行なった。この分類では、多数者が教養ある少数者と連携して共通の利益に即した法律の制定をしているのが「ポリテイア」であり、民主政は、多数者が自分たちの利益に偏った法律を制定する逸脱した政体とみなされている。[37] しかし、アリストテレスによれば、最悪の多数者支配の形態は、さらに別のものとして区別される。

……法律の支配しないところには、国制は存しない……。というのは法律がすべての普遍的なものを支配し、役人は個々の特殊なものを支配すべきで、かかるものこそ国制と判断すべきだからである。したがって、民主制が国制の一つであるならば、万事が民会の政令によって治められるような種類の組織は真の意味での民主制でさえない。なぜなら民会の政令はけっして普遍的なものではありえないからである。(38)

これは、誰にでも無差別平等に適用され権力者自身をも拘束するような法律（ルール）を定立せずに、個別のケースごとに政令で物事を処理する体制である。こうした恣意的支配は、支配者が多数者である場合に限らず、一者でも少数者でも変わらない。いずれの場合も、暴政あるいは専制とみなされる。(39)このように、アリストテレスの国制分類論では、共通利益をめざしているかどうかで優劣の区別はあるにしても、いずれの場合でも法の支配が大前提であり、法の支配という条件を満たしていない支配体制は専制的なものとして、国制分類の埒外に置かれる。要するに、専制の対立概念が法の支配ということである。

クリックが法の支配の重視を意識的に避けているのは、イギリスの伝統的な政治文化の中で、法の支配や遵法主義が、既存の法律の無批判的受容につながっているという見方をしているためである。そうした無批判性は臣民の心性であって、クリックは市民的共和主義にコミットする立場から、能動的市民の心性にふさわしくないと考えるのである。(40)しかし、そうした事情を加味したとしても、アリストテレスが共通の利益の尊重という評価基準によって国制の優劣を明確に区別した上で、さらに法の支配によらない恣意的な支配を専制的なものとして国制の分類から排除している点は、見過ごせない重要な事実である。この見方を継受して、最悪の政治体制を構成する必須の一要素として、一貫性と予見可能性を欠いた個別状況ごとの恣意的な支配（政令による支配＝法の支配の欠如）をしっかりと把握しておくことは、政治リテラシーに欠かせない知見と言わねばならないだろう。

四　政治リテラシーと政治的思慮

1　公共的決定の二つの側面を区別する

さて、第三節で示した三つの点を念頭に置いて政治リテラシーの再構成を考えるにあたっては、法律の制定や政策の決定における二つの側面、つまり、既存の利益の保護といういわば消極的で保守的な側面と、利益の創出や増進という積極的な側面とを区別する視点を導入しておく必要がある。

ここで言う「消極的」・「保守的」が意味しているのは、政治イデオロギーとしての区分ではない。また、そうした区分にもとづいた上での否定的な含意もまったくない。普遍性のある自由や権利の保護というのがここでの意味であり、それを「保守的」だと批判する「革新的」な立場の人がいるとは考えられない。

この消極性・保守性は、法の支配の概念と不可分である。なぜなら、法に定められた利益や権利を無差別平等に保護し、正当な理由のない特権的処遇や差別を排除するというのが、法の支配の趣旨だからである。しかも、法の支配の原則は、私人間の権利侵害ばかりでなく、権力者による国民の権利の侵害も許容しない。その点で、法律は、権力を委ねられた人々が政策を実現していく際の手段である一方で、政策やその実現方法を一定範囲に制限し、そのことによって権力者の権力を制限する手段でもある。したがって、権力者の恣意的な権力行使を制限するという意図や効果をともなわない法律は、法治主義の外観に役立つことはできても、法の支配の原則に則したものとは言えない。法の支配は、それ自体としては、クリックが危惧したような無批判的受動的な遵法精神を助長することを意図したものではない。むしろ、権力の立憲的な制限を求める自由の精神を前提として成り立つものなのである。クリックの議論は、イギリスの歴史や政治文化などの特殊事情を考慮に入れたもので相応の理由があるのだろうが、しかし、法の支配の尊重が存在していること自体は、そうした尊重が不十分な国々とくらべれば、貴重な政治的文化的資産であるのは間違いない。

とはいえ、クリックの批判が含意しているように、また、アリストテレスの国制分類が示しているように、法の支配のこうした特徴が十分に発揮されるには、満たされていなければならない前提条件がある。つまり、法律が共通の利益の維持や確保を意図して制定されている、という前提条件である。共通の利益よりも国の支配的地位にある部分の利益を重視して法が制定される国制は、アリストテレスの言う逸脱した国制である。さらに、多数者の意向や利益を考慮することは共通の利益の尊重につながる場合が多いという事実が、民主政という国制を正当化する論拠になるとしても、この事実は蓋然的なものであって必然的なものではない[41]。少数の統治担当者の行動を民主的に監視し統制する有益な役割を果たすことを多数者に期待してよい一方で、制度的仕組ばかりでなく多数者の精神の中に個人や少数者の利益や権利への不当な侵害を自己抑制する契機、つまりそのような意味での消極性・保守性が存在しないのであれば、民主政は多数の専制になる。

このような消極性・保守性にもとづいた法の支配の原則を尊重し、これと反対の支配体制を専制と呼ぶことは、アリストテレス以後の西欧における古典的政治学の伝統と言ってよいだろう。しかし、この伝統は一九世紀末以降、動揺し弱体化する。その最大の要因は、法律や政策の決定におけるもう一つの側面、つまり利益の創出や増進という積極的な側面が、かつてないほど重視され始めたことにある。行政組織の拡大、福祉政策の導入や促進、自国の経済的利益や国家的軍事的威信を高めるための帝国主義的政策など、政治的イデオロギーの違いを超えて、国家による国民全般あるいはその中の一部の階層の利益を、増進したり新規に創出したりする企てが強く求められるようになったのである。イデオロギーの違いを超えて共通するこの強い流れは、二〇世紀に入って二度の全体戦争・総力戦を各国が経験する中で、国民総動員の必要性と表裏一体をなす普通選挙権の導入（デモクラシー化）と結びついた。これは、古典的政治学が少なくとも十分には想定していなかった状況である。各人の利益や自由の保護という消極的発想では、政府による各人の利益の増進や創出をめざした積極的政策について評価し批判する原則が立てにくいのである（一八世紀にヒュームが公債政策に警告を発したり、国民を動員し武装させたフランス革命をバークが危惧したり、といった先駆的な企てはあったにせよである）。たとえば、現代の政府の経済政策への批判や評価は、ハイエクが試みたように市場の理念や原理から行なわれる例はあるけれども、そのハイエク本人も重視している法の支配の原則から直接に明快でわかりやすい議論を行なうのはむずかしそうである。政府の積極的な関与を共通の利益とみなす点では（具体的な方針では対立しても）、国民的なコンセンサスがかなりの程度、成立しているからである。

国民の利益や権利を消極的に保護する法の支配の原則では、十分に対応できない公共的決定の領域が拡大し、そのためにこうした保護的原則の地位が相対的に低下する一方で、公共的決定の正当性を「民意」と呼ばれるようなものによって担保することが、デモクラシーの趣旨にかなう、という考え方が現状では強い。多数者あるいは社会的影響力の強い勢力の支持する公共的決定が、本当に共通の利益にかなっているのかどうかを判断する基準は、多数の支持がある、あるらしい、という点以外には見つけにくくなっている。しかし、たとえば、財政収支の改善を図らずに巨大な赤字を積み上げていくことは、たとえ、民主的な決定の結果だとしても、後続世代からの非難は避けられない。ところが、政治的思慮を欠く民主的決定だとしても、現状では、そのような決定を批判し評価するわかりやすい原則や基準をわれわれはまだ持っていない。

この厄介な問題領域を図示すると、次頁の図の上半分ということになるだろう。この上半分の部分を評価したり規制したりする原理としては、パレート最適や格差原理などが提案されてきた。しかし、一般原理では確定できず個別事例ごとに思慮的に判断せざるをえない場合も少なくないだろう。上半分の領域での公共的決定の内容は、当然のことながら未来の出来事に関して有益だと蓋然的に判断した上での決定であって、実施後に個人や社

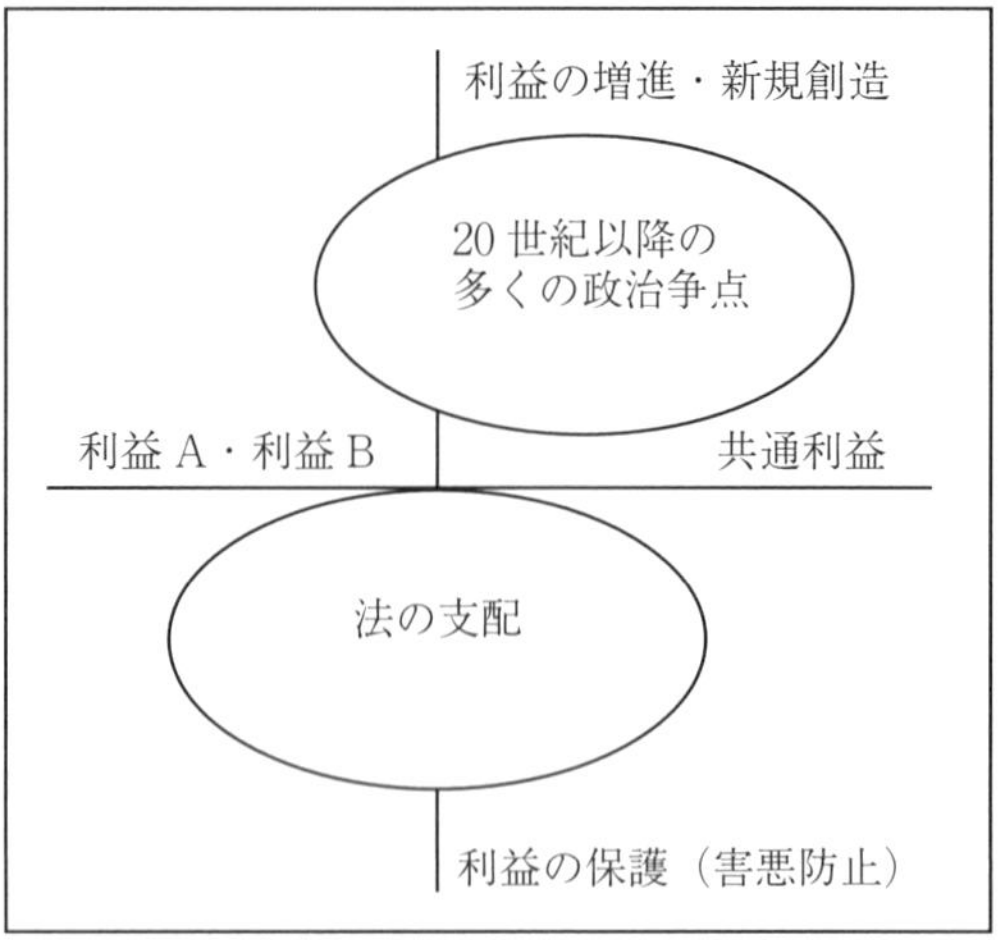

会全般に対する不利益が判明する場合も少なくないからである。仮に一般原理で意図を事前評価できる場合でも、そのことが、意図された結果まで保証するとは限らないのである。そのため、決定に関与する人々に結果を予見する責任や、結果が生じた後で結果に付随した損害を救済する義務が生じるなど、実践上のさまざまな困難や問題が起こりうる。また、決定に先行する事前のリスク評価の扱いにかんしても、非常に深刻なケースがありうる。たとえば、原子力エネルギー政策のような場合である。この場合、エネルギー調達という共通の利益の確保のために施設が設置される特定地域の住民にとっては、エネルギー調達という自分たちも共有している利益を相殺してあまりある大きな不利益を被る可能性がある。そうした可能性が現時点ではあくまでもリスクにとどまり地元住民の利益を実際に損ねているわけではないとしても、これほど大きなリスクを受け容れられるかどうかの判断は容易でない。軍事基地の問題の場合も同様である。これらに類するような深刻なケースで、何らかの明確な原理によるすっきりした解決を期待することはむずかしいだろう[42]。このように、上半分の部分は論争可能性が高く、それが、全員あるいは多数の合意や決定のとらえ方に反映し、デモクラシー概念の曖昧さや多義性にまで影響していると考えられる。

しかし、上半分の領域が困難な問題領域であるのはたしかだとしても、そのために生じている思考上の混乱を多少なりとも緩和する方策はある。その第一歩は、利益や権利の保護という古典的なアプローチが優先的に適用できる範囲をはっきりと見きわめておくことである。その適用範囲は、上の図では、下半分の部分である。この下半分の部分は、ロールズの辞書的優先と同じような形で、上半分の決定によって左右されることなく優先的に尊重してよい部分である。言いかえれば、上半分の決定内容に、下半分の利益保護という基本的要求を損ねてはならないという制約条件が加わる、ということである。上半分領域の問題は、この条件が満たされる範囲内で、あるいは少なくともこの条件に最大限の配慮を行なった上で、何らかの原則なり政治的思慮によって解決をめざす、ということである。この条件にかんする国民的合意は、これこそが自由な民主主義諸国の共通の価値であるという、各国政治家たちの言明が（たとえ型通りであっても）言質を与えている場合には、存在すると認めてもよいだろう。

対処すべき問題の難易度をふまえた習得可能性の見地から、政治リテラシーの学習を戦略的に構想する際には、まずは、この共通性のある（また普遍的であるべき）ところを出発点にするのがよいだろう。つまり、先の利益分類の中で、とくに個人の利益Aと消極的な意味での共通利益Dの保護という観点から、普通の市民（および将来の市民）にふさわしい政治リテラシーを順序としては優先的に考える、ということである。そしてこれを前提として次に、利益の増進をめざすような公共的決定において必要な手続的価値、つまり、利害や立場の違いを超えた共通の手続的価値に関連した政治的リテラシーを追加していくという順序である。

2　政治的思慮と政治リテラシー

保守的な視点から共通利益を見るという姿勢は、政治的思慮(43)についての同様の保守的な見方と重なり合う。政治的思慮の概念それ自体には、共通の利益の維持とその積極的な増大、という区別は含まれていない。しかし、政治的思慮の習得という点では、これら二つの場合を区別して考えた方がわかりやすい。つまり、失敗や損害を避けるための思慮と、共通の利益の新たな創造や大幅な増加をもたらすユニークな方策を探り当てたり評価したりする思慮、という区別である。

アリストテレスを始め多くの論者は、思慮が蓋然的な判断であり経験によって磨かれると考える一方で、思慮的判断は、経験則に単純に従うこと（先例遵守）とは本質的に違うと強調している。[44]状況は個々に異なりながらも、経験を積んだ思慮ある人は、絶対的に確実というわけではないにせよ、それぞれの状況にふさわしい判断をすることが多い、というのである。場数を踏むことによって、千差万別の個々の状況の中で、ある特定の具体的な行為を適切なものとして直感的に判断できる「型」のようなものができると考えられているようである。これはかなり名人芸的なレベルである。こうした高いレベルの思慮があることはたしかである。政治の場では、プロの政治家や行政官には必須とされるべきものであるし、政治にかんしてはアマチュアの一般市民でも、政治以外のさまざまな分野で、十分に経験を積んだ結果としてこの高いレベルの思慮を働かせている人は少なくないだろう。しかし、公共的な決定において一般市民が重要な地位を占めている現代デモクラシーでは、ジョン・ダンの言う「思慮の民主化」が必要とされている。[45]だとすれば、プロの専門家でない一般市民に無理なく期待できるレベルの思慮のあり方はないものか、あるいは、思慮にもとづく教訓として経験の浅い人にも伝えられるものはないのか、という問題が出てくるだろう。

実のところ、先に示した二つの場合での思慮の区別は、この問題への取組につながる誘導路になっている。たとえば、あまり円滑でない隣国との関係への外交的対応という場合と、華々しい成果をもたらすような経済政策の場合を比べてみよう。後者の経済政策の場合、高いレベルの成功であればあるほど、政策の策定担当者に高度の独創性を要求する。そうした成功には、非常に特殊なさまざまな条件の組み合わせが必要であり、先例や類似例での解決策を単純に踏襲するだけではまったく不十分であり、諸条件の一回限りの組み合わせを探り当てなければならないからである。こういう場合の政策の創案に必要な資質をたとえ思慮と呼ぶとしても、思慮という言葉が連想させる慎重さや手堅さよりも、想像力や構想力と呼んだ方がよいような創造的要素が大きなウェイトを占めるだろう。他方、前者の外交的対応の場合は、少なくともひとまずは、前例のない抜本的な関係改善というよりも、国益に致命的な打撃を与えるような関係悪化をさしあたり回避するという消極的な性格を持つ。この場合は、関係悪化という危険をもたらす失敗要因を経験的に一般化することは、ある程度は可能であり、直面する実際の状況は多様であっても、一般化された教訓にはかなり有効性があるだろう。これこれの点での配慮を欠いたらたいていは失敗するという経験的なルールの確実性は、これこれの点に配慮したら必ず成功するという経験的なルール（そういうものがありうるとして）の確実性よりも、はるかに高いだろう。前者の場合には、思慮の指示は、個別具体的な決定や行動を指示するのではなく、経験則を参考にしながら、一定の種類（クラス）の行動の回避を指示する。つまり、「失敗をしないためには、その種のことはやめておくのが得策だ」という指示である。格言や経験則は、行動や発想の固定化をもたらす危険もあるけれども、しかし、それを戒めるものとして、「柳の下にドジョウは二匹いない」という、いわばメタ・レベルの格言もある。これを無視すると、ご当地をアピールする役所主導の「ゆるキャラ」が日本全国で大量発生したりする。これもまた、非常に特異な条件の下での成功例を模倣しようとする行為者に対して、「その種のことはたいていは無駄だから、やめておけ」と指示する思慮的な格言なのである。日常的な語法において慎重さや手堅さを連想させる思慮は、このようなものである。ベテランの強みは圧倒的な連戦連勝において発揮されることもあるだろうが、それ以上に、決定的な失敗をしないところに現われることが多いだろう。ここには、経験を積むことと思慮の習得との相関関係の一面が表われていると考えられる。（念のために言っておけば、困難を回避したり克服するのに、尋常でない独創性が必要になるケースがありうることを否定しているわけではない。）

消極的・保守的な性質の政治的思慮は、単一の個別具体的な行為を積極的に指示するのではなく、一定種類の行為の回避を指示するものであるために、経験的な格言やルールとして、ある程度定式化することができる。もちろん、思慮の資質そのものは、行為者本人の経験を通じてしか習得されないし、思慮的な格言やルールは、それだけでは悪くすれば魂のない型通りの行為を生みかねないかもしれないが、少なくとも悲惨な失敗は避けたいという動機付けを経験の浅い人間にも与えるし、さらに、本人自身の経験（とりわけ失敗の経験）が加われば、言葉としてはすでに知っていた格言やルールの意味や価値を深く実感することにもなるだろう。

消極的・保守的な性質の政治的思慮に親和的な論点を、もう一つだけ追加しておきたい。権力を持つことが権力保持者に対して与える心理的影響を理解する必要、という論点である。筆者は、便宜的にこれを、「権力心理学」の問題と呼んでいる。

たとえば、J・S・ミルはこの論点について、次のような啓発的な指摘を行なっている。

……自分が他者と共有している利益よりも自分の利己的利益を優先する性向と、自分の利益のうちで間接的な遠い将来の利益よりも目先の直接的利益を優先する性向という、今問題としている二つの邪悪な性向は、何にもまして特に権力を持つことで引き起こされ助長される特徴である。一人の個人でも一つの階級でも、権力を手にすると、その人の個人的利益やその階級だけの利益が、本人たちの目から見てまったく新たな度合の重要性を帯びてくる。他人が自分を礼賛してくれるのを目にすることで、本人も自らの礼賛者となり、自分は他人の百倍も価値あるものと見られて当然だと思うようになる。その一方で、結果を気にせずに好きなようにする手段が容易に得られるようになることで、結果を予測する習慣が、自分にまで影響が及んでくる結果に関してすらも、知らず知らずのうちに弱まっていく。これが、人は権力によって堕落するという、普遍的経験にもとづいた普遍的な格言の意味である。(46)

「普遍的な格言」だから、当てはまるのは国王や貴族やエリート官僚に限られない。国民全般にもミルのような知識人にも当てはまる。誰であっても、権力を持つことで尊大になり、他者に耳を傾けることができなくなる。

万事に対して最高の立場にある人は、一者であれ少数者であれ多数者であれ、理性という武器をもはや必要としなくなる。こうした人は、自分のたんなる意思を支配者の地位に置くことができる。抵抗を受ける可能性のない人は、たいてい、自分の意見に十分満足していてそれを進んで変えることはないし、間違っていると告げてくれる人の話を聞けば苛立ってしまう。(47)

もちろん、「あらゆる権力は腐敗する」という言葉は、それだけでは思慮的な格言としては力不足である。この言葉だけが一人歩きすると、権力の必要性を忘れさせ政治を見限る姿勢を助長しかねないからである。権力に対するリアリズムは、権力の堕落可能性だけではなく、そうした危険な権力の必要不可欠性も視野に入れざるをえない。内戦状態の国々を見れば明らかなように、公共権力の不在は法の支配の基盤を失わせ、私的暴力を蔓延させてしまう。権力がなぜ腐敗するのか、その心理的機制を把握してこそ、公共生活に不可欠の政治権力が腐敗するのを防止する方策を考えることができるし、腐敗防止の必要性も切迫したものとして実感できる。「どうせ権力とはそんなもの」というだけでは、非力なままである。

このように、権力心理学の知見は、共通利益のうちの、個人や社会に対する害悪の抑止という領域を対象とする消極的・保守的な性格の政治的思慮に欠かせないものであり、したがって、権力の不可避的必要性や権力と合意（同意）の相補関係についての理解とともに、政治リテラシーの知識部門における必須の要素として扱われなければならないだろう。

おわりに

最後に、以上の考察をまとめ、大学の低年次教養科目として教師が個人的に取り組む政治リテラシー教育という場面を想定した上で、そこでの基本的な留意事項という形で列挙しておきたい。知識の獲得が全面に出ているように見えるけれども、知識への理解が進むことと技能や態度の変化とは、ある程度は相即的であると期待しておこう。

（1）デモクラシーが複合的で複雑な概念であり、論争可能な概念であることを十分にふまえた上で、早い段階で正面から取り組む。その際、イギリスの事例（「義務教育修了時までに到達すべき必須要件の概要」）において主要概念としてのデモクラシーを専制と対置している点は有益であるので取り入れる。

①デモクラシーには、国民の同意にもとづいて制定された法の支配という原則によって、国民の自由と権利を保護し専制を防止する重要な契機が担保されていること。

②法の支配という概念の前提には、一般的決定と個別的決定の区別という重要な観点があること。

③権力を持つことの権力保持者への心理的影響が専制につながりやすいこと。

④主権者である国民が自己抑制を欠くと、デモクラシーも専制となる危険があること。

（２）法の支配の基盤としての共通の利益（共通善、公共の利益）の概念。

①他者への影響の有無という観点から見ると、個人の利益それ自体が多義的であること、また、共通の利益が個人の利益の内部に存在していること。

②共通善には、個人の自由や権利を保護するという保守的・消極的な面と、個人や社会にとっての利益を増進したり新規に創造したりする積極的な面があること。前者を優先し十分に保証した上で後者に取り組むことが、自由を尊重するデモクラシーにとって基本的であること。

③主立った政治的論争や、政党間の対立の多くは、個人や社会にとっての利益を増進したり新規に創造したりする積極的な分野で生じていること。

④上記の対立を全面的に解決する原理や原則は得られていないし、今後も獲得困難であると見込まれること。そのことを前提にして、たがいに対立しつつも協力を維持し発展させるような創造的妥協が必要であること。

（３）統治者の行使する権力と統治者の決定に対する被治者の同意（合意）が相補的な関係にあること。（これについては、本章第一節で言及）

もちろん、以上は、現時点での暫定的な到達点に過ぎない。しかし、本章をきっかけに、本章で論じきれていないさまざまな点を含め、さらなる探究に加わってくれる方々がいらっしゃれば幸いである。

＊本論文は、平成二六年度～三〇年度科学研究費・基盤研究B「〈政治リテラシー〉の理論的研究と政治学教育への実践的展開」（JSPS科研費 JP26285028）の助成を受けた研究成果の一部である。

【注】

（1）クリック（2011）、一四―一六、二〇頁。
（2）「政治的リテラシー」という訳語が用いられる例も散見されるが、筆者は、「政治的取引」とか「政治的決着」といった表現における「政治的」という言葉につきまといがちなマイナスイメージが「リテラシー」に付着するのをできるだけ避けたいという意図から「政治リテラシー」という訳語を用いている。コンピューター・リテラシーが、コンピューターにかんする基本的な知識や技能を意味し、それ以上でも以下でもないのと同じように、政治についてのリテラシーというシンプルな意味で受け取ってもらいたいという趣旨である。
（3）Crick and Heater（1977）. pp. 178-187.
（4）Crick and Porter（eds.）（1978）. p. 8. our coinage 'political literacy' と記述されている。
（5）Crick Report 2. 11〔邦訳、一二四頁〕. ただし、本章での引用は、原文から直接翻訳したもの。
（6）Crick Report 6. 9. 3〔邦訳、一八〇頁〕.
（7）Crick Report 4. 2〔邦訳、一四八頁〕; Crick Report 6. 8〔邦訳、一七五―一七八頁〕.
（8）クリックのシティズンシップ教育論の理論的背景にかんする筆者の考察としては、関口正司（2013-2）を参照。
（9）クリック（2011）、五八頁。クリック（2004）、一七一頁。
（10）クリック（2011）、一一二頁。
（11）クリックは、政府に対する制限、つまり民主的な監視と統制との関連で、たとえば次のように論じている。「近代のデモクラシー国家の規模を考えると、少なくとも古代のデモクラシー国家や都市共和政が理想としたような直接参加を実施するには厳しい限界がある。だから、大きな地域を統治する今日の政府は、かつての政府が人びとの直接参加によって制限されていたのとまったく同じように、政府が行っていることを人びとが知っているということを知ることによって、言い換えれば世論によって、制限されるのである（これは歴史上まったく新しいことである）。」（クリック（2004）、一七三頁）。

（12）クリック（2004）、八九頁。
（13）クリック（2004）、一七二―一七三頁。
（14）クリック（2004）、一三四頁。
（15）クリック（2011）、第五章、特に一〇七―一一八頁。
（16）クリック（2011）、二一八―二一九頁。
（17）Crick Report 5. 6. 2〔邦訳、一五六頁〕。
（18）https://www.aqa.org.uk/subjects/citizenship/a-level/citizenship-studies-2100/past-papers-and-mark-schemes　なお、現在は更新されて過去問の掲載は二〇一五年分以降となっており、二〇一三年分は掲載されていない。
（19）クリック（2011）、九六頁。
（20）クリック（2011）、九一、九九、二一九頁。
（21）クリック（2011）、一〇三頁。
（22）クリック（2011）、一〇三頁。「価値をそのまま直接に教えることが可能だとは、残念ながら私は考えていない。意味ある価値は、実体験か想像上の経験から生じなければならない。……道徳的価値は、性格の一部となり本能のように行動に影響を与えるには、必ず経験から生じなければならない」（クリック（2011）、一七六頁）。
（23）クリック（2011）、一〇二頁。
（24）クリック（2011）、五八、六一、九九頁。
（25）たとえば、岡田泰孝（2011）を参照。日本の教育界における全般的な動向については、蓮見二郎（2012）を参照。大学の政治学の教科書で「ポリティカル・リテラシーを育てる」を副題に掲げた先駆的試みとして、明治学院大学法学部政治学科編『初めての政治学』（2015）を参照。
（26）クリック（2011）、一〇六頁。
（27）Crick and Porter（eds.）（1978）, p. 10.
（28）ただし、筆者の経験では、「傾聴の姿勢」への関心は、セミナー参加者が学生か社会人かを問わず、セミナー初回から、参加者全般に顕著な特徴だった。そうした関心が、傾聴の技能を習得するにつれていっそう強くなる、というのが実状である。諸外国との対比を行なったわけではないが、こうした関心の高さは、日本における貴重な文化的資源ではないかという印象がある。カウンセリングや介護などにも共通する技能として、発展していくことが期待される。

(29) クリック(2011)、二一八―二一九頁。

(30)「たとえば、〝民主主義〟は政治用語で使われている最も重要な概念の一つである。しかし、それは明らかに、基本的な概念の複合体である。たとえば、自由、福祉、代表、ときには〝権利〟も加わってくる」(クリック(2011)、一一一―一一二頁)。

(31) クリックの「政治」の捉え方は、アリストテレス以来の西欧の古典的政治学の伝統をふまえれば、けっして特異なものではない。それは、「法の支配」や「自由な統治」という言葉で一九世紀に至るまで理解されていた内容とほぼ重なり合っている。しかし、そうであればこそ、二〇世紀以降のデモクラシーの言説に馴染んでいる人々には、非常にわかりにくい概念なのである(かつての筆者自身にとっても、そうだった)。

(32) 一七頁の表を参照。なお、この表では、他の基本的概念も絞り込まれていて、実用的であるように筆者には思える。

(33) クリック(2011)、一一八、一七三頁。共通善という概念に対するクリックの懐疑的姿勢は、初期の著作『政治の弁証』以来、変わっていない。「この〝究極の精神活動〟〔政治〕が機能するには、〝共同善〟についてのある共通観、ある〝合意〟つまり合法的同意があらかじめ存在しなければならない。しかし、この共同善こそは国家を構成するさまざまな〝精神活動〟・諸集合体・諸集団の実際的妥協過程である。ある外来・無形の心霊の乗りうつりや、客観性を僭称する〝総意〟や〝公益〟であったりはしない。……自由な国家の精神的合意は、政治に先行ないし超越する、ある不可思議なものではない。政治という活動(文明化をすすめる活動)そのものなのである」(クリック(1969)、一二一―一二三頁)。

(34) ただし、クリックは、共通善や公共の利益という概念そのものを無効と宣告しているわけではない。そのことは、次の一節からうかがうことができる。「今日、合衆国とイギリスの政治はますますポピュリズムの性格を強めてきており、道理にかなった考え方にもとづく首尾一貫した政策に頼るよりも、世論に向けて訴えかける傾向が幅を利かせている。……そのうえ我が国のメディアは今や、公衆がたまたま関心を持っているものと〝真の公共利益〟という古くからある概念とをいっしょくたにしたり、意図的に混同するごまかしまでやってのけている始末なのだ」(クリック(2004)、一八―一九頁)。「オーウェルは、公衆が関心を持つものと真の公共利益とは違う、ということを理解していた」(同書、一五七頁)。

(35) クリックは、個人の自由や権利の尊重を彼の言う「政治的支配」の特質として見ていて、デモクラシーの固有の特徴とは見ていない。「思い出していただきたいのは、政治的統治は民主的統治以前に存在していたのであり、また、文字通り現実の意味で論理的にも民主主義に先行している、ということである。民主主義という言葉の意味を、善き統治の一要素、自由や個人の権利とは必ずしもつねに両立しない多数者の意見と権力という考え方と捉えずに、〝自分たちのやりたいことすべて〟と脳天気に捉えるのでない限り、そうである」(クリック(2011)、二八二頁)。また、別の著書(『政治理論と実際の間』)には、次のような指摘もある。「政治理論(アリストテレスの意味における)の全伝統および共和主義理論(マキァヴェッリとモンテスキューの意味における)の全伝統がうしなわれ、それとともに、有益に民主的統治と呼ばれるものにはるかに先立つ自由にとっての諸条件についての経験の豊かさも失われた」(クリック(1974)、二二頁)。「われわれの書物や講義題目は、民主主義についてのこっけい千万なほど時代錯誤的な諸概念を好んで、政治と共和制についての理論という中心的な西欧的伝統を無視し続けている」(同書、二五頁)。以上のような指摘はまったく正しい。しかし、自由や個人の権利を尊重する統治体制の歴史的・論理的先行性を捨象するか忘却し、それを自らの長所だとしているリベラル・デモクラシーの常識的な自己理解を前提とするのであれば、少なくとも出発点においては、そうした長所にかんする現実のコンセンサスを前提に話を進めた方が、わかりやすいだろう。

(36)この主題にかんする詳細な議論は、関口正司(2013-1)を参照。

(37)ここまでは、クリックによるアリストテレス理解と同じである。クリック(2004)、三九—四〇頁。

(38)アリストテレス(1961)、第四巻第四章、一九〇—一九一頁。

(39)アリストテレスの場合、暴政あるいは僭主政(tyranny)は、簒奪した権力による支配という、正統性を欠いた体制を意味しており、国民を虐げないような僭主の統治もありえた。ただし、ここで言及されている政令による支配は、こうしたものではなく、文字通りの暴政である。他方、専制は主人による奴隷の支配を意味していた。両者のこうした区別は、ルソーの『社会契約論』(第三篇第一〇章)でも言及されているが、一九世紀になるとほとんど区別されなくなった。本章でも、両者を交換可能な意味を持つものとして扱っている。これについてはさらに、関口正司(2013-1)注(2)、一五六—一五七頁を参照。

(40)クリック(2011)、一〇、一六、一三〇—一三一、一五二—一五三、二二五頁。

(41)「自分を含む国民の全員あるいは大多数が、何を、自分たちの共通の利益と考えているか」という問いについて、一定の答を大多数の人々が支持しているとすれば、この答は本当の共通の利益である可能性が高い。少数の人々が別の答を支持していても、現実には大多数の人々がその答を共通利益にかなうものと考えていないことは事実だからである(ただし、かろうじて過半数という場合は以上の論理は成り立たなくなるわけで、したがって、国論を二分しているような争点で国民投票をしてはならない、ということにもなる)。他方、「他者の利益はさておくとして自分にとって利益となるものは何か」という問いに対して多くの人々が特定の答を支持したとしても、その答が共通利益は何かという問いにまで答えているという保証はない。前者の設問と後者の設問の質的差異を見落としていることが、多数決主義的な近代デモクラシーの大きな問題であることは、ミル、トクヴィル、リップマン、クリック等が異口同音に指摘した点でもある。

（42）クリックも、次のような事態がありうることを認めている。「真の政治においてさえも、ある不幸な事情の下では、公共の利益と個人の良心との葛藤をまぬがれる保証はありえない」（クリック（1969）、一六四頁）。「現実の生活や政治では、手続的価値の扱いを手加減せざるをえない機会は数多くある。手続的価値どうしの衝突や、宗教、倫理規範、政治的教義に体現されたさまざまな実質的価値との衝突が起こりうるからである。政治教育は、まさにそうした衝突の吟味でもある。だからといって、本物の政治教育である限り、手続的価値の優位が揺らぐことはない」（クリック（2011）、九九頁）。

（43）思慮（prudence）は、通常の語法では、個人的な利益を確保する「要領のよさ」という意味で使われる場合もあるので、ここでは文脈上明白な場合を除いて、共通の利益をめぐる賢明な判断という点を強調するために、政治的思慮という語を用いている。

（44）アリストテレスの思慮にかんする筆者の考察として、関口正司（2009）、特に四―一三頁を参照。

（45）「現代政治が最も切実に必要としているのは思慮の民主化であり、政治問題を冷静に判断し選択するという負担を、それぞれの社会の成人メンバー全員へと広げることである」（Dunn（1990）, p. 214）。

（46）ミル（2019）、一一四―一一五頁。

（47）ミル（2019）、一六九頁。

【参照文献】

アリストテレス（1961）『政治学』、山本光雄訳、岩波文庫。

岡田泰孝（2011）「「市民」研究ノートⅣ　政治的リテラシーの涵養を目指す「市民」の学習」『研究紀要』（お茶の水女子大学附属小学校）第一八巻、二五―三四頁。

クリック、B（1969）『政治の弁証』、前田康博訳、岩波書店〔Bernard Crick, *In Defence of Politics*, Penguin, 1962〕。

――（1974）『政治理論と実際の間（1）』、田口富久治他訳、みすず書房〔*Political Theory and Practice*, Allen Lane, 1963〕。

――（2004）『デモクラシー』、添谷育志・金田耕一訳、岩波書店〔Bernard Crick, *Democracy: A Very Short Introduction*,

Oxford University Press, 2002)。

――――（2011）『シティズンシップ教育論――政治哲学と市民』、関口正司監訳、大河原伸夫・岡﨑晴輝・施光恒・竹島博之・大賀哲共訳、法政大学出版局〔Bernard Crick, *Essays on Citizenship*, Continuum, 2000〕。

関口正司（2009）「政治的判断における「型」について」、関口正司編『政治における「型」の研究』風行社、所収、一―三六頁。

――――（2013-1）「多数の専制の見分け方」『法政研究』（九州大学法政学会）第八〇巻第一号、一四三―一六三頁。

――――（2013-2）「バーナード・クリックの政治哲学とシティズンシップ教育論」『政治研究』（九州大学政治研究会）第六〇号。

蓮見二郎（2008）「クリック・レポート」、岡﨑晴輝・木村俊道編『はじめて学ぶ政治学』ミネルヴァ書房、所収、二四〇―二五〇頁。

――――（2012）「社会形成としてのシティズンシップ教育」『法政研究』第七九巻第三号、八九二―九一四頁。

――――（2015）「イングランドにおける政治教育・市民教育の現状と課題」『政治思想研究』（政治思想学会）第一五号、九七―一二五頁。

平石耕（2009）「現代英国における「能動的シティズンシップ」の理念――D・G・グリーンとB・クリックを中心として」『政治思想研究』（政治思想学会）第九号、二九四―三二五頁。

ミル、J・S（2019）『代議制統治論』、関口正司訳、岩波書店（原書1861）。

明治学院大学法学部政治学科（編）（2015）『初めての政治学〔改訂版〕』風行社（初版2011）。

Crick, Bernard and Heater, Derek（1977）*Essays on Political Education*, Routledge.

Crick, Bernard and Porter, Alex (eds.)（1978）*Political Education and Political Literacy*, Longman.

Dunn, John（1990）*Interpreting Political Responsibility*, Polity Press.

Crick Report（1998）邦訳は次の文献に収められている。長沼豊・大久保雅弘編著『社会を変える教育 Citizenship Education ――英国のシティズンシップ教育とクリック・レポートから』キーステージ21（二〇一二年）所収。原文は http://www.teachingcitizenship.org.uk/dnloads/crickreport1998.pdf　また、全国共通カリキュラムの翻訳は、次の文献の巻末に掲載されている。日本ボランティア学習協会編『英国の「市民教育」』（二〇〇〇年）。

第二章　主権者教育における責任や義務
――よりバランスのとれた理想的主体像の必要性

施　光恒

序

平成二八年（二〇一六年）の選挙権年齢の引き下げもあり、近年、我が国では主権者教育に関心が集まっている。学校における主権者教育も活発に行われ始めた。だが、そこで想定されている理想的主権者像には十分とは言えない点がいくつかある。

一つは、国や社会を形成し、変革する主体としての側面が強調される一方、国や社会の文化や伝統、歴史によって形作られ、それらに対して責任や義務を負う主体としての側面があまり触れられていないという点である。いわば「啓蒙主義的側面」が強調されるのに比して、「保守主義的側面」への目配りが不足している。

また、現行の理想的主体像は、欧米の議論の影響を強く受けているためか、日本で優勢な自己観（人間観）や道徳観のあり方、および日本の学校や家庭で強調される諸価値との整合性にあまり注意が払われていないようにも思われる。

現在の主権者教育の実践は、ディベートや模擬投票がかなりの部分を占め、学校における他の教科や活動との幅広い連携が取れているとはいい難い状況もある。これを改善し、幅広い連携へと展開しやすくするためにも、主権者教育の目的となる理想的主体像をよりバランスのとれたものにする必要があるのではないだろうか。

本章では、以上のような見方に立ち、政治思想における保守主義（特にその主体観）や日本で優勢な自己観や道徳観、学校教育で強調される諸価値の特徴などを適宜参照しつつ、現代日本における、よりバランスのとれた理想的主権者像、およびそれに基づいた幅広い主権者教育のあり方について考察し、提案したい。

本章の構成は、以下のとおりである。

まず、グローバル化が進む現代社会における主権者教育の必要性、ならびにどのような事柄が主権者教育に求められているのかを確認したい。第二に、総務省と文部科学省が平成二七年に作成した副教材『私たちが拓く日本の未来――有権者として求められる力を身に付けるために』[1]などを素材に、現在の主権者教育で想定されている理想的主体像を確認し、その不足点を指摘する。第三に、その不足点を解消するために、よりバランスの取れた理想的主体像を提起し、その妥当性を検討する。第四に、よりバランスの取れた主体像の下で可能になる、主権者教育の幅広い展開について提案する。つまり、学校における他の教科や活動との幅広い連携を可能にする授業案について簡潔に示す。第五に、国や地域社会に対する責任や義務だけでなく、より広く、世界（諸外国）に対する責任や義務をどのように理解し、教えるべきかについてもごく限られた形ではあるが言及する。

一　現代社会における主権者教育の必要性――グローバル化のなかで

グローバル化が喧伝され、進められる現代社会においては、主権者教育の必要性がますます高まっている。現在、進行中のいわゆる新自由主義に基づくグローバル化の流れのなかでは、各国政府は、グローバルな企業（多国籍企業）や投資家の声を優先し、一般国民（庶民）の声に耳を傾けなくなる傾向が顕著だからである。また、その結果として、経済的格差の拡大など、国民一般にとってあまり望ましくない状態が出現しやすいからである。

グローバル化が進めば、なぜ各国政府は、庶民の声にあまり耳を傾けなくなるのだろうか。なぜ、格差拡大などが生じやすいのだろうか。そのメカニズムは、政治経済学では概ね次のように説明される。

新自由主義の考え方に沿い、各国では、主に一九八〇年代後半から一九九〇年代にかけて政府の各種規制が緩和され、ヒト、モノ、カネ、サービスの国際的移動が活発化していった。なかでも特に重要なのは、カネ、つまり資本の国際的移動の自由化である。これによって、各国の経済政策のあり方が大きく変容した。

資本の国際的移動が自由になれば、グローバルな投資家や企業は、なるべくビジネスしやすい環境に資本や生産拠点を移動させるようになる（Crouch 2011, pp. 26-27）。グローバルな投資家や企業は、例えば、法人税率が低い国や地域に本社機能を移動させる一方、生産拠点はできる限り人件費が安く、労働法制の縛りの緩い場所を選択しようとする。

この動きに対応して各国の政府は、自国の国民一般の声よりも、グローバルな投資家や企業に過度に配慮した政策をとるようになる。グローバルな投資家や企業が好む環境を整えなければ、海外からの投資が国内に入って来なくなるからである。また、すでに国内にある資本や企業が国外に流出してしまう恐れもあるからである。

この点について、一九九〇年代末に米国のジャーナリストであるT・フリードマンは、各国の経済政策は、自由に選択できる幅を失い、グローバルな投資家や企業にもっぱら好まれるものに一律化していくと予測していた

（フリードマン 2000、第五章）。また、米国の経済学者D・ロドリックは、フリードマンの議論に言及しつつ、グローバル化以降の各国政府は、庶民層の声を軽視しつつ、以下のような経済政策をとりがちだと論じた（ロドリック 2013、二二三〜二三三頁）。いくつか挙げてみたい。一つは、労働基準の削減である。グローバルな投資家や企業からすれば、人件費は安いほうがよい。賃金が低く、非正規雇用など雇いやすく解雇しやすい労働形態のほうが都合がいい。第二に、法人税率の引き下げである。実際、グローバル化の動向が生じた一九八〇年代初頭以降、世界中で法人税率は明らかに低下している。第三に、健康や安全の各種基準の引き下げである。各国の庶民の生活を守るための各種規制も、ビジネスの観点から徐々に緩和されてしまう恐れがある。他にも、外資呼び込みのための電気や水道などのインフラ産業の民営化、ならびに株主への配当割合を増やすためのコーポレート・ガバナンス（企業統治）の変革などがしばしば行われる。

以上のような政策がとられる結果、各国の社会は、グローバルな投資家や企業にとっては非常にビジネスしやすい、つまり稼ぎやすい環境となる。(2) しかし、庶民からすれば、こうした環境は好ましくない。各国の庶民は、生活状況の悪化や不安定化に苛まれるようになる。

これは当然、民主主義の正当性の危機でもある。各国政府が、自国の庶民の声よりも、グローバルな投資家や企業の声を反映するようになった結果だからである。各国の民主的意思とグローバルな投資家や企業の力関係という観点からみれば、グローバル化による資本の国際的移動の自由化・活発化に伴い、グローバルな企業や投資家の力が増し、意思を各国政府に反映しやすくなる。なぜなら、「法人税率を下げなければ、国外に会社を移転せざるを得ない」「非正規労働者を雇いやすくしたり労働法制の縛りを緩くしたりするなど、人件費抑制に資する構造改革に努めなければ、貴国にはこれ以上投資しない」などとグローバルな企業や投資家が各国政府に圧力をかけられるようになったからである。W・シュトレークが指摘するように、経済のグローバル化以降、各国では、経済権力が政治権力に変換されやすくなり、グローバルな企業や投資家が政治的発言力を増す一方、庶民は、自分たちの利益や要求を政治経済的仕組みに反映する力を大幅に減少させてしまったのである（Streeck 2011, p. 28）。

事実、英国の政治学者コリン・ヘイが指摘するように、新自由主義が各国の政策に取り入れられていった一九九〇年代以降、先進各国では、政治に対する不信や嫌悪、それに伴う投票率の低下が顕著に見られるようになった（ヘイ 2012、第一章）。同時に、先進各国では近年、経済のグローバル化の恩恵を受ける少数のエリート層とそうではない庶民層との間の対立や意識の分断も大きな社会問題とみられるようになった（E.g. Goodhart 2017, ch. 1）。

ここでしばしば批判されるのは、公共の問題に関心をあまり払わないエリート層の無責任さである。米国の歴史家クリストファー・ラッシュ（1997、三三～六二頁）は、米国のグローバル化が本格化してしばらくたった一九九〇年代半ばに『エリートの反逆』を刊行し、グローバル化時代のエリートをいち早く批判した。米国でも日本でも、かつてエリートは地域の名望家であり、天下国家を憂い、義務や責任を率先して担う覚悟を持った存在だった。地域社会のなかに自らの生産基盤を持ち、自分の現在の地位が地域社会や国からの恩恵を被っていることに自覚的だったため、地域や公共の問題に強い関心を抱いた。

ラッシュは、このようなエリート層がグローバル化の進展に伴って変質すると主張した。スペインの思想家オルテガはかつて『大衆の反逆』を著し、民主社会を破壊するのは、文化や伝統とのつながりを自覚しない愚かな大衆だと記した。これに対しラッシュは、グローバル化の進む現代世界では、民主主義や一般国民の生活を脅かすのはエリート層の方だという見方を示した。ラッシュがこのように論じたのは、エリート層の存立基盤が地域社会や国ではなく、グローバル市場に変わったからである。新しいエリート層は地域社会や国には愛着も忠誠心も持たず、同胞国民に対する連帯意識も感じず、公共の責任や義務も果たさない存在ではないかと危惧したのである。[3] 実際、数年前にはいわゆる「パナマ文書」が明るみに出たことに端を発し、タックスヘイブン問題（租税逃れの問題）が国際的に話題になった。これは、グローバル化時代の堕落したエリートの倫理の問題でもあった。日本は現在、世界規模で活躍できるという「グローバル人材」の育成に非常に熱心である。しかし、実際にそうした人材が育成できたとしても、地域社会や国に対する責任や義務の意識を身に付けさせることができるかどうかは心もとないといえよう。

以上まとめると次のように言える。グローバル化への対応や「グローバル人材」の育成が叫ばれる現在の日本社会において主権者教育は大いに重要である。第一にそれは、グローバルな投資家や企業に偏りがちな政策を監視し、国民一般の意思の政治への反映が必要だからである。加えて、現在のような「グローバル人材」の重要性を強調する教育の下では、社会や国に対する責任や義務の感覚が失われがちである。これを防ぐために、責任や義務の感覚をどのように身に付けさせるかも真剣に考える必要がある。

二　現在の主権者教育における理想的主権者像とその不十分さ

1　想定されている理想的主権者像

わが国では、平成二八年（二〇一六年）に一八歳への選挙権年齢の引き下げが行われた。大半の高校三年生が誕生日を迎えれば有権者となるので、その数年前から、総務省や文科省は学校教育における主権者教育の重要性を強調するようになった。

平成二三年（二〇一一年）一二月には「常時啓発事業のあり方等研究会」（総務省）最終報告「社会に参加し、

自ら考え、自ら判断する主権者を目指して——新たなステージ「主権者教育」へ[4]」が発表された。ここでは、社会に対して積極的に意見を述べ、参加する「アクティブ・シティズン」（能動的市民）の育成がキーワードとなっている。それまでの政治的中立性だけではなく、一歩踏み込んだ形での主権者教育の必要性が言われるようになった。

選挙権年齢の引き下げに合わせて、学校現場では、主権者教育の実践的な手引きが求められるようになった。そこで総務省、文科省が共同で作成し、配布したのが、平成二七年（二〇一五年）九月の『私たちが拓く日本の未来——有権者として求められる力を身に付けるために』という副教材である。加えて、二〇二〇年から始まる高等学校の新科目「公共」でも主権者教育は重視されている。

以上のように、主権者教育は近年、強調され、積極的に進められてきた。では、想定されている理想的有権者像とはどのようなものであろうか。

「常時啓発事業のあり方等研究会」の最終報告では、前述のとおり、「アクティブ・シティズン」（能動的市民）が強調されている。それまでの主権者教育は「……政治や選挙の仕組みは教えても、選挙の意義や重要性を理解させたり、社会や政治に対する判断力、国民主権を担う公民としての意欲や態度を身につけさせるのに十分なものとはなっていない」（三頁）と批判される。そのうえで、判断力、意欲、主体性を育成する、より実践的な主権者教育が必要だとする。

この総務省の研究会の最終報告は英国のシティズンシップ教育の影響を強く受けている（田中 2016、七頁）。英国の中等教育では、「シティズンシップ」（市民性）教育の必要性が九〇年代後半から主張された。一九九八年には、著名な政治学者バーナード・クリックが実践的なシティズンシップ教育の必要性を記した「クリック・レポート」を提出し、二〇〇二年には、その提言を取り入れる形で中等教育課程において「シティズンシップ」が必修科目となった。クリックは、「政治的リテラシー」（政治的判断力や批判力）を重視し、学校における政治教育は、たんなる法や制度の仕組みについての知識を得る学習だけでは不足だと述べる。「アクティブ・シティズン」育成のために、時事的・論争的な問題に関する意見の発表や討論への実践的参加が必要だとする。また、対立を解釈し、調停するための方法や技術の習得も求めている（クリック 2011、第四章）。

副教材『私たちが拓く日本の未来』では、「国家・社会の形成者として求められる力」として理想的な有権者に必要な四つの資質・能力が挙げられている（三〇～三一頁）。第一に、「論理的思考力（とりわけ根拠をもって主張し他者を説得する力）」である。第二に、「現実社会の諸課題について多面的・多角的に考察し、公正に判断する力」である。第三は、「現実社会の諸課題を見出し、協働的に追究し解決（合意形成・意思決定）する力」である。第四に、「公共的な事柄に自ら参画しようとする意欲や態度」が挙げられている。

ほかに、民間組織のものだが、日本学術会議政治学委員会「高等学校新設科目「公共」にむけて——政治学からの提言」[5]にも将来の主権者が身に付けるべき資質への言及がある（八頁）。第一に、「政治的知識」（法や制度、政治過程に関する知識）である。第二に、「知的スキル」（論理的主張・説得の力）、第三に、「政治参加スキル」（意思決定過程に「声」を届けるための多様な資源を組織・編成する力）である。

これらから見てとれるのは、現在の主権者教育の目標とされている主体像とは、社会の合理的選択者ないし変革者としての性格を色濃く持ち、積極的に社会に影響を及ぼしていく主体だといってよいであろう。つまり、政治に関する知識と関心を持ち、自分たちの権利や利害に自覚的であり、他者と議論を交わし協働し、積極的に政治参加し、政権や政策を選択し、社会を合理的に変革していく人々だと言えるであろう。

2　主体像の一面性

社会の合理的選択者・変革者としてのこうした主権者像は、国家・社会の形成者として大切なことは疑い得ない。前述のとおり、グローバル化の進む社会では、一般的国民（庶民）の声が、グローバルな投資家や企業に比べて軽視される傾向がある。だからこそ、合理的選択者・変革者としてのこうした主権者像には大いに意義がある。

だが同時に、将来の国家・社会の形成者である理想的主権者が備えるべき資質として社会の合理的選択者・変革者という像のみでは一面的だということも否定できない。一面性について以下の三点を指摘したい。

（1）責任や義務の弱さ

社会の合理的選択者・変革者としての主体像からは、個人の権利や利益の大切さ、およびそれを実現するための手段としての地方自治体や政府、および選挙制度の大切さなどは導ける。しかし、社会や国に対する責任や義務を認識し、それを果たすこともまた、主権者として重要である。社会の合理的選択者・変革者という主体像からは、責任や義務の側面が十分に導けないのではないだろうか。

むろん、納税の義務や労働の義務、契約遵守の義務などの一部の義務や責任は、社会の合理的選択者・変革者としての主体像からも導くことができるであろう。

だが、国家・社会の形成者としての責任や義務はそれだけでは言い尽くされない。歴史や伝統、文化といったものに対する義務や責任というものもある。例えば、教育基本法（第二条五）には「伝統と文化を尊重し、それらをはぐくんできた我が国と郷土を愛する」必要性が明示されている。また、現行の学習指導要領にも「我が国の国土と歴史に対する理解と愛情」（小学校・社会、および中学校・社会）を育てたり深めたりすることが、「国際社会に生きる平和で民主的な国家・社会の形成者」の資質として必要だとされている。だが、主権者教育の現場に大きな影響力を持つ前述の最終報告書や副教材から読み取れる理想的主権者像からは、伝統や文化の尊重、および愛国心や愛郷心の必要性は導き出し難い。

実際、主権者教育の場面ではこうした必要性にはほとんど言及されていないようだ。これは望ましいこととはいえないであろう。社会の合理的選択者・変革者としての資質とともに、伝統や文化を尊重する態度、愛国心や愛郷心の必要性も統一的・整合的に説明できる方が理解しやすく、また教育現場の導きとしても良いと思われる。

(2) 日本における日常的な自己観や道徳観との整合性

社会の合理的選択者・変革者という色彩の強い現行の主権者像は、前述のとおり、英国のシティズンシップ教育など欧米の理論や実践を数多く参照し、その強い影響の下で形成されてきた。そのため、そのままでは日本の一般的な自己観(人間観)や道徳観などとズレを生み出す恐れがある。次節で概観するが、多くの日本文化研究の蓄積によると日本と欧米では各々の文化で優勢な自己観(人間観)や道徳観は大きく異なる。自己観や道徳観が異なるのだから、おそらく民主的審議やその担い手に対する見方も異なるであろう。

一例をあげれば、日本と欧米の民主的審議の性格の相違について、文化人類学者の栗田靖之は以前、民俗学者・宮本常一の寄合についての論考を手がかりにしながら、興味深いことを述べていた(栗田 1991、三四一~三五三頁)。欧米では、個々人が、互いに自分の権利や利害を主張し、その間にうまく「おりあい」を付けていくのが民主主義だと理解されてきた。互いに交渉し、「公正さ」や「平等」などといった抽象的原理に照らしつつ、双方が納得できる条件を引き出すのが民主主義だという理解である。他方、「寄合」など日本の民主的審議の伝統は異なる。自らの権利を誇るのではなく、逆に自分の存在の欠損や欠陥、つまり不完全さを自覚することにより、謙遜、すなわち譲り合いの気持ちが生まれ、そこから各人の主張の「おさまり」を見いだすのが日本での話し合いだったと栗田は指摘する。

栗田の考察が正しいとすれば、欧米の影響を強く受けた理想的な主権者像は、一般の日本人にとってはそれほど魅力的に映らないかもしれない。主権者教育そのものの魅力にも関わってくる。理想的主権者像を設定する際に、欧米と日本の文化的土壌の相違にも目配りする必要がある。

（3）教育実践の導きとしての不十分さ

第三の問題点は、第二の点と関連が深い。理想的主権者像の一面性は、教育実践の幅を狭めてしまわないだろうかというものである。

主権者教育の前提とする理想的主体像や道徳観が、家庭でのしつけに表れるような日本の一般的人々の規範、あるいは学校教育で目指される価値などと密接なつながりがあると認識される場合は、主権者教育は、家庭や学校における日常の様々な活動と結びつけることが容易である。それゆえ、教育実践の幅は広くなると予想される(6)。逆に、理想的主体像や道徳観が、英国など海外の影響を強く受け、日本の日常的道徳観や家庭や学校教育で強調される価値とのつながりが希薄である場合は、家庭や学校での諸種の活動との連携が取りにくくなりがちであろう。

文科省が行った「主権者教育（政治的教養の教育）実施状況調査について」（平成二八年六月一三日）という調査の概要をウェブサイト上でみることができる(7)。それによれば、現行の主権者教育の内容は、「公職選挙法や選挙の具体的な仕組み」（八九・四％）、「模擬選挙などの実践的な学習活動」（二九・〇％）、「現実の政治的事象についての話し合い活動」（二〇・九％）、「その他」（八・二％）となっている。つまり、公職選挙法や選挙の具体的な説明といった昔ながらの知識を伝える形式の授業が多く、それ以外では、『私たちが拓く日本の未来』で強調されているようなディベートや模擬投票が現在の主権者教育の主流だと言えよう。同調査には、「各都道府県における特徴ある取組」としていくつかの事例も記されているが、やはりディベート（パネルディスカッション）と模擬投票が多数を占める。主権者教育は、多様な取り組みがなされているとは言い難い。

また、同調査概要には、主権者教育を「実施した教科等」に関する項目もある。「特別活動」（六一・六%）、「公民科」（五四・六%）、「総合的な学習の時間」（一一・五%）、「その他の時間」（一一・一%）という回答だった。これを見る限り、特別活動、および公民科の時間がほとんどであり、他教科との連携も少ない。

主権者教育が現在、学校における他の教科や活動との連携があまりとられておらず、幅広い展開が進められていないことの一因は、主権者教育の目標とされる理想的主権者像が日本の日常の道徳観、および学校教育で強調される価値とあまり親和性がないことではないだろうか。親和性がないため、いわば応用が利きにくく、幅広い展開が困難になっていると推測できる。

以上をまとめると、合理的選択者・変革者としての側面が強調された現行の主権者教育の理想的主体像には、国や社会に対する責任や義務をそこからうまく導き出せないのではないか、また、日本の日常の自己観（人間観）や道徳観との整合性に対する考慮が十分に払われていないのではないかなどといった懸念がある。あるいは、理想的主体像の一面性のため、主権者教育の幅広い展開や学校における他の教科や活動との多様な連携が難しくなっているのではないかという疑問も覚える。理想的主体像の再考が必要だと思われる。

三　相互作用的主体観の導入を通じた主権者教育の拡充の検討

1　相互作用的主体観

現行の主権者教育における理想的主体像とは、政治思想的に見れば、啓蒙主義の影響を強く受けたものだといえる。社会契約論にみられるように、自己の権利や利害について自覚的であり、それを守るために、他者と協力・結託し、社会や国家を意識的に構築し、変革していく主体である。こうした啓蒙主義の影響を強く受けた主体像を理想的主体として定めることには、前述のとおり意義がある。しかしやはり一面性も免れない。人間は、社会や国家を意識的に構築する主体というだけではない。逆に、ある社会や国家に生まれ落ち、その文化や伝統から学び、それによって一人前の知的思考や各種の活動が可能になるという側面もまた有するからである。

政治思想史的に述べれば、伝統や文化から影響を受け、自己が形成されるという側面を強調してきたのは保守主義の考え方である。一般に啓蒙主義の反対概念とされ、その行き過ぎの抑制を目指す思想だとされる。保守主義を簡潔に規定するとすれば、人間の理性や知性の限界を強く意識し、国や地域の文化や伝統、慣習などを重視する立場だと言えるであろう。

保守主義は、人間の理性や知性が社会を設計できる、あるいはそうすべきだという見方を知的に傲慢だとして批判する。逆に、国や社会の文化や伝統を身に付けることにより、人間の理性や知性が作り出されると考える（クイントン 2003、一五～二七頁)[8]。

人間と社会との関係は、啓蒙主義が強調するように、人間が社会を作り出し、また変革を加えるという側面ももちろんある。しかし同時に、保守主義が重視するように、人間の理性や知性が社会の文化や伝統を通じて形作られるという側面もある。

相互作用的なこうした関係性は、人間と言語との関係を例にとるとわかりやすいであろう。人間は生まれたままでは自在に思考したり行為したりすることはできない。言語を学び身に付けることによって、はじめて思考し、各種の活動を行うことができるようになる。むろん、人間の側から言語に影響を与えることも大いにある。文章や詩を作り、その言語の新しい可能性を広げることもある。文法や正書法を整備し定めるなど、政策を通じて影響を及ぼすことも不可能ではない。

人間と言語とのこうした関係からわかるように、人間は、社会を形成し、それに影響を与える存在であると同時に、当該社会の文化や伝統の影響を受け、学び、それによって一人前の知的思考や各種活動が可能になる存在でもある。

将来の「国家・社会の形成者」としての理想的主権者像は、この両側面、すなわち国家や社会を形成し変革する主体としての側面、および国家や社会の文化や伝統の影響を受け、それらに学ぶことを通じて一人前の個人となるという側面の双方を踏まえたものでなければならない。この両側面を認識した主体像を、本章では、「相互作用的主体像」と呼びたい。

現行の主権者教育で設定されている理想的主体像は、不十分であると言わざるを得ない。国家や社会のあり方を選択し変革する主体という側面を強調しているものの、もう一方の国や社会の文化や伝統から影響を受け、学び、それによって形作られるという側面に考慮が払われておらず、人間と社会の相互作用を十分に捉え切れていないと考えられるからである。

2　個人の責任や義務の導出

国や地域社会に対する責任や義務の観念を十全に導き出すためには、保守主義的側面への認識が重要である。特定の国や地域社会の文化や伝統により、自分たちの自己や暮らしが形成されているという認識から、国や社会に対する責任や義務の観念が導き出される。また、政治的関心を持つことの必要性も導かれる。

責任や義務の自覚、政治的関心を持つことの必要性は、簡潔に述べれば、次のような論法から導き出せるであろう。

自分が今のようにさまざまなことを考えたり、生活を送ったりできるのは、過去の人々の営みの集積の恩恵を被っているからである。被った恩恵は返さなければならない。しかし、過去の世代の人々はすでに亡くなっており、彼らに返すことはできない。したがって、その代わり、自分も、将来世代の人々のために、政治的関心を常に高く持ち、国や地域社会のあり方を支え、よりよい形で手渡していくように努めなければならない。

伝統や文化の尊重や国や郷土を愛する態度の必要性も、少なくとも部分的には、ここから論じることが可能である(9)。

3　日本で優勢な主体観や道徳観

（1）日本で優勢な自己観

保守主義的側面に着目し、相互作用的主体観を導入することの利点として、主権者教育を、日本の日常的な自己や道徳に対する見方に近づけ、馴染みやすいものとすることができることもあげられる。啓蒙主義的側面だけでは、日本の日常の自己観（人間観）や道徳観に馴染みにくく、主権者教育が広く一般の人々、あるいは一般の児童・生徒に積極的に受け入れられにくいことが懸念される。

多くの日本文化研究の共通に描き出すところによると、欧米において優勢な自己観と日本において優勢な自己観との相違は次のようなものである。

欧米文化で優勢な見方では、自己は他者や周囲の状況とは区別され、切り離され、独自の能力や才能や性格特性を有する実体として捉えられる傾向がある。例えば、人類学者のC・ギアツによると、欧米的見方では、自己を「外部とは境界づけられた、独特の、そして多かれ少なかれ統合された動機上、認識上の総体であり、意識や感情や判断や行為の動的な中心であり、他とは異なった独自の全体へと組織化されたものとみなす。そして、他者や社会的・自然的背景とは明確に区別されるべきものであるとみなす」という(Geerts 1975, p. 48)。文化心理学者の北山忍は、周囲の状況から切り離された実体として捉えられがちなこのような見方を指して「相互独立的自己観」と称する(Markus and Kitayama 1991, pp. 226-227; 北山 1998、第二章)。

他方、日本文化において支配的な見方では、自己とは、具体的状況における様々な事柄や他者から切り放されたものではなく、周囲の事物や他者との関係のなかで規定されるものとして捉えられがちだと指摘されている[10]。北山は、日本において優勢なこのような自己の見方を「相互協調的自己観」と称する。

こうした自己観の相違のため、欧米と日本では自己実現(自己の成長)についての捉え方も異なると言われている(北山 1998、六五〜六七、一四四〜一四九頁)。欧米で優勢な見方では、自己実現とは、自己の中に何らかの望ましい恒常的・永続的属性があることを確認し、それを外に向かって表現することができるようになる過程だと捉えられる傾向がある。他方、相互協調的自己観が優勢な日本では、自己実現とは、状況における様々な他者の視点や気持ちを感情移入能力(共感や思いやりの能力)の発揮によって内面化し、その内面化された多様な視点や気持ちと照らして視野を広げ、自己の欠点を反省・自己批判により見出し、改善を続けていく一種の弁証法的過程として認識される傾向があると言われている[11]。

欧米で優勢な「相互独立的自己観」では、周囲から独立されたものとして意識される自己が国や社会に働きかけ、影響を及ぼしていくという啓蒙主義的側面は意識されやすい。他方、自己は周囲の状況から切り離されたものとして捉えられがちであるため、自己が文化や伝統によって形成されているという側面、つまり保守主義的側面は比較的意識されにくいと言えるだろう。

日本では、自己は周囲の状況との関係のなかで形成されていくという捉え方は馴染みやすい。つまり保守主義的側面は比較的受け入れられやすい。逆に、自己を周囲の状況から切り離されたものとして理解し、そうした自己完結的存在としての自己が国や社会に一方的に働きかけていくという見方は、日本の日常的見方とはあまり親和的ではないと言えるであろう[12]。

むろん、だからといって、日本では多くの人が国や社会に働きかけていくこと自体に反発を覚えるということではない。そうではなく、日本の見方では、国や地域からの影響（恩恵）を被っていることを自覚したうえで、国や地域との関係をより良いものにしていくために働きかけるというかたちで理解する方がより受け入れられやすいと言えるのではないかということである。国や社会に一方的に働きかけるという啓蒙主義的側面だけを強調することは、ともすれば「自己主張が強すぎる」「出しゃばりである」という具合にあまりよく受け取られない可能性があるのではないだろうか。したがって、主権者教育では、啓蒙主義的側面と同時に、保守主義的側面も併せて示す「相互作用的主体観」を理想的主権者像として据える必要があると言えるだろう。

（2）「恩」の理念と社会的責任や義務

相互作用的主体観に基づく主権者教育を行う際に、着目すべきだと思われる日本の伝統的な道徳的価値の一つに「恩」がある。「恩」の理念は、地域社会や国の文化や歴史によって、自分たちの自己や暮らしが形成されているという認識の重要性を強調する。つまり、主体の保守主義的側面に着目する理念の一つだと言える。「恩」の理念を参照し、啓蒙主義的色彩の強い現行の主権者教育の理想的主体像を補うことによって、日本の日常の道徳観にかない、なおかつバランスの取れた主権者教育が構想できると思われる。

「恩」は日本の道徳の重要な構成要素の一つである。米国の文化人類学者ルース・ベネディクトが、「恩」は日本の道徳の中心的理念だと指摘したことはよく知られている（ベネディクト 1948、五〜六章）。主に戦前に活躍した哲学者・川合貞一も、『恩の思想』（1943）のなかで日本の道徳体系における「恩」の重要性を指摘している。とりわけ「恩」を感じるという意味での「感恩」の心の強調こそ、日本の道徳の特徴だと述べる。川合は「恩」は中国の儒教にも、あるいは欧米の道徳にもみられない独自色の強い日本的価値の一つだと説明する。中国の儒教の中心的理念は「仁」であり、四書などの文献には「恩」はあまり登場しない。特に、「感恩」はほとんどみられない。

また、個人主義的傾向の強い欧米の道徳には、「恩」の理念はなじみにくいと川合は論じる。「惟うに個人主義では、個人というものを以てほかに何ら俟つことなく、自ら創造するところの自主独立なものとみるのである。即ち、個人というものは、それ自ら完成しているものとみる」（三九頁）。そうであるゆえ、「個人はいずれも社会に対し、他人に対して、何も別に負うているところとてない訳である。言い換えると、何人も社会に対し他人に対して恩を受けているという訳はないのである」（四〇頁）。川合は、このように述べ、個人主義の強い欧米の道徳では、「感恩」、あるいはそれを前提になされる「報恩」の行為は馴染み難いものだと指摘する。

なお、比較的よく知られているように、環境倫理や世代間倫理といった文脈で、現代の欧米の倫理学者が日本の「恩」に着目することは少なくない（例えばシュレーダー＝フレチェット 1993、一二六頁）。このことは、欧米の文脈では、「恩」の理念が一般的ではなく馴染みにくいものであると同時に、過去や将来の世代との相互依存の網の目のなかに人間が存在し、その関係性のなかで道徳を論じることの意義を知的には認め得ることを示唆していると言える。

「恩」の理念は、現代の日本人にとっても日常的なものである。「おかげさま」「お世話になっています」といった相互依存を前提とする言葉は日頃よく使われる。あるいは、若い野球選手がプロ野球チームに入団する記者会見で、お世話になった方々に「恩返しをしたい」などと語る光景は現在でも普通である。(13)

学校教育でも、児童・生徒が「恩」の理念に馴染む環境が少なからず用意されている。例えば、子どもが家庭で、あるいは学校の国語教科書などを通じて親しむ昔話や物語には報恩譚が現在でも少なくない。また、渡辺雅子の日米比較研究（2004、第五章）によれば、日本の初等教育における歴史の時間で強調されることは、過去の人々への感情移入（共感）である。[14] 他方、米国の学校における歴史の時間で求められるのは歴史的事象が発生した因果関係の分析である。前述のとおり、川合は、「恩」の理念のなかでもとりわけ「感恩」の重要性を強調した。過去の人々の置かれた状況を想像し、彼らの気持ちの追体験を通じた情緒的理解を重視する日本の歴史教育の手法は「恩」を馴染みやすいものとするのに寄与すると言えるであろう。

4　よりバランスの取れた主体像へ

以上みたように、主権者教育の目指すべき主体とは、「啓蒙主義的側面」と同時に「保守主義的側面」にも目配りし、どちらの育成も目指すものとして、つまり「相互作用的主体」として設定されるべきである。すなわち、政権や政策を選択し、社会や国を変革しようとする積極的意思を備えた存在であると同時に、社会や国の伝統や文化から恩恵を受けてきたことを認識し、その恩恵を将来も享受できるように、よりよき形で社会や国を次世代に手渡していく責任や義務が我々にはあるという自覚を有する主体こそ、今後の日本の主権者教育が目指すべき主体像だと言えるのではないだろうか。

こうした主体像からは、自己の権利や利益に自覚的であり、社会や国に積極的に働きかけていく能動性とともに、社会や国に対する責任や義務の意識も円滑に導くことが可能である。例えば、責任や義務の導出は、次のような論法を通じて可能になると言えるであろう。

人は、自分自身だけで存在しているのではない。他者の厚意や、地域社会や国の伝統文化の蓄積、先人の苦難のうえに今の自分がある。つまり、「おかげさま」で生きている。自分の権利や利益の主張も大切であるが、同時に、地域や国のあり方、伝統や文化にも大いに関心を持ち、さらなる発展に貢献し、次世代へ引き継ぐ義務や責任も負わなければならない。こうした自覚を持つ者こそ、社会のよき一員であり、よき主権者である。

このように言うことができるとすれば、主権者教育では、児童・生徒に、主権者としての権利や諸々の政治的知識やスキルを持つことの大切さを教えるのと同時に、自分は「おかげさま」で生きているという自覚を身に付けさせることもまた重要となってくるであろう。この自覚こそが、公共の事柄に対する関心、および責任や義務の感覚の基礎だからである。

啓蒙主義的側面と同時に保守主義的側面も強調したこうした相互作用的主体像は、日本の文化的土壌に適い、それに基づく主権者教育は一般からの支持も取り付けやすいと思われる。加えて、日常的道徳になじみやすく、また学校教育で前提とされる自己観や重視される諸価値とも親和性が高いゆえに、主権者教育は、特別な活動に留まらず、広く他の活動と結び付けやすいものとなりうる。そのため、学校における他教科などとの連携を取りやすくなり、幅広い主権者教育が可能となるという利点もある。

四　主権者教育の幅広い展開案

1　幅広い実践の必要性

前述のとおり、現行の主権者教育の内容は、「公職選挙法や選挙の具体的な仕組み」を知ること、「模擬選挙などの実践的な学習活動」、「現実の政治的事象についての話し合い活動」が上位三つであり、これらがほとんどを占め、多様な形での展開がなされているとは言い難い。また、「特別活動」や「公民」などの時間で行われており、他教科との連携は少なかった。

加えて、文科省の調査によれば、主権者教育を実施しなかった私立の学校でその理由を尋ねると、「時間の確保が困難」という回答が最上位に来る。[15] 現在の学校教育には、多数のことが求められ、どの学校も、時間数ぎりぎりのなかで授業をやりくりしているのが実情であり、主権者教育にしわ寄せがくるところも少なからずあるということだと推測できる。

つまり、主権者教育の現在の実施状況をみると、三つの問題が指摘できる。第一に、知識伝達やディベート、模擬投票の活動に限られ、多様な、幅広い活動が行われているとは言い難い。第二に、他教科との連携もあまりとられていない。第三に、時間的に主権者教育の実施に困難を覚えている学校もある。

2　授業実践の例

本章の提案するバランスの取れた主権者像に基づけば、より幅広い主権者教育の実施が可能になると思われる。次に見るように、幅広い教科との連携が容易であるゆえ、時間数の確保という点でも望ましいものであろう。具体的に、三つの授業のあり方を例示したい。

（1）日本語の大切さ（国語科との連携）

一つめは、国語科との連携の下で、近代日本語の成立に関する学習と関係づけるものである。近代日本語を作り出した先人の苦労に思いを馳せ、我々の日常生活がそれに負っていることを児童・生徒に自覚させる。そのうえで、我々は、日本語やそれが形作る日本の文化、ひいては教育政策や文化政策のあり方に関心を抱き、それに責任や義務を負うことを理解させるという授業である。これは国語科や歴史科との連携が見込めるであろう。

日本に暮らし、日本語でものを考える我々は世界的に見れば、非常に恵まれている。日常の言語（母語）で大学や大学院レベルの高等教育を受けたり、非常に知的な思考をめぐらしたり、あるいは世界中の文学を読むことができたりする人々は世界を見回せばそれほど多くない。これは、主に明治時代に欧米の進んだ知識を積極的に摂取し、新しい翻訳語を作り出し、日本語を豊かにした人々のおかげである（施 2015、第三章）。例えば、日本語の近代的辞書を初めて作り、文法を整備した大槻文彦、翻訳語を多く作りだした西周や福沢諭吉などの苦労のおかげである。

こうした先人の努力の恩恵を被り、現在の我々の生活が成り立っていることを意識させ、その恩恵を将来世代に返すために、我々は現在の日本語や日本文化のあり方、教育政策のあり方などに関心を持ち続け、それをよりよい形で次世代に手渡すことの必要性を理解させるという授業である。

（2）国土形成に関して（地理歴史科との連携）

第二の案は、地理歴史科と連携し、各々の地域の治水灌漑事業などを例に先人の努力を認識し、自分自身の現在の生活との連関を意識させるというものである。

都市工学を専門とする大石久和と藤井聡によれば、日本の国土は、本来、非常に住みにくい条件の土地である（大石・藤井 2016、五二〜六八頁）。例えば、日本は、脊梁山脈が縦貫し、国土が分断されている。豪雨が集中する一方、川の流れは急峻で貯水は困難である。山地の地質は不安定で、都市の地盤は軟弱である。平野は少なく、一つひとつが狭い。

このように、日本の国土条件は決して恵まれているとは言えないが、各地域に多くの人々が昔から暮らしてきた。これは、各時代の人々が治水灌漑などの国土の整備事業を営々と繰り返してきたからである。

各地における郷土の国土整備事業に関する学習を通じて、先人の労苦に共感し、現在の我々が暮らしを営めているることは彼らのおかげだということを実感する。それを踏まえて、我々自身の将来世代に対する責任や義務を考察する。このような授業も可能であろう。

（3）田植えなどの実践を通じて

第三に、「総合的学習の時間」などでの地域との連携の下で行われる体験学習を通じた主権者教育もありうる。例えば、田植え体験を取り上げてみる。農業の体験学習のため、都会の子どもたちを受け入れてきた経験を持つ宇根豊は、田んぼに入った子どもたちが土のなめらかさに驚き、「どうして田んぼには石ころがないの？」という問いをしばしば発すると述べる（宇根 2005、一三六～一三七頁）。宇根によれば、この問いの解答とは次のものである。「石ころがなくなったのは、百姓が足にあたるたびに、掘り出して、捨ててきたからである。（略）土の中にはたぶん百姓と自然が、土を作り上げてきた数百年の時が蓄積されているのだ」（一三七頁）。宇根は、そのように記したうえで、子どもたちに、大きな時間の流れのなかに自分たちが存在することの感覚や仕事の持続性について教えることの重要性を論じている。

このように、田植えの体験学習などを通じても、過去の人々の恩恵と、現在の我々の暮らしとのつながりを自覚させることができる。そこから、大きな時間の流れの中で、自分自身と社会との関わり、国や地域との関わりを児童・生徒に考えさせ、自らの社会的な責任や義務を意識させることができると思われる。

五　国際理解教育へいかに広げていくか――世界に対する責任と義務

読者のなかには、本章のような議論に懸念を覚える者もいるかもしれない。地域社会や国の伝統や文化の恩恵を強調し、また「恩」という少々古くさい印象のある観念を持ち出すことから、偏狭な地域主義（ローカリズム）や自国第一主義に陥ってしまうのではないかというものである。

このような懸念に対して簡潔ながらひとつの回答を示しておきたい。偏狭な態度に陥ることは回避できる。地域社会や国の文化は、他の地域や国々との相互作用や交流のなかで育まれ、発展してきたものだということを理解することによってである。

かつて加藤周一（1955）が日本文化を「雑種文化」と称したように、例えば、日本のナショナルな文化は、古くから様々な外国の影響を受けて形成され、発展してきた。これは、むろん日本に特殊なことではない。少なくともすべての近代的ネイションには当てはまると言えよう。例えば、西欧諸国のナショナルな言語や文化は、ラテン語やギリシャ語などの翻訳を通じて形成されてきた（施 2015、第二章）。つまり、外国からの多様な影響をうけて発展してきたと言ってよい。

したがって、例えば、次のような説明が可能である。「私たちは、日本の文化や伝統から恩恵を被っているが、日本の文化や伝統の多くは、他国の文化からの学びを通じて発展し、多様化してきた。私たちが現在、多種多様な思想や考え方に触れ、多様性に富んだ生活を享受できるのは、過去の日本の人々のおかげであると同時に、他の国や地域のおかげでもある」という論法である。ここから、他国、他文化の尊重、交流や相互学習の必要性を導き出し得るのではないだろうか。

具体的な授業案としては、例えば、国語の時間に日本語の成り立ち（やまと言葉をベースにしつつ、漢語や多様なカタカナ語から成り立っていること）を認識させ、我々の生活は、他の文化からの恩恵を多大に受けていることを強調する。それを通じて、日本を含む各国の相互依存関係、および各国の国際社会に対する責任や義務が導出されることを示す。このような授業が可能であろう。「恩」の観念を用いるなど、先人とのつながりを強調し、社会や国に対する責任や義務を論じる論法は、必ずしも偏狭なものにならずとも済むはずである。

結語　バランスのとれた主権者教育を目指して

以上、日本における現在の主権者教育の目的とされる主体像の一面性について論じ、「啓蒙主義的側面」だけでなく「保守主義的側面」をも重視し、よりバランスの取れた理想的主体像（「相互作用的主体像」）を設定すべきだと論じてきた。

こうした主体像を設定するほうが、社会や国に対する義務や責任を導き出すこともでき、グローバル化が進む現代社会の要請に適っている。日本の文化的土壌とも親和性を持つゆえ、主権者教育が一般の人々の支持を得やすいものとなる。また、日常の道徳観や学校などの教育の場で強調される価値との整合性も高いため、他の諸活動との連携も取りやすくなる。そのため、選挙制度の説明や模擬投票、ディベートといった活動に限定されず、幅広い主権者教育の展開が可能となると思われる。

主権者教育が学校で本格的に開始されてから、まだ日が浅い。今後さらなる検討を進め、主権者教育の理念により適い、また一般の人々にも受け入れられやすい主権者教育のあり方の探求を深化させていく必要がある。

＊本論文は、平成二六年度～三〇年度科学研究費・基盤研究Ｂ「〈政治リテラシー〉の理論的研究と政治学教育への実

践的展開」（ＪＳＰＳ科研費 JP26285028）の助成を受けた研究成果の一部である。

＊本論文は、第二八回日本公民教育学会全国研究大会での拙報告「主権者教育における保守主義的側面」をもとに加筆修正を施したものである。

【注】

（1）http://www.soumu.go.jp/main_content/000386873.pdf（二〇一八年一一月一三日閲覧）.

（2）新自由主義に基づくグローバル化が進められて以降、米国の政策や制度がグローバルな投資家や企業にもっぱら有利なようにいかに変えられてきたかについての詳細かつ具体的な説明についてはライシュ（2015、二一〜三七頁）を参照のこと。

（3）ラッシュは次のように記す。「米国の新しいエリート層の忠誠心は、（略）地域的、国家的、あるいは局所的ではなく、国際的である。彼らにとっては、地球規模のコミュニケーション・ネットワークにいまだプラグをいれていない米国の大衆よりも、ブリュッセルや香港にいる商売相手の方が、共通点が多いのである」（四四頁）。また、英国のジャーナリストであるデイヴィッド・グッドハート（Goodhart 2017, ch.1）は、ラッシュが描いたような根なし草的エリートが高等教育の普及のため現在では数を増し、欧州や米国の各国民の四分の一ほどを占めるようになり、庶民層との対立が日常的にみられるようになったとする。つまり、国民意識の分断状況が深刻化していると論じている。加えて、米国の政治学者パトリック・J・デニーンは、グローバル化が進み、個人が根なし草的になり、伝統や文化を軽視し、社会や国に対する責任や義務を負わなくなる傾向は、リベラリズムの思想の根本的問題だと論じている（Deneen 2018, pp. 1-90）。こうした事態を解消、あるいは緩和することも、現代の主権者教育の課題だといえるであろう。

（4）http://www.soumu.go.jp/main_content/000141752.pdf（二〇一八年一一月一三日閲覧）.

（5）http://www.scj.go.jp/ja/info/kohyo/pdf/kohyo-23-t239-2.pdf（二〇一八年一一月一三日閲覧）.

（6）主権者教育は、必ずしも「公民」や「特別活動」「総合的な学習の時間」などに限られず、国語や数学などの他教科や様々な活動のなかに求められてよい。この点については桑原（2017、一二〜一五頁）を参照。

（7）http://www.mext.go.jp/component/a_menu/education/detail/__icsFiles/afieldfile/2016/06/14/1372377_03_1.pdf

（8）保守主義の祖とされるE・バークは、「……文明社会無しには、人間は本性上可能な感性の域に達する可能性がまったくないばかりか、それに対して遥かに遠い地点に微かに接近することすらできません」（バーク 1997、一二五頁）と述べ、社会との関わりのなかでこそ人間が形成されていくと強調した。

（9）なお、リベラルな観点から、伝統文化や愛国心の必要性を論じることも可能である。自由民主主義の政治を円滑に行うために、国民間の連帯意識、共通の公共文化、一定の愛国心の保持などが求められるからである（Canovan 1997 タミール 2006、ミラー 2007、施 2009）。例えば、自由民主主義の政治が目指す価値の一つである「平等」の実現のためには再分配的福祉の政策や制度が必要であるが、この実現のためには、人々の間の相互扶助を可能にする連帯意識がなければならない。活発な民主的熟議を可能にするためには、共通の言語をはじめとする一定の公共文化が共有されている必要がある。

（10）例えば、文化人類学者のN・R・ローゼンバーガーは日本文化における自己観について研究する際の留意点として、「大部分の米国人は、常識においても学問的にも、自己とは、社会とは別の個人的かつ本質的なものと考えている。しかし、日本人の自己について考えるときは、こういう考え方にとらわれず、社会階層や社会的文脈を自己の重要な側面と考える社会の視点に立って研究するのがよい」（Rosenberger 1992, p. 70）と述べている。

（11）日本で優勢な自己観や成長観、道徳観についての詳細な議論については、拙著（施 2018、第二章）をご参照願いたい。

（12）私はかつて人権教育について、こうした文化的親和性の観点から考察したことがある。施（2002）をご参照願いたい。

（13）例を挙げれば、日本ハム・ファイターズに入団することが決まった清宮幸太郎選手（当時・早稲田実業所属）は、球団との入団交渉後の記者会見の席で「これだけ期待されて入るからには、一年目から結果を出して恩返ししたい」と語った（『朝日新聞』（北海道本社版）、二〇一七年一一月一七日付朝刊）。翌年（二〇一八年）のドラフトで注目された大阪桐蔭高校野球部所属の横川凱（かい）選手（読売巨人軍から指名）も、記者会見の席でやはり「結果を残して恩返ししたい」と話している（『朝日新聞』（大阪市内版）二〇一八年一〇月二六日付朝刊）。

（14）感情移入能力の陶冶は、日本の学校教育全般をみた場合でも、その顕著な特徴だと言われている（恒吉 1992、第二章、第三章）。

（15）参照、前掲、文部科学省「主権者教育（政治的教養の教育）実施状況調査について」（概要）。（注7）のアドレスを参照）。

【参照文献】

宇根豊 2005『国民のための百姓学』家の光協会

大石久和・藤井聡 2016『国土学――国民国家の現象学』北樹出版
加藤周一 1955=1999「日本文化の雑種性」(『加藤周一セレクション 5――現代日本の文化と社会』平凡社ライブラリー、所収)
川合貞一 1943『恩の思想』東京堂
北山忍 1998『自己と感情』共立出版
クイントン、アンソニー 2003=1978 岩重政敏訳『不完全性の政治学――イギリス保守主義思想の二つの伝統』東信堂
栗田靖之 1991「会議の文化」(梅棹忠夫、栗田靖之編『知と教養の文明学』中央公論社、所収)
クリック、バーナード 2011=2000 関口正司監訳『シティズンシップ教育論』法政大学出版局
桑原敏典編著 2017『高校生のための主権者教育 実践ハンドブック』明治図書
シュレーダー=フレチェット, K. S. 1993=1991 京都生命倫理研究会訳『環境の倫理(上)』晃洋書房
施光恒 2002「人権理論と日本における人権教育――可謬主義に基づく間接的帰結主義の人権論の有効性」『公民教育研究』、第一〇号
―――― 2009「リベラル・デモクラシーとナショナリティ」(施光恒、黒宮一太編『ナショナリズムの政治学』ナカニシヤ出版、所収)
―――― 2015『英語化は愚民化――日本の国力が地に落ちる』集英社新書
―――― 2018『本当に日本人は流されやすいのか』角川新書
田中治彦 2016「主権者教育・市民教育と求められる学び」(田中治彦・藤井剛・城島徹・岸尾祐二編著『やさしい主権者教育――18歳選挙権へのパスポート』東洋館出版社、所収)
タミール、ヤエル 2006=1993 押村高・森分大輔・高橋愛子・森達也訳『リベラルなナショナリズムとは』夏目書房
バーク、エドマンド 1997=1790 半澤孝麿訳『フランス革命の省察』みすず書房
フリードマン、トーマス 2000=1999 東江一紀訳『レクサスとオリーブの木』草思社
ヘイ、コリン 2012=2007 吉田徹訳『政治はなぜ嫌われるのか――民主主義の取り戻し方』岩波書店
ベネディクト、ルース 1948=1946 長谷川松治訳『菊と刀――日本文化の型』社会思想社
ミラー、デイヴィッド 2007=1995 富沢克・長谷川一年・施光恒・竹島博之訳『ナショナリティについて』風行社
ライシュ、ロバート 2015=2015 雨宮寛・今井章子訳『最後の資本主義』東洋経済新報社

ラッシュ、クリストファー 1997=1995 森下伸也訳『エリートの反逆――現代民主主義の病』新曜社
ロドリック、ダニ 2013=2012 柴山桂太他訳『グローバリゼーションパラドクス』白水社
渡辺雅子 2004『納得の構造――日米初等教育に見る思考表現のスタイル』東洋館出版

Canovan, M. 1996 *Nationhood and Political Theory* (Cheltenham: Edward Elgar)
Crouch, C. 2011 *The Strange Non-Death of Neoliberalism* (Cambridge: Polity Press)
Deneen, P. J. 2018 *Why Liberalism Failed* (New Heaven: Yale University Press)
Geerts, C. 1975 "On the Nature of Anthoropological Understanding," *American Scientist*, vol. 63
Goodhart, D. 2017 *The Road to Somewhere: The New Tribes Shaping British Politics* (London: Penguin)
Markus, H. R. and Kitayama, S. 1991 "Culture and the Self: Implications for Cognition, Emotion, and Motivaticn," *Psychological Review*, vol. 98, no. 2
Rosenberger, N. R. 1992 "Tree in Summer, Tree in Winter: Movement of Self in Japan," in Rosenberger (ed.), *Japanese Sense of Self* (Cambridge: Cambridge University Press)
Streeck, W. 2011 "The Crises of Democratic Capitalism," *New Left Review*, vol. 71

第三章　徳論なき市民的共和主義は可能か？

――ジェフリー・ヒンクリフのシティズンシップ教育論

蓮見二郎

はじめに

シティズンシップ教育を裏書きし、その具体的な内容や方法を指図する哲学的立場は、シティズンシップ論一般のそれを反映して、自由主義と市民的共和主義との二つの潮流があると伝統的に考えられてきた。この自由主義と市民的共和主義という二つの立場は、どのような関係にあると理解したらよいのだろうか。本章の根底にある問題意識は、この問いである。イギリスの教育学者イアン・デービスは、この問いに関連して次のように述べている。

シティズンシップには二つの競合する見方があり、それらは、公私双方の文脈で、権利・義務に様々な形で焦点をあてる。その特徴は、以下の通りである。私的な市民が権利を持ち、様々な点で政府が彼らを放っておいてくれるという期待を持つのが、自由主義的な見解である。もう一つの市民的共和主義の見方は、共同体内の他の市民に対する市民の義務や責任を強調する。……自由主義と市民的共和主義とを単純に、例えば「右翼」「左翼」とレッテル貼りしたり、これらが相互背反的な選択肢であると見なしたりするのも、誤解を惹起しよう。(1)

デービスがこう述べるように自由主義と市民的共和主義との関係は、左右という単純な一次元の座標軸上に配置できるものでもないし、また、問題意識を若干異にしている以上、もしかすると両立が不可能なものでもない可能性がある。このことがとりわけ政治理論上の問題となるのは、法哲学者の井上達夫が主張するように、自由主義（リベラリズム）を自由の哲学としてよりも「公共性の哲学」として捉える理解があったり、それとは反対に、Q・スキナーやP・ペティットのように、市民的共和主義の中核理念にある種の「自由」を据える理解があったりするためである。このように、「自由」や「公共」概念を巡り、自由主義と市民的共和主義との間でいわば陣取り合戦の様相を呈している状況下では、あまりに単純化された自由主義像、市民的共和主義像は、どちらも見直されなければならない。

この問題意識を背景に、本章で取り上げるのは、イギリスの教育哲学者ジェフリー・ヒンクリフ(2)による、共和主義的自由概念に依拠したシティズンシップ教育論である。ここでヒンクリフの議論を取り上げるのは、市民的共和主義のシティズンシップ教育論の中でも、それが徳論を主張しないという点で特異な立場を取るものだからである。同じくイギリスにおいて市民的共和主義に基づくシティズンシップ教育論を展開する論者の中でも、例えばバーナード・クリックは、市民的共和主義を「市民が共通の関心事（*res publica*）に関与する権利を持ち、その権利が行使できるばかりでなく、行使するのが市民の義務とみなされている社会(3)」についての教説であるとし、市民に一定の徳に基づく義務を課すものとしていた。また、同様にイギリスで市民的共和主義のシティズンシップ教育論を唱道するもう一人の代表的な教育哲学者であるアンドリュー・ピーターソンは、現代の市民的共和主義理論には、「市民的義務」「共通善」「市民的徳」「熟議」という相互に関係し合う四つの原理への支持が組み込まれているとし、市民的共和主義のシティズンシップ教育論が徳論に基づくことを鮮明にしている[(4)]。このように、シティズンシップ教育論の文脈においても、市民的共和主義の立場からは、市民としての徳や義務・責任は不可欠のものであり、それは教育によって陶冶すべきものだと考えられてきた。そうした中で、自らの立場を市民的共和主義と名乗りながらも、何らの徳や義務も原理上は必要ないと言い切るヒンクリフは、稀有な立場を取っているといえよう。

そこで本章は、市民的共和主義に基づくヒンクリフのシティズンシップ教育論について、その内容と論拠となる理論的立ち位置を明らかにし、この立場が擁護可能なものなのかどうかを検討する。そのために、まず第一節では、ヒンクリフが主要な「シティズンシップ」概念をどのように理解しているかを明らかにする。第二節では、支配の不在としての共和主義的「自由」概念についてヒンクリフの理解を分析する。第三節では、ヒンクリフが支配の形態を拡張すべく、共和主義的自由とグラムシのヘゲモニー概念とをいかに接合しているのか、またそこからどのような含意をシティズンシップ教育について導き出そうとしているのかについて検討する。「おわりに」では、以上のヒンクリフの共和主義的なシティズンシップ教育論について批判的な検討を加え、徳論なき市民的共和主義とそれに基づくシティズンシップ教育論の可能性と課題とを探求したい。このような作業によって、自由主義と市民的共和主義との関係に新たな光をあてることができると考えている。

一　「シティズンシップ」の概念

ヒンクリフは、「シティズンシップ」概念をどのように理解しているのだろうか。民主主義政体におけるシティズンシップの概念としてヒンクリフが挙げるのは、以下の四種類である。[5] ただし、これらはどれも、互いに他から完全に独立したものではなく、相互に何らかのつながりを有しているとする点には注意が必要である。

ヒンクリフの挙げる第一のシティズンシップ概念は、アリストテレス主義である。これは、アリストテレスが言うように、人間は政治的動物であり、政治秩序への参加を通じて徳が涵養され、善き生を営むことができるという考え方である。ヒンクリフはこれを、「しばしば『市民的共和主義』と呼称されるもの[6]」と述べ、自らの立場とは区別して、典型的な市民的共和主義がこの立場を取っていることを指摘している。彼にとってこのアリストテレス主義のシティズンシップ概念は、現代社会に必ずしも適合しない点で問題を持つ。これは、単に都市国家や奴隷制度が今日では存在しないということだけではなく、そもそも倫理的なものと政治的なものとを融合させることそれ自体が、現代では必ずしも自明のことではなくなっていることを指している。

第二のシティズンシップ概念としてヒンクリフが挙げるのは、民主的文化論、すなわち、市民の資質を発達させることに民主的文化の役割を強調する議論である。この議論を行っている典型的な論者として、ヒンクリフはJ・デューイやB・バーバーの名を挙げる。これらの論者は、学校でのカリキュラムを通じた教授よりも、民主主義の実践過程への参加を通じた学習を重視するからである。この民主的文化論のシティズンシップ概念の持つ問題点としてヒンクリフが挙げるのは、第一に、経験からの学習を強調し過ぎている点である。そもそも、我々の経験は総じて狭く限られたものに過ぎないことから、経験からの学びを強調し過ぎると、かえって保守的で偏狭な教育に陥り、身近な事物を超えたものを学ぶ機会が疎かになる危険性がある。[7] これに関連する第二の問題点として述べるのが、民主的文化論には個人の自由という概念が明確に位置付けられておらず、利益の相互共有や社会的相互交流などの共同行為ばかりが強調されがちな点である。

第三としてヒンクリフは、自由主義的自律論のシティズンシップ概念を挙げる。これまでの二つの立場と異なり、自由主義的自律論は、自らの行為についてできうる限りの起草者（author）であるべきという意味での、個人の自由を特色としている。この典型は、I・バーリンの「消極的自由」や、C・テイラーの『自己解釈的動物』の議論であるとする。バーリンも、テイラーも、この種の自律のために、自らの信念を静的なものに留めないよう自己省察的な態度を要求する。しかし、この立場の問題点は、個人の善き生について完成主義的な理想に執着している点であるとヒンクリフは主張する。自律的な態度がなくとも自由であることが可能なのだとしたら、自由主義的自律論は自由のハードルをあまりに高く上げ過ぎていることになると指摘する。(8)

第四の立場として、民主的エリート主義をヒンクリフは挙げる。W・リップマンやJ・シュンペーターのように、デューイの言うような公衆など存在しない以上、政治における一般市民の役割はエリートによって与えられた選択肢の中から選択することに限定される。そこにおいて、シティズンシップ教育は最小限の役割しか必要でないし、それ以上のものは市民自身からも拒否されることになる。ヒンクリフは、実際に選挙での投票率が低下傾向にある現状において、この立場が一定の説得力を持つことを認めながらも、エリートを信頼するのであれば、それには相応の危険を覚悟しなければならないと述べ、諌めている。エリート主義を選択するか否かは個人に委ねられるが、その帰結について思慮（prudence）を働かせれば、選択しない方が戦略的に好ましいという訳である。

以上のように、ヒンクリフは四つの主要なシティズンシップ概念を検討して、そのどれもに利点を認める一方で、問題も孕むものであるとする。そのうち、ここに挙げた四つの概念それぞれへの批判には、ヒンクリフの思想の根底にある理論的立ち位置が反映されているものと見ることができる。第一のアリストテレス主義への批判には政治参加すら道徳的な義務としない反徳目主義が、第二の民主的文化論への批判には経験から学ぶことに懐疑的な反経験主義が、第三の自由主義的自律論への批判には善き生の目標追求よりも自由を優先する反完成主義が、第四の民主的エリート主義への批判には帰結を踏まえて戦略的な思慮を働かせる反教条主義が、それぞれ前提とされているのである。

このヒンクリフの立場からは、『クリック・レポート』（QCA1998）をどのように評価することができるのであろうか。ヒンクリフによると、『クリック・レポート』は、様々な責任を強調する点で、一つ目のアリストテレス主義のシティズンシップ概念を取る典型例であるという。特に、「能動的シティズンシップ（active citizenship）」の概念で『クリック・レポート』が市民に要請していたのは、共同体の枠組みの中で義務や責任を能動的に遂行する存在たることであった。確かに『クリック・レポート』は、「能動的シティズンシップ」のための構成要素として、社会的・道徳的責任、共同体参加、政治リテラシーの三つの「撚り糸（strands）」を提案していた。また、ヒンクリフも指摘するように、このレポートが市民的共和主義という特殊な立場を取っていることを、レポートの策定を行った諮問委員会の委員が理解していたのか疑わしいとクリック自身が率直に告白している。[(9)] こうしたことからヒンクリフは、『クリック・レポート』を政治参加や社会参加の徳を強調するアリストテレス的な徳目主義の一種と見なすのである。

二 「自由」の概念

以上の四つのシティズンシップ概念のどれもが問題を持つものであるとしたら、どのようなシティズンシップ概念を構想すればよいのか。ヒンクリフは、シュンペーターの警告に倣い、多くの人は公共の事柄にあまり強い関心を抱いておらず、人々の関心に過度に期待すべきではないと断りつつ、新たなシティズンシップ概念の探求へ向かう。その際にヒンクリフが依拠するのは「自由」の概念、特に共和主義的なそれである。ヒンクリフにとっての共和主義的自由とは、「人は自らの主人でありたく、他人に借りのある状態になりたくないという願望」が「重要かつ永続的な人間の真意（motivation）」[10]であることを重視したものに他ならないという。この共和主義的自由を、ヒンクリフは歴史（思想史）的な観点と分析的な観点との二つの方法で擁護する。

1　歴史（思想史）的擁護論

歴史的に見ると、共和主義的自由はヨーロッパ啓蒙主義のような単なる近代の発明ではない。スキナーが「新ローマ派」と呼ぶように、この自由概念は古代から論じられてきたものである。ヒンクリフが共和主義的自由を擁護する理由の一つは、このように、思想史上も古くから一定の価値を持ってきた概念であるからという、概念の系譜学からである。そこで、ヒンクリフは、マキャヴェリ、ハリントン、スキナーらの共和主義的自由の概念を検討する。[11] ヒンクリフの理解によると、自由は「自由な国家（free state）」の内部においてしか隆盛しない。ここに言う「自由な国家」とは、単に他の誰からも支配されていないだけでなく、誰をも支配下に置いていないような国家のことである。というのも、国家が誰かを支配しているのであれば、その国家は自由人から自由な国家としての承認を受けることができないからである。自由は、ヘーゲルが『精神の現象学』で言うように、「主人でも奴隷でもどちらでもない」ことが条件となる。したがって、共和主義的な意味で自由であるとは、他の自由人からその自由を認められている状態である。奴隷の主人は、奴隷から自由を認められない以上、奴隷と同じくこの意味での自由な地位にない。言い換えれば、ここでの自由は、自由を享受する他の主体と自由を相互承認することによって初めて成り立つという点で、関係論的に捉えられたものとなっている。[12]

このような意味での自由が、バーリンの二つの自由概念とどのような点で異なっているとヒンクリは理解しているのであろうか。ヒンクリフは、消極的自由のように単に干渉が不在だというだけでは、干渉が無くとも支配される生き方を可能にしてしまう点で不適切であるとする。その具体例としてヒンクリフが挙げるのは、慈悲深い主人の下にいる奴隷、権威者の反感を買わないよう言わぬ存ぜぬの人、皇帝や王に媚びへつらう家臣、などである。確かにスキナーもリウィウスを引用しながら、自由とは「他者の意思に頼らずとも自力で直立すること」[13]としていた。また、積極的自由との差異については、アリストテレスやA・マッキンタイアの共同体主義との差異によってヒンクリフは説明する。[14]積極的自由のような生きがいのある善き生を送ること（human flourishing）は必ずしも人生の目的とする必要がないし、また、政治参加そのものは善き生のためであってもなくても重要なものであると批判する。これは、前節で見た、アリストテレスやバーリンのシティズンシップ概念への批判に共鳴する反徳目主義・反完成主義の議論である。

2　分析的擁護論

もう一つの、分析的な観点からヒンクリフが展開する共和主義的自由の擁護論についても見てみよう。消極的自由概念を支持するバーリンは、自由の諸条件の重要性についても認識していた。しかし、それら諸条件は自由の価値というよりも正義に付随するものと見なしていて、消極的自由という自由の概念に比べれば十分に議論されていなかったのだとヒンクリフは批判する。その上で、自由の条件として、自由に行為した際の帰結まで含めて責任を取る人間として、「自由保持主体（liberty-bearing agent）」の概念をヒンクリフは提唱する。[15]

他方で、共和主義的自由の論者は、制約や干渉の不在よりも、支配の不在をより問題視する。ヒンクリフにとって、支配の不在がなぜより重要なのか。根拠の一つ目は、干渉が無くとも支配されているという事態がありうるからであるという。その具体例は、慈悲深い主人の下にいる奴隷など前述の通りである。また、逆に、干渉は多くの根拠で正当化可能だが、支配は自由の観点から正当化不可能であるという。ここでヒンクリフは、「支配」と「依存」とを区別する。[16] 多くの点で他者に依存していたとしも、支配されていないという状態はありうる。例えば、介護者と被介護者がその例である。被介護者は多くの点で介護者に依存しているが、必ずしも支配されているとは限らない。また、特定の目的において他者の自分に対する権威に同意した場合にも、支配は生じない。例えば、労働契約に同意した雇用者と労働者との関係を思い浮かべられたい。この論点がヒンクリフの議論構成上重要なのは、教育において教師に依存していたとしても、あるいは、教師に干渉されたとしても、生徒は必ずしも教師に支配されているとは限らないという議論を可能にするからである。

もう一つの根拠として、「消極的自由」は、その概念の中核に先ほどの自由保持主体としての人間という認識が組み込まれていないという点をヒンクリフは挙げる。ヒンクリフにとって、自由は関係論的な概念であり、自由であることの条件の一つは、他者から私が自由保持者と承認されることである。その際、他者を自由な存在と承認して初めて、他者からも自由な存在と承認される。このことが意味するのは、共和主義的自由が、消極的自由と異なり、規範的・市民的秩序を通じて構築されるということである。現代の新自由主義を含め、消極的自由は法による干渉も自由への干渉と見なす点で、自然状態において人々の持つような自由を追求する。しかし、共和主義的自由の論者にとって、我々の自由は相互承認という規範的な秩序を通じて構築されるのであって、それ以前に共和主義的自由は存在しないとヒンクリフは主張するのである。このことからヒンクリフは、「自由の追求のためには、社会秩序が先か、それとも、個人の自由が先か」という問いに対し、両者は同時に立ち上がるとの回答を与える。[17] これは、自由を保障するための政治社会秩序が構築されることで同時に個人の自由が守られると主張するとともに、個人の自由を保障するための政治社会秩序の必要性をも主張していることになる。

3　共和主義的自由と消極的自由の共通点――非完成主義

しかしながら、ヒンクリフは、単に共和主義的自由と消極的自由との差異を強調するだけではない。両者には、一つの共通点があるともする。その共通点とは、積極的自由への批判でもある、非完成主義（non-perfectionism）である。[18] 共和主義的自由と消極的自由のどちらの自由概念も、特定の善き生の目標をアプリオリに提示することはない。その点で、何らかの善き生を前提とせざるをえない積極的自由とは、どちらの自由も異なっている。実際、ヒンクリフにとって自由とは、「法に従い、税金を払うほかは放っておかれる」ことだとも述べられているのである。[19]

こうした考え方には、倫理的効果と政治的効果との二つの効果があるとヒンクリフは主張する。倫理的効果とは、支配の不在としての自由の追求・維持を超えたいかなる目標も、個人が追う責任や義務はないという含意のことである。アプリオリの目標が設定されない以上、個人に課される責任や義務は共和主義的自由の追求・維持を超えたものではありえない。もう一つの政治的効果とは、公民的参加の生活において追求すべき道徳的義務（moral imperative）はないという含意のことである。もっとも、ヒンクリフは、他者からの支配を避けるためには、公共の事柄を無視するなどばかげたことである以上、自らの自由を守るためという思慮は必要だと留保し、「自由な国家において政治活動は、重要である」[20] と明言しながら、そのような思慮を義務と位置付ける考えについてはきっぱりと否定する。自由保持主体が帰結への責任をも負っていることから、ある種の愚考権のような、愚かである自由も個人は所有することを前提としているためであると考えられる。

以上のような議論は、第一節で見た主要な四つのシティズンシップ概念に対するヒンクリフの批判の前提にあった多くの立場とも符合する。公民的参加すら善とするような徳目主義を取らず、それどころか善へ向けた完成主義も取らず、さらには、道徳的考慮だけでなく戦略的な観点からの思慮を働かせるという意味で極端な教条主義も取らない。こうした理論的立ち位置が、共和主義的自由を擁護するヒンクリフの議論の背景にあると考えられる。

三　構造的支配とシティズンシップ教育への含意

ヒンクリフの市民的共和主義に基づくシティズンシップ教育論は、このように既存のスキナーやペティットの共和主義的自由論を基本的な下敷きとしている。それでは、この両者を超える何かしらの視点をヒンクリフは提示しているのであろうか。実のところ、ヒンクリフは、共和主義的自由がその不在を保障する「支配」について、さらなる分析を行っている。それが、「構造的支配」への着目である。ヒンクリフにとって、スキナーやペティットは、個人同士の関係における支配には着目しているが、構造的支配の問題については十分に考慮していない(21)。そこでヒンクリフは、「支配」を個人間の問題から権力関係という社会的な問題へと拡張する視角を探求していく。

1　ヘゲモニー論との接合

ヒンクリフによれば、近代社会における支配には、ある個人が他の個人に対して意図的に意思を強制することによるものだけでなく、権力関係の結果として生じるものがある。そうした権力関係の結果としての支配について議論を深めたのが、A・グラムシであることから、ヒンクリフはグラムシの「ヘゲモニー」概念に注目を寄せる。[22] ヘゲモニー概念に着目すべきもう一つの理由としてヒンクリフが挙げるのは、支配を寄せ付けない「強靭さ（resilience）」[23] を自由保持主体に身に付けさせるものとしての教育という考えを提示できることである。つまり、ヘゲモニー概念は、教育への含意を導くことができるというのである。

それでは、グラムシのヘゲモニー概念は、具体的にどのように理解されているのであろうか。以下、ヒンクリフの理解に基づいてヘゲモニー概念を説明しよう。グラムシが指摘したのは、イタリア政治史を眺めたときに、軍隊によるような強制力の発揮としての支配だけでなく、知的・道徳的リーダーシップを発揮することによる支配が存在してきたという事実である。このヘゲモニーは、道徳的・知的・文化的支配階級に対する被支配階級の自発的同意に基づいて発揮され、ある者をその他の者よりも、また、ある活動をその他の活動よりも特権化するような観念を社会において支配的にするものである。例えば、先進国における経済活動の支配的地位がこれにあたるとヒンクリフはいう。したがって、支配に含まれるのは、抑圧的な国家装置によるものだけに限られず、人々の観念の支配も支配の一形態であるとする。

そのようなヘゲモニーは、意図的に指導する努力によって維持される。実際、グラムシは、「あらゆる『ヘゲモニー』関係は、必然的に教育的関係である」[24] と述べた。そもそも被支配階級の同意は自発的なものなのだから、本来であれば同意を留保することも可能なはずである。ここにグラムシは、教育の役割を見出す。すなわち、被支配者に代替となる観念を提示することで、常識を持つ人にとって、支配的なヘゲモニーが受忍し難いものだと示唆することが可能になる。ここで教育は、個人をヘゲモニーの支配から脱し、支配の不在という意味の自由にするための手段として位置付けられている。ヒンクリフは、このようなグラムシの議論を受け入れる。

もちろん、人々の常識は断片的だったり矛盾や偏見を含み込んだりする。それゆえ、ヘゲモニー批判は、常識に対する批判から始まるべきだとヒンクリフは主張する。これは、グラムシ自身も、「非哲学者の哲学」「全ての人は哲学者である」と述べていることに着想を得たものである。そうした強靭さのための教育は、グラムシにとって伝統的な知識中心の人文学・科学を含むものとなる。この点についてヒンクリフは、家庭、友人関係、職場などでの活動は、支配の構造を再強化するだけになる可能性があるからだと説明する。これは、デューイのような経験主義的教育理論に対する強い批判にあたる主張であり、民主的文化論のシティズンシップ概念への批判に呼応している。これをヒンクリフは次のように述べる。

「アクティブ・ラーニング」それ自体を目的として推進するだけでは、決して十分ではない。というのも、知識の基盤が無ければ、被支配的地位に置かれた人々は、自らの依存的地位が確認されるだけだからである。……人種的背景が何であれ、労働者階級の子供達に知識を基盤とする教育を提供できなければ、その後の生活における支配を彼らに強いる結果となる。(25)

2　「自由な公共」の必要性

ヒンクリフは、ここからさらに議論を進めて、「自由な公共（free public）」の場の必要性を説く(26)。支配の不在という共和主義的自由が実現するためには、私的な領域のみならず、人々が他者と共に自由な活動を享受できるよう、公的な領域でも自由が保障されている必要があるとヒンクリフは考えるからである。ハーバーマスが『公共性の構造転換』で描いたように、一八・一九世紀以降、国家と私企業とに拠り、自由な公共は浸食されている。特に現代では、監視・指図による自由の侵害が社会のいたるところに見られる。ガイドライン、プロトコル、服務規定、教示、標識、監視カメラなど、ヒンクリフは現代社会に蔓延する巧みな監視・指図のあり様を幾つも挙げる。これらは、確かに物理的強制力による支配ではないが、人々の観念を内側から支配し従わせる「ヘゲモニー」である。政治学的には、S・ルークスの言う「三次元的権力」、あるいは、フーコーの言う「規律化」としての権力、という議論がここで想起されよう。

もっとも、ヒンクリフのいう「自由な公共」は、必ずしも法や権威の全く存在しない領域ではない。ヒンクリフは、むしろ「自由の帝国は権威的機構を通じてのみ設立される」[27]とすら主張している。各個人が自由保持主体として承認されるためには、何らかの権威的なメカニズムが必要だというのである。実際、ヒンクリフは、教育に教師が必要となることを念頭に置いて、ジョン・ロックを参照しながら自由と権威との関係を考察し、教育の文脈においても、自由を保持するためというその限りにおいて法や手続きといった権威の必要性をむしろ積極的に説いている[28]。また、「自由な公共」は、アリストテレス的な共同体でもない。そこでは、互いに自由に行動することを許し合う空間の維持という以上には、何らの共通の目標も持たないゆえ、善き生について共通の目標を追求する共同体とは一線を画しているとする。

以上を基に、ヒンクリフの掲げる教育の目的は、生徒や市民が「自由な公共」の一員としての役割を果たすことができるようにすることだという。これは、既存の支配――物理的な支配のみならず、観念による支配も含め――を相対化し、脱する術を身に付けることである。ここでのシティズンシップ教育も、人格の発展や道徳的向上を目指すものであるべきではなく、第一義的には公的言説（public discourse）についての学びであるべきだという。その意味で、教育において明確に政治に焦点を当てることについて、ヒンクリフは肯定的に評価する公的言説についても、現実の社会では知的・道徳的に支配的な観念が跋扈している。ヒンクリフにとっては、そうしたヘゲモニーとして跋扈する観念による支配から自らを解き放ち、また、そうした支配の不在を相互承認するような人間関係を構築するものとして、シティズンシップ教育の目標が設定される。この意味でのシティズンシップ教育は、公的言説への自由な参加であり、共同体的生活への参加、すなわち、共通の善き生の追求、とは種類の異なったコミュニケーション、活動であるというのがヒンクリフの理解なのである。

おわりに――ヒンクリフのシティズンシップ教育論の評価

以上、本章で見てきたように、ヒンクリフは、支配の不在としての自由という共和主義的自由の概念を徹底することを通じて、徳論に依拠しない市民的共和主義のシティズンシップ教育論を提示しようとしている。その際、ヒンクリフは、共和主義的自由の関係主義的側面を強調する。支配の不在としての自由が立ち現れるのは、支配の不在としての自由を他者との間で相互承認することを通じてだと考えるからである。ヒンクリフは、こうした共和主義的自由の議論に、グラムシのヘゲモニー論を接合することで、主人と奴隷というような個人間での支配関係のみならず、社会における構造的な支配についても視野に収めようとする。ヒンクリフの議論の最大の独自性はこの点にある。また、「自由な公共」空間の提唱により、自由を維持するための権威的メカニズムについても一つの方向性を打ち出したものとなっており、anything goes の立場とは明らかに差別化されている。

そして、このことの教育的含意としてヒンクリフは、「自由な公共」の一員として個人の自由ならびに自由を可能にする公共空間についての教育と、それにより社会のヘゲモニーに対抗する力、すなわち強靭さ、を身に付けることを主たる内容としたものが、シティズンシップ教育の目的であるべきとする。また、教育方法としては、経験に学ぶことのみならず、伝統的な知識教授型の教育にも力点を置く。これは、デューイ型の経験主義的学習だけでは、ヘゲモニーのような観念的な支配を脱するために常識を批判的に捉えることが難しいと考えるためである。

以上を通して本章全体で示したのは、ヒンクリフの共和主義的自由に基づくシティズンシップ教育論の前提に、反徳目主義、反完成主義、反教条主義、反経験主義という四つの理論的立場が潜在しているという点であった。ヒンクリフの議論は、共和主義的自由を基盤としているものの、多くの市民的共和主義の議論で当然に要求されている徳論を極力排除、回避するように構成されている。果たして、このような、徳論なき共和主義的シティズンシップ教育論は、擁護可能なものなのであろうか。最後にこの点を検討して本章を閉じたい。

そもそもヒンクリフの議論においても、個人レベルでの自由、政治社会レベルでのヘゲモニーに抗した「自由な公共」は、いずれも追求・維持に値する重要な価値であるとされている。また、個人の自由が承認されるためとして、法や権威の必要性も明らかに肯定している。このこと自体は、共和主義的自由の概念を基盤に据え、「干渉」より「支配」を問題にすることと、論理的な整合性が取れている。しかしながらヒンクリフは、それらの重要性について、「道徳的（moral）」なものではなく、あくまでも「戦略的（prudential）」なものであると弁別して強調する。こうした主張の意味するところは、これが共和主義的自由の論理必然的な帰結としてではなく、個人の意思によっては破棄しても構わない付加的な位置付けしか与えられていないということである。その点で、個人の自由についても、個人の自由を守るための政治社会的な枠組みについても、その存続は最終的には各個人の自由な判断に委ねられている。ヒンクリフは、ここで他の多くの共和主義者と異なり、自由や自由な政体が喪失されることも、自由保持主体たる個人の自由な行為の帰結として究極的には認めざるを得ないと考えているように読めるのである。

このようなヒンクリフの立場は、「自由の保持」よりも、「（保持する）自由の（自由な）行使」により大きな価値を置くものと言えるのだろうか。一見すると、保持する自由を自由に行使した結果、自分の持つ自由を喪失する結果に陥ることも許容する見解のように見える。というのも、自由保持主体としての個人は、その行為の帰結について責任を負うとしており、自由の喪失も個々人の責任により可能だと考えている節があるからである。しかし、ヒンクリフにとって支配の不在としての自由は、他者との自由の相互承認の過程を通じて創出される関係論的なものであるから、自由を保持することと保持する自由を自由に行使することとの間に大きな差異を見出さないという可能性も未だ残ると言えよう。なぜなら、ヒンクリフにとって、自由とは持ったり持たなかったりできるような実体を持つものではなく、あくまで自他の人間関係を規定する状態だからである。

それでは、こうした主張となる原因は、ペティットのような制度論中心の共和主義論をヒンクリフが展開しないからなのだろうか。ヒンクリフは教育哲学者であることから、制度よりもその中で活動する人間により関心があるのは間違いない。しかし、ペティットのように制度論を中心に議論したとしても、最終的に共和主義政体の自由を護持するのは誰かとの問いがやはり発生する以上、同様の困難に直面しよう。これまでの市民的共和主義者は、そこで、最後の砦として共和主義政体の自由を護持するのが王や貴族ではなく市民であると考えたために、市民に公共の事柄に関わる徳を求めたのであった。

そうであるならば、ヒンクリフ本人の意図はともかく、彼の議論が本当に何らの徳についても肯定していないと考えるのは、もしかしたら早計に過ぎるのかもしれない。確かにヒンクリフは、市民的共和主義を名乗りながらも、政治参加について責任や義務としていないし、善き生の目標を共有するような共同体的なあり方についても明らかに否定している。しかしながら、ヒンクリフの立場は、反教条主義的で戦略的な思慮の必要性をもまた打ち出したものであったし、行為の結果に責任を負う主体像を前提としたものでもあった。そうだとすれば、ヒンクリフの議論は、支配の不在としての自由を守るための最小限の徳を求めるものであると考えた方が、むしろ様々な点で説明に整合性が取れるように思われる。「法に従い、税金を払う」という程度であれば、徳の必要性を不承不承どころか、むしろ積極的に認めているようにさえ読める。その意味で、ヒンクリフの議論を成功した徳なき共和主義論と呼ぶことは難しいかもしれないが、最小限の思慮という徳のみを要求する共和主義論として評価することは可能である。このことは、市民的共和主義の議論、特にそれを基盤としたシティズンシップ教育論において、必要限度以上の徳目を要求するのであれば、どれだけ市民的共和主義を名乗ったとしても、その正当化論拠には厳しい目を向ける必要があることに我々を引きもどしてくれるものである。

以上のように、ヒンクリフの議論は、結果責任を含んだ思慮という最低限の薄い徳だけを求める共和主義的シティズンシップ教育論として読んだ方が理解がたやすい。他方の自由主義の側でも、自由立憲体制を維持するための最低限の徳を求める「自由主義的な徳」（マシード）の議論があった[29]。ここに改めて、自由主義と市民的共和主義との差異はどこにあるのかが問われることになろう。リバタリアニズムは、もしかすると自由主義の専売特許ではないのかもしれない。

＊本論文は、平成二六年度〜三〇年度科学研究費・基盤研究Ｂ「〈政治リテラシー〉の理論的研究と政治学教育への実践的展開」（ＪＳＰＳ科研費 JP26285028）の助成を受けた研究成果の一部である。

【注】

（1）Davies, I.（2012）, pp. 32-33. 同様の趣旨で、キース・フォークスも、シチズンシップには誰にでもどこにでも訴える魅力がある。急進主義者も同じように、自分たちの政策処方箋を擁護するためにシチズンシップという言葉を巧みに用いている。というのも、シチズンシップには個人主義的な要素と共同的な要素の双方が含まれているからである。と述べている。Faulks, K.（2001）, p. 1（邦訳、一頁）.

（2）ジェフリー・ヒンクリフ（Geoffrey Hinchliffe）は、ケント大学で政治学・哲学の学士課程、グラスゴー大学で道徳哲学・政治哲学の修士課程を修めた後、ロンドン・スクール・オブ・エコノミクス（ＬＳＥ）よりアリストテレスの共同体概念の研究でPhDを授与された。一九九六年よりイーストアングリア大学教育学部で教鞭を執り、二〇一六年に引退している。なお、繁雑を避けるために、ヒンクリフからの引用は最小限のみ注に記した。

（3）Crick, B.（2000）, p. 5（邦訳、一五頁）.

（4）Peterson, A.（2011）, pp. 3-4.

（5）Hinchliffe, G.（2017a）, pp. 1-6. 以下、本節の議論はこの箇所に依拠する。

（6）*Ibid.*, p. 1.

（7）Hinchliffe, G.（2015）でも、デューイの経験主義に対する批判を行っている（pp. 79-82）。

（8）Hinchliffe, G.（2015）においても、Ｊ・ラズの自律基底的な自由主義を批判する文脈で同様の議論を行っている（pp. 26-29）。

（9）Crick, B.（2003）, pp. 21-22.

（10）Hinchliffe, G.（2017a）, p. 6.

（11）Hinchliffe, G.（2015）, pp. 4-17.

（12）ヒンクリフは、ヘーゲルを引きながら「承認の弁証法（dialectic of recognition）」とも表現している。*Ibid.* p. 7.

（13）Skinner, Q.（1998）, p. 45.

（14）Hinchliffe, G.（2015）, pp. 14-17.

（15）*Ibid.*, pp. 20-25.

（16）*Ibid.*, pp. 31-34.

（17）シティズンシップ教育国際セミナー「ジェフリー・ヒンクリフ『自由と教育』を解剖する。」ＪＳＰＳ科研費25245080, 15K04239（九州大学箱崎キャンパス、二〇一七年一月一〇日）におけるヒンクリフの討論による。

（18）Hinchliffe, G.（2017b）, p. 34.

（19）Hinchliffe, G.（2015）, p. 17.

（20）*Ibid.*, p. 15.

（21）例えばペティットは、「ヘゲモニー」という概念は用いずとも、大企業や宗教団体なども私的権力として挙げていることから、物理的強制力による権力行使のみならず道徳的・知的・文化的支配についても念頭に置いているように思われる。参照、

Martí, J. L. and Pettit, P.（2010）、また、蓮見二郎（2014）、四二頁。
（22）Hinchliffe, G.（2015）, Ch. 10.
（23）「強靭さ」の概念は、ペティットの以下の個所に示唆を受けている。Pettit, P.（1997）, pp. 24-25.
（24）Gramsci, A.（1971）, p. 350（quoted in Hinchliffe, G.（2015）, p. 145）.
（25）Hinchliffe., G.（2017a）, p. 11.
（26）*Ibid.*, pp. 11-13.
（27）Hinchliffe., G.（2015）, p. 121. なお、ヒンクリフは、教育の文脈で教師の権威を「認識論的権威」として擁護する議論も展開している（*Ibid.*, Chs. 8-9）。これは、認識体制を成長させるために必要な存在として教師の役割を再定義するものである。
（28）*Ibid.*, pp. 105-110.
（29）Macedo, S.（1990）.

【参照文献】

Crick, B.（2000） *Essays on Citizenship*, London: Continuum（関口正司監訳『シティズンシップ教育論――政治哲学と市民』法政大学出版局、二〇一一年）.

――――（2003） 'The English Citizenship Order, 1999: Context, content and presuppositions,' in A. Lockyer, B. Crick and J. Annette（eds.）, *Education for a Democratic Citizenship*, Aldershot: Ashgate, pp. 15-29.

Davies, I.（2012） 'Perspectives on citizenship education,' in J. Arthur and H. Cremin（eds.）, *Debates in Citizenship Education*, Abingdon: Routledge, pp. 32-40.

Faulks, K.（2001） *Citizenship*, London: Routledge（中川雄一郎訳『シチズンシップ――自治・権利・責任・参加』日本経済評論社、二〇一一年）.

Gramsci, A.（1971） *Selections from Prison Notebooks*, Q. Hoare and G. Nowell Smith（tr.）, London: Lawrence and Wishart.

蓮見二郎（2014）「市民的共和主義とシティズンシップ教育――『公共生活における政治哲学』・『市民的共和主義と市民教育』の検討を通じて」『政治研究』第六一号、三七―五一頁。

Hinchliffe. G.（2015） *Liberty and Education: A Civic Republican Approach*, Abingdon: Routledge.

———（2017a）'Citizenship education: A republican liberty perspective,' 池野範男編集代表『シティズンシップ教育国際会議 論文・発表資料集　シティズンシップ教育——哲学・政治学からも考える』二〇一七年一月七日キャンパスイノベーションセンター東京、一月一〇日九州大学箱崎キャンパス（ＪＳＰＳ科研費 25245080、15K04239）、一—一五頁。

———（2017b）'Republican liberty and the need for a public,' 池野範男編集代表『シティズンシップ教育国際会議 論文・発表資料集　シティズンシップ教育：哲学・政治学からも考える』二〇一七年一月七日キャンパスイノベーションセンター東京、講演スライド、三三—三五頁。

Macedo, S.（1990）*Liberal Virtues: Citizenship, Virtue, and Community in Liberal Constitutionalism*, Oxford: Clarendon Press（小川仁志訳『リベラルな徳——公共哲学としてのリベラリズムへ』風行社、二〇一四年）.

Martí, J. L. and Pettit, P.（2010）*A Political Philosophy in Public Life: Civic Republicanism in Zapatero's Spain*, Princeton（NJ）: Princeton University Press.

Peterson, A.（2011）*Civic Republicanism and Civic Education: The Education of Citizens*, Basingstoke: Palgrave Macmillan.

Pettit, P.（1997）*Republicanism: A Theory of Freedom and Government*, Oxford: Oxford University Press.

Qualification and Curriculum Authority（1998）*Education for Citizenship and the Teaching of Democracy in Schools*, Final report of the Advisory Group on Citizenship, London: QCA.

Skinner, Q.（1998）*Liberty before Liberalism*, Cambridge: Cambridge University Press（梅津順一訳『自由主義に先立つ自由』聖学院大学出版会、二〇〇一年）.

第四章　「リップマン‐デューイ論争」再考
――「公衆」の政治教育をめぐる対話について

石田雅樹

はじめに

ウォルター・リップマンとジョン・デューイ。二〇世紀アメリカを代表する二人の知識人の思想を比較考察する試みはこれまでにも行われてきた。その際に議論の出発点として参照されるのは、いわゆる「リップマン‐デューイ論争」Lippmann-Dewey debate（以下「論争」と表記）と呼ばれる両者の応答である。すなわち、リップマンが『世論』*Public Opinion*（一九二二年）や『幻の公衆』*The Phantom Public*（一九二五年）で問題提起した「世論」民主主義の限界に対して、デューイはその書評や『公衆とその諸問題』*The Public and Its Problems*（一九二七年）において批判的に応答したが、この応答が「論争」と呼ばれ、「エリート論者」リップマン対「民主主義者」デューイという対立構図において両者の思想的隔たりが強調されてきた（cf. 佐藤［2000］・岡田［2003］）。だが近年においては、こうした「論争」での思想的対立を強調する解釈が再検討されている。例えばロバート・B・ウェストブロックは、そのデューイ研究においてこの対立構図を受容しつつも、その前提として両者に多くの共通点――民主主義における「万能の市民」批判、専門的知識の組織化、そのための社会科学の有効活用など――があることを指摘している（Westbrook［1991: 310］）。同様の指摘は、シュー・カリー・ジャンセンのリップマン研究でも行われているが、そこではリップマンを「エリート論者」とする見方自体が――デューイ自身がその見方を批判したことなどを踏まえ――批判され、両者の思想的相違よりも共通性が強調されている（Jansen［2012: 135-137］）（1）。

本論ではこうした先行研究を踏まえつつも、リップマンとデューイ両者の思想について、これまで注目されてこなかった「公衆」public の政治教育論、並びに「市民教育（シティズンシップ教育）」citizenship education 論から読み解くことで、新たな思想的見取図を提示したいと考えている。

第一に基本的な作業として、「論争」におけるリップマンとデューイ両者のテクストを検証し、彼らがどのような問題を共有し、それに対してどのような解決アプローチを提示したのかを確認しておきたい。一般に両者は問題を共有しながらも、リップマンの解決アプローチ（専門エリートを中心とする「情報の組織化」）に対してデューイが民主的な立場から批判を行っていると解釈されてきた。しかしながら、両者の議論を検証すると、問題のみならずその解決アプローチについても、両者は重なり合う部分が多く、リップマンの議論の中にデューイの民主的アプローチを補完するものを見出すことができる。例えばリップマンは、実践的な「市民教育」civic education の必要性を主張する中で、現代で言うところの「メディア・リテラシー」を提唱していた。こうした両者の類似性については、既に別稿でも論じたが（2）、本論ではそれを踏まえつつ、両者の「公衆」の政治教育論、「市民教育」論の親近性を明示したい。

第二に、この「論争」期におけるリップマン‐デューイ両者の思想的親近性を確認した上で、「論争」期以外の時期にこそ両者の思想的隔たりと対立が顕在化することを明らかにしたい。一九三〇年以降リップマンが論じる政治教育論、例えば『良き社会』*The Good Society*（一九三六年）や『公共哲学』*The Public Philosophy*（一九五五年出版、草稿は一九三八年）等で語られる政治教育論は、一九二〇年代「論争」期のものから変質し、西洋文明論や教養主義的伝統の再生など「保守主義」的論調の強いものとなっていく。だが、こうした西洋文明の伝統を強調し教養主義を唱える学校教育の在り方こそ、デューイが以前から『明日の学校』*Schools of To-Morrow*（一九一五年）などで批判してきたものであり、「革新主義」の立場から乗り越えようとしたものであった。両者はともにアメリカのリベラル・デモクラシーのために政治教育の必要性を説いたが、伝統と教養を重視するリップマンの議論と、「職業教育」と「市民教育」との融合を図るデューイの議論とは交わらないばかりか根源的に対立することになる。このように本章では、政治教育の視点からリップマンとデューイ両者の思想を比較検証し、これまでと異なる思想的見取図を提示した上で、両者の政治教育論が有する現代的意義について示すことにしたい。

一　共有された問題――「専門的知性」と「民主主義」との接合

1　リップマンの問題提起――「巨大社会」における「世論」と「公衆」

「われわれはたいていの場合、見てから定義しないで、定義してから見る」[PO: 44=上111]。このフレーズが端的に示すように、ウォルター・リップマンが『世論』（一九二二年）で問題提起したのは、われわれが自明とする世界認識が一定の枠組みに基づいて構築されていること、それゆえその世界認識が知らず知らずの内に歪められる場合があるということであった。リップマンは、人間が世界を認識し適応していくためには、混沌とした複雑な事象を秩序づける認識枠組みが必要であるとし、その認識枠組みを「虚構」fiction あるいは「ステレオタイプ」stereotype と呼んだ。この「虚構」「ステレオタイプ」には、迷信や幻想の類から、善悪対決の世界観、そして国家や指導者のイメージまで様々なものが含まれている［PO: chp. 1］。こうした「ステレオタイプ」は、有史以来われわれの社会生活を大きく規定してきたが、現代社会はより巨大で複雑なものとなっていることから、その重要性を再認識する必要性が説かれている。

リップマンが『世論』で現代社会の現状として描く巨大で複雑な姿は、政治哲学者グレアム・ウォーラスの語る「巨大社会」Great Society から強い示唆を受けている［PO: 11＝上 36］。「巨大社会」とは、それ以前の身近な隣人たちとの交流から成る社会とは異なり、人・モノ・情報が世界規模で行き交う社会を意味する。つまり片田舎の生活も、遠く離れた世界の動向と密接に結びついており、人びとは否応なしにこの「巨大社会」の一員であることを強いられる。日々の生活が見知らぬ外界の出来事に左右されるにつれ、人びとは複雑で混沌とした外界を理解するために、認識装置としての「ステレオタイプ」をより一層頼りにし、以前にもまして「見てから定義しないで、定義してから見る」ようになる。このように「ステレオタイプ」は世界の複雑さを縮約するフィルターとしての役割を果たし、認識上のエコノミーを提供するわけだが［PO: chp. 6-3］、それと同時に、この「ステレオタイプ」を通じて人びとが価値観を共有することでコミュニケーションの前提条件が作り出されることになる。

それゆえこの「ステレオタイプ」は、個人と同様に集団が外界世界に対して抱くイメージを強く規定するという点において、「世論」public opinion の条件と枠組みを形成する。リップマンに従えば、これまで「世論」は所与のものとされ、政治家はそれにどう従うべきか（どう手なづけるか）が問われてきたが、そもそも「世論」がどのように生まれ、また個人の「意見」がどう「世論」として構成されていくか、といった点については政治学的に分析されてこなかった［PO: 137＝下 86］。「民の声は神の声」という格言が示すように、「世論」はしばしば民主主義の正当性の源泉として神聖視されてきたが、それが往々にして「ステレオタイプ」によって作られ、歪められていること、それゆえその批判的検証が絶えず行われなくてはならないという主張が『世論』全体の基本モチーフになっている。

そしてこの「世論」民主主義の限界を認識することは、従来の民主主義理論で想定されてきた市民像を刷新することでもある。ジャン＝ジャック・ルソーやトマス・ジェファーソンらかつての民主主義論者たちが想定した市民像、すなわち自治のためにあらゆる公的事柄に対処し、公共心に溢れた市民という「万能の市民」omnicompetent citizen は自足した狭いコミュニティにおいてのみ想定可能なのであり、それを今日この「巨大社会」に当てはめることは非現実的である［PO: 148＝下 111］。「巨大社会」を行き交う膨大で複雑な情報は個人の処理能力を超えており、「ステレオタイプ」を免れて個人個人があらゆる公的事柄に関心を抱き、自分で調べ、行動すると想定することはナンセンスである。このようにリップマンは、かつての旧き良き民主主義で想定された「万能の市民」と、現代の「巨大社会」における「公衆」との断絶を強調するのである。

2　デューイにおける時代診断の受容と、異なる治療方針

さてこのリップマン『世論』が、ジョン・デューイの民主主義理論に大きな影響を及ぼし、その後の「世論」や「公衆」をめぐる考察でも度々参照されたことは周知の通りである。デューイは『世論』の書評を『ニュー・リパブリック』*The New Republic* 誌で行っているが（Dewey［1922a］）、ここでは「世論の本質とは何か、それはどのように作られ、どのような力の影響を受けるか」という問題の提起と、それに対する現実的分析が高

く評価されている。「世論」とは自然発生的に生じるものではなく、個々人が関心の範囲内で環境との限定的接触から形成されたものであり、伝統やステレオタイプの影響を強く受けること、それゆえ建国の父らが想定した民主主義の市民像たる「万能の市民」は現実と合致しないこと、またニュースとは真理ではなく、何かを照らし出すサーチライトに過ぎないこと。デューイはこうした論点を紹介しつつ、この現代社会を冷静に「診断」diagnosisする眼差しこそ『世論』で最も成功した部分であると論じている。

しかしながらデューイは、リップマンが「診断」への「治療」remedyとして提示するもの、すなわち「専門的知性の組織化」organization of expert intelligenceと、その政治的有効活用という点には、その意義を認めつつも疑念を呈している（Dewey [1922a: 288]）。そしてこの疑念は『公衆とその諸問題』（一九二七年）に継承され、独自の「治療」を提示する試みが行われることになる。同書でデューイは、リップマン同様にウォーラスの「巨大社会」を現状として認め、「世論」民主主義の限界に関するリップマンの「診断」を受容しながらも、先述の「専門的知性」と「世論」との関係を問題点として再提示する。例えば第四章「公衆の没落」では、公衆衛生や都市計画など現代の政治問題の多くがエンジン設計等と同様に技術問題として理解される傾向にあるが、そうであるならば、そこに「民主主義」や「世論」はどう関与するのか、その場合「公衆」とは有害無益な亡霊ghostに過ぎないのかと（おそらくリップマンの「幻の公衆」phantom publicを念頭に置きつつ）問題提起が行われている[PIP: 124-125=156-157]。無論デューイ自身はこれらが「行政」の問題であり「政治」の全てではないことを理解していたが、リップマンの「診断」を認め「公衆の没落」を現代政治の問題として引き受けた上で、「専門的知性」と「世論」との関係を問い直し(3)、その「診断」に対して異なる「治療」を提示しようとしたのであった。

『公衆とその諸問題』第五章「巨大コミュニティの探究」では、このリップマンとは異なる「治療」を描き出す試みが行われている。ここでデューイは、没落した「公衆」を再生する道筋として、「巨大社会」Great

Society が「巨大コミュニティ」Great Community へと進化する道筋を示そうとしている。デューイに従えば、「公衆の没落」の原因とは、交通やメディアの発達によって成立した「巨大社会」において、人びとを結びつける手段が見失われ、共通の利益関心に基づく組織化が行われていない点にあり［PIP: 126=158］、また「公衆」が「専門的知性」から隔てられていることにある。そうである以上「公衆」の再生は、共通の利害関心に基づいて人々が再組織され、また「公衆」と「専門的知性」とを隔てる障壁が解消されることで実現されることになるが、そのどちらの場合にも、「コミュニケーション」communication が重要となる。「……知識とは理解であると同時にコミュニケーションである」のであり、「記録とコミュニケーションは知識にとって必要不可欠なものである。個人の意識に蓄えられた知識とは神話であって、社会現象としての知識はその普及に依存している。というのも、それが配布されることによってのみ、知識は受容され検証されるからである」［PIP: 176=218］。デューイはこのように「巨大社会」を促してきた「コミュニケーション」が一層深化することで、知識の量的拡大と質の向上を促し、それが結果的に「公衆」の知的進化へとつながると論じている。

このようにデューイは「巨大コミュニティ」へと至る過程において「コミュニケーション」の深化とそれに伴う「公衆」の知的進化を論じているが、本論における「政治教育」の文脈において重要となるのは、その際の知識の伝達手法、すなわち「プレゼンテーション」presentation の重要性を強調している点にある。つまり「コミュニケーション」の深化とは単なる情報公開によって実現できるものではなく、専門的知識や情報を「公衆」が理解可能な形で伝える技術が伴わなければならない。この点に関して例えばデューイは以下のように語っている。

こうした成果〔＝専門的な研究成果：引用者註〕は読まれない限り、公衆一人一人の思想や行動に重要な影響を及ぼすことはできない。その場合には、調査結果は図書館の奥まった小室に収蔵され、少数の知識人に研究され理解されるだけであろう。……専門的でインテリ向けのプレゼンテーション（presentation）では、専門的なインテリにしか訴えないだろうし、そのようなものは、大衆にとってニュースとはなるまい。プレゼンテーションの手法は根本的に重要であり、それは芸術問題なのである［PIP: 183=225］。

先述のように、デューイは「知識」とは個人が秘匿し蓄えられる情報と同義ではなく、広く社会に公開され検証され利用されることによって、初めて「知識」となると論じていたが、その考えがここでより一層推し進められている。要するに、専門家が発見・調査して明らかになった情報も、それが難解であるがゆえに一般の人々に伝わらなかったならば、たとえそれが公開されていたとしても、社会で共有される「知識」とはならない。そうであるがゆえに、ここで広く「公衆」に理解可能なかたちで伝える「プレゼンテーション」の意義をデューイは強調し、その伝える技術を「芸術」と位置づけているのである。

3 「公衆」の再生へ向けて――「専門的知性の組織化」、実践的な「市民教育」の要請

さて以上のようにデューイは『公衆とその諸問題』において、リップマンが示した「巨大社会」の「診断」に同意しつつも、異なる「治療」を提示しようとした。しかしながら『世論』を注意深く読むと、デューイが代替的「治療」として提示するアイディアが既に登場していることに気付く。つまり、両者の間には「診断」だけではなく「治療」においても重要な共通点が存在するのであり、デューイ自身このリップマンが提示する「治療」から少なからず影響を受けているように見受けられる。その点について以下では「専門的知性の組織化」と「公衆」との接続、並びに実践的な「市民教育」という論点を見ていくことにしたい。

（1）「専門的知性の組織化」と「公衆」との接続

第一に、デューイが批判的に言及した「専門的知性の組織化」（リップマンの言葉で言えば「情報の組織化」）についてである。確かにリップマンは、「あらゆる問題について市民一人一人に専門的意見を持たせようとするのが目的ではない。そうした重荷を市民の肩から取り去って、責任ある行政者に負わせようというのである」と語っており［PO: 214＝下 259］、この場合「専門的知性」の主要な宛先が政治家や行政の政策担当者であると解釈できる。先述の「万能の市民」批判もこうした主張と不可分の関係にあり、また「関係者／部外者」insider/outsider という区分に基づいて「公衆」の政治的関与の限界を指摘する際も同じような考えに基づいている。

しかしながら他方で『世論』では、「専門的知性」の活用が単に統治者や行政担当者にだけに向けられているのではなく、広く「公衆」に提供されることで、社会変革につながる可能性が記されている。『世論』第二五章「打ち込まれる楔」では、「巨大社会」を管理運営する上で情報分析専門家（統計学者、会計士、監査人、産業カウンセラーなど）の役割がより一層重要になるとされているが、それと共に「公衆」がこうした専門家の情報を有効活用する道筋が示されている。すなわち「専門的知性」の有効活用が必要とされるのは、産業界の指導者や政治家、行政担当者の他にも、市の調査局、議会図書館、企業・労働組合・公益活動の専門ロビイスト、さらには婦人参政権連盟や消費者連盟などの任意団体（voluntary organization）にまで及ぶものとされている［PO: 203＝下 233］。それゆえリップマンがここで言う「専門的知性の組織化」は、一部の統治者・管理者のガバナンスに限定されるものではなく、まして専門エリートの支配でもなく、現代社会のあらゆる諸集団――政府機関か民間機関か、営利企業か非営利組織かを問わず――による「専門的知性」の有効活用の提言と理解すべきである。

さらにリップマンは、この「専門的知性」を「公衆」に効果的に公表・普及する仕組み、デューイで言うところの「プレゼンテーション」に関しても詳しく言及している。例えば『世論』第二七章「公衆に訴える」第三一四節では、第三者の立場に立つ知識人（中立的な専門家もしくは専門家の分析を活用できる代理人）が、専門的知識を検証し、それを一般公衆に分かり易く伝えるというアイディアが「ソクラテス的対話」Socratic dialogueという言葉で論じられている。例えばここでは、ある労働者が「搾取」されているかどうかを「公衆」が理解する手助けとして、中立的立場に立つ専門家（あるいはその代理人）が、統計資料（給与の賃金表や物価統計など）の示すデータに基づいた上で、経営側の「妥当な給料」という主張か、労働者側の「搾取」という主張のどちらが実態を正しく伝えるか判定し勧告を行うという話が伝えられている。ソクラテスが「真理」や「正義」という言葉を一つ一つ慎重に吟味していったのと同じように、この中立的専門家も争点となる問題について予断を挟まずに検証し、「公衆」に対して丁寧に説明することで、「世論」が適切な判断を行う手助けとなるというわけである。

このようなリップマンが『世論』で描き出す「ソクラテス的対話」は、先述の「プレゼンテーション」を重視するデューイの議論、すなわち知識を「公衆」に分かりやすく伝える技術の要請と重なり合う所が大きい。デューイは社会から孤立した知識は真の知識ではなく、それが幅広く共有されるための方策が必要であることを強調し、「現在において重大な困難は、疑いの余地なく、的確な判断のための情報資料（データ）を欠いているということである」としたが［PIP: 209=256］、この「的確な判断のための情報資料」を提供する試みは、『世論』の中で提示されているのである。このような点を踏まえると、リップマンは「世論」からアウラを取り去り「世論」民主主義の限界を指摘しながらも、それと同時に「世論」を向上させる幾つかの処方を描き出したことは明白である。そしてこれらの処方箋は、デューイが「巨大社会」から「巨大コミュニティ」への進化のために示した「治療」とも重なり合うのである。

それゆえこのような文脈から、リップマンが語る「関係者（インサイダー）／部外者（アウトサイダー）」という区分も、「専門家／素人」とは異なる境界が設定されていることにも注意しなければならない。リップマンは

「専門的知性」が広く「公衆」に普及する仕組みを通じて賢明な政治的判断を行う道筋を示したが、それはあらゆる場合ではなく特定の場合によっては、「公衆」が「関係者（インサイダー）」となり得ることを意味している。この点について『世論』第二七章や『幻の公衆』第一〇章では、「公衆」が普段は政治問題や社会問題の「部外者（アウトサイダー）」でありながらも、「争点」によっては「関係者」になり得る可能性が論じられている。すなわち、

公衆の一人であることは固定されたものではない。それは争点（issue）によって変わるのである。つまり、ある場合に当事者（actor）である者も、別の場合には見物人（spectator）となるのであり、人は絶えず公衆の一員である場所とそうでない場所とを行き来しているのである（Lippmann [1925→1993: 100=2007: 78]）。

このように「争点」に応じて「公衆」が「関係者／部外者」として再組織されるというリップマンの議論は、デューイで言うところの「公衆の発見」、すなわち「公衆」が自らを当事者として認識し連帯する契機と重なり合うだろう。先述のように「公衆の没落」の原因が人びとのあいだにある共通の利害関心《インタレスト》の不可視化と、「専門的知性」との断絶であるならば、多様な「争点」において自らを当事者として捉え直すことで、「公衆」は再発見されることになる。それゆえリップマンの「関係者／部外者」は、「専門家／素人」とは異なる境界を設定することで、デューイの「公衆」論と対立関係にあるのではなくそれを補完する関係にあるのである。

（2）「市民教育」と「メディア・リテラシー」

リップマン『世論』ではこの「情報の組織化」に関連して、学校教育についても幾つか提言が行われている。リップマンは、学校教育での社会的知識の伝達に際して、政治学など社会科学の成果が十分に取り込まれていな

いとし、その改善のために詳細で体系的な知識を専門家が収集・整理し、学校教育で生徒が理解可能な形で提供する取り組みが必要であると説いている（第二七章第五節）。学校の「市民教育」civic educationで伝えられる情報は拙く印象に偏っているため、より詳細で体系化された知識を、実践的な視点から提供する仕組みが必要であると訴える［PO: 219=下270］。「市民教育」への同様の批判は『幻の公衆』でも行われており、ここで学校教育では表層的な知識を教え込むことに終始し、公的な問題を解決するための知的訓練や政治的実践に関わる取り組みが行われていない点が批判されている（Lippmann［1925→1993: 13-16=2007: 17-19］）。

この「市民教育」の一環として、リップマンは新聞情報の批判的検証、今日で言うところの「メディア・リテラシー」についても言及している。リップマンに従えば、新聞報道とは世界をありのまま客観的に伝えるものではなく、混沌とした社会事象を「ステレオタイプ」によって切り抜き、再構成して伝達するものであり、サーチライトのように暗闇の一部を照らし出すものに過ぎない。また市民の側でも、アンケート調査などに拠ると一日に新聞を読む時間はせいぜい一五分程度であり［PO: chp. 4］、そのサーチライトで照らし出された一部をさらに断片的に理解しているに過ぎない。それゆえ重要なのは、市民一人一人が多くの新聞をより時間を掛けて読むということではなく――それは先述の「万能の市民」幻想に過ぎない――、この新聞というメディアにおける「ステレオタイプ」を理解し、それを批判的に読み取る訓練を行うことである。この点についてリップマンは以下のように言述している。

彼〔=学校の教師：引用者註〕は事例方法を用いて、生徒に自分の情報源を検討する習慣を教えることができる。たとえば、自分の読んでいる新聞の中で、特電の発信場所、通信員の名、通信社名、その記事の根拠、記事が入手された状況を読み取るように教えることができる。教師は生徒に、その記者が自分の目で見たことを書いているのかどうかを考えてみよ、そしてその記者が過去に他の事件をどのように記事にしているかを思い出してみよ、と教えることもできる［PO: 219＝下 271］。

リップマンはこのように「ステレオタイプ」を念頭に置いてメディアの情報を鵜呑みにせず、自己が接する情報を一つ一つ吟味し、社会を批判的に考察するよう説き、学校教育段階での「メディア・リテラシー」の必要性を訴えるのである。

デューイは『世論』の書評に際して、この実践的な「市民教育」の提唱について、以下のように肯定的に評価している。

将来の市民は、その就学期間中に効果的な政治心理学と政治学を教えられることになるであろう。前者は巷に溢れる世論の情報源の誤りを防ぐ防壁をもたらし、後者は心の中にある迷信を克服する熱意を与え、情熱の力に理性を与えるであろう（Dewey［1922a: 288］）。

デューイもまたリップマン同様に（正確に言えばリップマン以前から一貫して）現代の学校教育の取り組みが実社会で生きるための技能や知識とかけ離れている点を問題視していた。例えば『世論』と同時期に公表された論稿「政治としての教育」（一九二二年）では、教育の意義を（マシュー・アーノルドを引きつつ）『騙されないこと』not being duped とし、それが学校教育においては十分に意識されていない点を問題視している。印刷物が容易に出版・流通できるようになったことは、一方では民主主義の実現に貢献したが、他方ではそれが言論の質の低下をもたらし、人びとに混乱や誤りを容易く植え付けるようになりつつある。それゆえ学校教育において、このような出鱈目が蔓延る社会への備えを行うべきであるが、そうした備えは十分に行われていない。その原因にあるのは、一方においては学校教育では未だに現実社会とは無関係な教材が用いられ続けられていること、他方では歴史・政治・経済を扱う授業においても批判的精神が欠落していることに由来している（Dewey [1922b: 140]）。このように学校教育の取り組みが表層的なものに留まり、政治や社会を批判的に考える訓練の不十分さを認識しその改善を主張する点において、リップマンとデューイの考えは共有されていたのである(4)。

二　リベラル・デモクラシーをめぐる政治教育の対立
――伝統的教養の再生か、市民教育／職業教育の融合か

以上のように、ウォルター・リップマンとジョン・デューイとのあいだで繰り広げられたとされる一九二〇年代の「論争」の意義を理解するためには、両者の対立軸よりも、そこで共有された問題と解決アプローチに注目する必要がある。すなわち、両者ともに「巨大社会」における「世論」民主主義の限界という問題を共有するだけでなく、その問題に対処するために「専門的知識」と「民主主義」との接続を模索し、「公衆」への実践的な政治教育の必要性を認識していた。『世論』には、「世論」民主主義の限界を指摘するだけではなく、どのようにすればより良い「世論」を生み出されるかという洞察が随所に見受けられるが、その端的な事例こそ実践的な「市民教育」や「メディア・リテラシー」の要請であり、その点においてリップマンとデューイの考察は重なり合う部分が大きい。

本論はこのようにリップマンとデューイ両者の思想について、これまでと異なる視点からその共通性に着目して論じてきたが、以下では両者の相違点・対立点についてもこれまでと異なる視点から論じてみたい。先述のよ

うに『世論』のテクストでも叙述の揺らぎがあり、リップマンとデューイ両者の議論が重なり合う部分と重ならない部分が存在していたが[5]、両者の思想の根源的な対立は、一九二〇年代の「論争」期ではなく一九三〇年代以降のテクストで顕在化することになる。すなわち一九三〇年以降、一方では一九二九年から始まった世界恐慌によって、また他方ではドイツ・ナチズムやソビエト・スターリニズムの台頭によってアメリカのリベラル・デモクラシーが脅かされるようになるにつれ、その対応をめぐってリップマンとデューイ両者の思想的隔たりが顕著となり、政治教育の議論でもその近さよりも遠さが決定的なものとなる。正確に言えば、一九二〇年代の「論争」期から、一九三〇年代においてリップマンの政治教育論が大きく変質し、それが元々デューイが論じてきた「市民教育」論と交わらないばかりか、深い対立を生み出すものになっていく。

1　リップマンにおける西洋文明の伝統・教養の再生

リップマン『良き社会』（一九三七年）は、アメリカの自由な社会が国内的にはニューディール政策などの「集産主義」collectivism によって、国外的には社会主義・ファシズムの擡頭によって脅かされているとして、アメリカのリベラル・デモクラシーの条件を問い直したものであるが、その中で既存の学校教育の在り方が批判的に論じられている。第一二章「リベラリズムの政治原理」では、なぜ民主主義はうまく機能してこなかったのかという問いの中で学校教育の限界が指摘されている。

リップマンに従えば、人びとがより良く教育されれば、民主主義はより良く機能するというのは「自明の真理」truism である。しかしながら、これまで教育に莫大な投資と情熱がつぎ込まれてきたが、結果を伴うものではなかった。「問題は民主主義はどうしたらそのように良く教育されるかにあり、そして民主主義への教育は、学校や大学だけで得られるものではなく、また書物や、新聞や、講義や、ラジオだけで得られるものでもないことは確かであろう。人民の教育は不可欠で、私はそれを非難するのでは断じてない。ただそれだけでは不十分なのである」[GS: 262=52]。

リップマンはこのように述べ、学校教育を含めたこれまでの教育では民主主義における根本的な事柄が忘却されてきたと主張する。その忘却されてきた事柄とは、人びとが生活の中で自己を統御することであり、日々の経験の中での「自己教育」self-educationを実践することに他ならない。「自己教育」とは具体的には、アメリカ建国の父祖たちが空気のように自明視していたコモン・ローの精神を日常の中で実践することであり、日々の生活の中で相互の権利・義務を確認しながら、自己を統治する作法を学ぶことである。ここでは、一方では政治におけるアナーキズムと経済における自由放任主義を排し、他方ではニューデュールによる政治・経済的統制を拒否し、無秩序か管理かという二分法を克服する方向を示すものとして、「自己教育」の重要性が説かれている。このようにリップマンは、これまで忘却されたコモン・ローの精神に立ち返り、かつて行われていた有効な「社会的統制」social controlを取り戻すために「自己教育」を日々の生活の中で実践することこそ、アメリカのリベラル・デモクラシーを再生させる道筋であると語るようになる。

『幻の公衆』においても『良き社会』においても、既存の公民教育の問題が指摘されているが、後者ではそれまでとは明らかに異なる議論が展開されている。『幻の公衆』では学校の公民教育と現実社会との乖離という点から既存の公民教育の問題が論じられていたが、『良き社会』ではそうした公民教育の在り方よりも、「自己教育」やコモン・ローの精神など、アメリカ社会を支えてきた伝統や文明の再評価という点から政治教育が論じられており、その点でリップマンは明らかに「保守主義」に軸足を移して「文明論」の視点から政治教育を論じるようになる。

この「保守主義」と「文明論」的視点からの学校教育批判は、論稿「教育 対 西洋文明」(一九四一年)でも論じられている。ここでリップマンは学校教育の不十分さを論難するのではなく、学校教育それ自体が「西洋文明」を破壊する有害なものとして批判するようになる。リップマンが問題視するのは、学校教育から伝統的な「西洋文化」Western culture「西洋文明」Western civilization のカリキュラムが排除されつつあることであり、それによってアメリカ人自身の思想的伝統が忘却されることであった。すなわち、「この文化的伝統を奪われた西洋人、新たに教育された西洋人は、自分自身の内面性・精神性を形式・内容ともにもはや有していない。つまり彼らには、観念、約束、合理性、論理性、方法、価値といった西洋文明が発展する中で積み重ねられた叡智が備わっていない」(Lippmann [1941: 184]) のである。このような状況において学校教育は、もはや欲望を制御するための理性を制御する場ではなく、逆にその欲望を実現させる手段を学ぶ場となっている。というのも伝統的な内実が失われた結果、「……学校は個々人のキャリアのための単なる訓練場に陥らざるを得ない」のであり、「理性を個人のキャリア実現の道具に矮小化したことは、教育がその中身のない空虚なものとなったことを意味する。というのも、出世至上主義者に教えられるべきものとは、成功に必要なデータにすぎないからである」(Lippman [1941: 189, 190])。リップマンはこのように述べ、「西洋文明」を忘却し理性や信仰を喪失した学校教育の在り方自体を告発するのである。

「西洋文化」「西洋文明」の消失と、その原因としての学校教育の荒廃という議論は、『公共哲学』(執筆一九三八年、出版一九五五年)においても展開されている。ここでは先述の「西洋文化」「西洋文明」と同じ内容のものが「公共哲学」や「文明的作法」civility という言葉で表現され、現代社会がその喪失の危機にあること、またその喪失に加担しているのが学校教育であると批判されている。リップマンに従えば、「公共哲学」や「文明的作法」とは、西洋の伝統としてリベラル・デモクラシーを支えてきたものであり、マグナ・カルタや独立宣言、権利の章典や合衆国憲法の根幹にあり、多様性の前提になる普遍性や、私的所有権や言論の自由を限界づけるものであった（Lippmann〔1955: 97-99=1957: 129-131〕）。しかしながら、現代はこの「公共哲学」「文明的作法」の衰退により、リベラル・デモクラシーは危機に陥り、一方においてはリベラルな政府の機能不全を惹き起こし、他方においては全体主義体制が抬頭する要因になっていると論じるのである。

本来はこの「公共哲学」や「文明的作法」を伝えるべき学校教育が、逆にそれを掘り崩している点について、リップマンは『公共哲学』第七章第三節「民主的教育」で批判的に言及している。ここでは現在の学校で行われている「民主的教育」が、西洋の民主的伝統を継承したものではなく、フランス革命以後に急速に普及したイデオロギーである「ジャコバン主義」から影響を受けたものであるとされている。「ジャコバン主義」の教育思想とは、ルソー、ペスタロッチ、フローベルらに代表される教育思想であり、「自然人」としての人間の善性を神聖視するがゆえに、信仰や道徳、伝統的規範といった西洋の「文明的作法」を学校教育で教授することを否定する教育に他ならない（Lippmann〔1955: 74=1957: 100〕）。この「ジャコバン主義」の教育思想が学校教育を支配することで、本来世代を超えて伝えられるべき「公共哲学」が伝わっていない。リップマンは「公共哲学」の重要性を再認識することを通じてこうした状況を変革する必要性を主張するのである。

以上のように、『良き社会』「教育 対 西洋文明」『公共哲学』らのテクストに共通しているのは、アメリカのリベラル・デモクラシーの危機に際して学校教育の取り組みはほぼ無力かそれ以上に有害であり、それを支えてきた西洋の伝統的理念や規範が喪失していること、それゆえそうした伝統的理念や規範を再生させるプログラムこそが「政治教育」として必要とされるという点である。こうした提案がどれほど実際に有効かはここでは問わないが、「保守主義」の立場から「文明論」的再生を提唱するリップマンの議論は、先述の実践的な「市民教育」や「メディア・リテラシー」を論じるスタンスとは明らかに異質であり、そうであるが故に、デューイの議論とも鋭く対立することになる。

2　デューイにおける「市民教育」としての「職業教育」

さて、このようなリップマンの議論、すなわちコモン・ローの精神や「西洋文明」によるアメリカ・リベラリズムの再生という議論をデューイはどのように評価したのだろうか。一九二〇年代の「論争」期に比べると、一九三〇年代のデューイ側の反応は鈍く、積極的な応答はあまり行われていないが『良き社会』の書評は記している。ただその書評は、タイトル「孤立したリベラリズム：ウォルター・リップマンの社会哲学への批判」（一九三七年）が示すように、極めて批判的論調の強いものとなっている。先述のように『良き社会』は、アメリカ・リベラリズムの危機を問い直し、その克服の道筋を示そうとしたものであるが、デューイはその議論の空虚さを批判する。デューイに拠れば、同書は自由な社会かあるいは官僚主義的社会かという二元論に基づき、前者の平等で相互の権利・義務に基づく社会か、後者の社会主義や集産主義に連なる社会かの選択を迫るが、そうした二元論は「極度の抽象的単純化」extremely abstract simplification でしかない。こうした議論は、リベラリズム運動が下火になり分裂しつつある中で、それを復権させるどころか、むしろ「その実際の効果は、反動勢力 reactionaries を鼓舞し、実質的に手助けする」ものと成りかねないが、それは「リップマンによるリベラリズムが理想的なユートピア idealistic Utopia の観点から描かれている」（Dewey [1937: 489]）からである。デューイはこのように、『良き社会』で描かれるアメリカ・リベラリズムの姿を厳しく批判するのである。

以前の『世論』『幻の公衆』に比べて、この『良き社会』に対するデューイの評価の厳しさの背後には、ニューディールに対する両者の思想的対立があることは容易に想像できるが[(6)]、本論で注目したいのは、この『良き社会』で唱えられるリベラル・デモクラシー再建のための政治教育、すなわち失われたコモン・ローの精神や西洋の伝統を参照すべしとする政治教育が、以前からデューイが論じてきた「市民教育」と根本的に対立するということである。この点についてデューイの書評や論稿では直接的に言及されていないが、以下ではこの対立軸を明らかにするために、デューイが論じてきた政治教育の道筋を確認しておきたい(7)。

デューイは『民主主義と教育』(一九一六年)において、民主主義とは単に統治形態の問題だけではなく、自由で平等な人々から構成される生活様式であること、つまり「共同生活の一つの様式、相互に結びついた共同経験の一つの様式」a mode of associated living, of conjoint communicated experience(DE [82=上142])であることを強調している。デューイにとって、アメリカのリベラル・デモクラシーとは、それ以前の伝統的な社会とは異なり、人種や階級によって人びとのコミュニケーションが妨げられない点に大きな特徴があり、それゆえこの社会における自由なコミュニケーションを妨げるものとしての社会的分裂や経済的対立こそが、民主主義を脅かす「敵」に他ならなかった。

従ってデューイは、こうした分裂や対立をどのように克服するかを絶えず念頭に置いて自らの教育論を構想していた。この点で注目すべきは、当時の中等教育で導入されつつあった「職業教育」に対するデューイの対応である。二〇世紀初頭のアメリカでは、全国規模で「職業教育」を公立学校に導入する機運が高まっていたが(8)、デューイはそこで伝統的な教養教育を教える学校と、職業教育に特化した学校とを分離する教育政策(=「二元システム」dual system)に反対していた。デューイに従えば、この相反する二つの教育、西洋の古典などを教授する教養教育と、産業労働者を育成する職業教育とに公立学校を分離することは、それぞれ持つ者と持たざる者との階層を固定化し社会的分裂を生み出しかねず、自由で平等な市民からなるアメリカ社会を揺るがしかねないものであった。デューイは一方において、古典的教養や躾を重視する伝統的な教養教育に対して、それが未だに実学や手仕事を軽蔑する市民革命以前の貴族的価値観に囚われており、現代社会の実態にそぐわない教育であると批判する。また他方では、当時注目されつつある産業教育に対しては、それが幼少期から特定の職業に就くために子どもに技能を修得させるものであるならば、子ども自身の能力・適性・意思を蔑ろにするものであり、資本家にとって都合の良い単純労働者を再生産する教育でしかないと反発している（ST［312-313=240］）。

こうした教養教育／職業教育の分裂を克服するため、デューイは『明日の学校』（一九一五年）において、インディアナ州ゲーリーやインディアナポリス、イリノイ州シカゴ、オハイオ州シンシナティでの公立学校の取り組みを紹介する中で、新たな「職業教育」の在り方を論じている。ここでは、子どもたちが一般的な座学の学びに加えて、大工・工作・裁縫・調理といった手仕事を行うことがカリキュラムに組み込まれているが、それは能動的な学びを通じて自立した労働者となる訓練となるだけではなく、学校運営に主体的に関与する取り組みでもあった。つまり、男子は大工や工作によって学校校舎の修繕を行い、女子は食堂で料理を提供するが、それだけでなく暖房や照明といった設備の管理、物品の管理と分配、商品記帳、簿記会計なども子どもたちに委ねられ、自主的な運営が行われる（ST［chp. 10］）。デューイはこうしたゲーリー等の公立学校で行われる取り組みを紹介する中で、それが一つの技能のみを修得させる産業教育とは大きく異なる点に注目している。つまりこのような取り組みを通じて、子どもたちは労働者としての自己を社会全体から俯瞰する教養を獲得し、また命じられた作業に従順に従うのではなく主体的に関与することで、能動的な市民としての態度を修得する。デューイはこうしたゲーリーなどで展開される新たな「職業教育」の取り組みに対して、職業人としての技能修得だけでなくそこに内在する民主的可能性を高く評価するのである（ST［303-304=234-235］）。

またここで重要なのは、デューイがこの新たな「職業教育」の取り組みそれ自体を、生きた「公民科」civicsの授業と見なし、「職業教育」と「市民教育」とを一体的なものと捉えていた点である。建物を修繕し施設を管理することは、単に与えられた仕事をこなすのではなく、自分たちの学校は自分たちで管理するという自治の精神の下で、責任ある行動を実践的に学ぶことを意味している。例えばデューイはこの点について、「ゲーリーの学校では公民科は教科書を用いて教えられていない。生徒たちは、自分たちの学校の建物の維持管理に気を付けることによって、あるいは講堂や校庭での振る舞いに関するルールづくりを通じて公民科を学ぶのである」（ST［199=163］）と語っている。さらにデューイは、こうした「職業教育」と「市民教育」との融合が、学校内での取り組みに留まるものではなく、地域社会においても展開されている点に注目している。例えば、

自分で家具を作ったり舗装道路を整備した生徒たちは、それがどのぐらいコストがかかるかを知っているから、その家具や道路を安易に壊そうとはしない。彼らが納税者になったときには、自分たちが享受しているサービスや設備の改修から得ている価値を知らないほど愚かには成らない（ST［199=163］）。

自らの仕事の意義を知り実践的な知識を通じて学校運営に関与する生徒たちは、同様に地域社会に対しても独自の視点から考え行動するようになる。それは仕事を通じた自治の精神、すなわち自分たちの学校は自分たちが運営する感覚がそのまま、自分たちの住む地域は自分たちが運営する意識を育むことになる。ここで「職業教育」は、生計を立て労働者として社会に貢献するだけでなく、それぞれの仕事を通じた地域社会への実践的関心を育み、生きた「市民教育」になるというわけである。

この『明日の学校』で示された「職業教育」としての「市民教育」論は、先述の『民主主義と教育』での「シティズンシップ」論にも反映されている。先に確認したように、デューイにとって民主主義とは単なる統治形態の問題のみならず、それを支える社会・経済的な在り方を意味していた。それゆえ必要となる「市民教育」とは、単に政治的知識の獲得や責任ある有権者としての振る舞いに留まるものではなく、より包括的な活動力を育成することに他ならなかった。デューイはこの包括的な活動力を「仕事」occupation という言葉で表現してい

る。つまり「仕事（オキュペーション）」には、「機械的労働をすることとか、収入のある職に就くことは言うまでもなく、専門的な仕事や実業的な仕事ばかりではなく、あらゆる種類の芸術的才能、専門的・科学的能力、有能な市民（effective citizenship）としての権能の発揮も含まれている」のである（DE［295=下17］）。「市民」として政治に携わることは、「労働」に従事することや「専門的な仕事」に就くこと、さらには「芸術」や「科学」の知識を持つことと同じように、「仕事（オキュペーション）」の一部であり、これらは相互に連関して民主的な社会を構成するものとされている。『明日の学校』で論じられた「職業教育」としての「市民教育」も、この「仕事」概念をより具体的・実践的文脈から捉え返し、理論と実践とを統合するものとして位置づけることができるだろう(9)。この「職業教育」としての「市民教育」、また「市民」としての政治的関与と「労働者」としての社会的関与を包括する「仕事」概念は、一九二〇年代の「論争」以前からデューイが主張してきたものであり、一九三〇年代以降においても折に触れて言及されている。例えば、論稿「教育と現在の社会問題」（一九三三年）では、若者の「シティズンシップ」教育を議論する上で経済的重要性が認識されないことが問題として論じられているし（Dewey［1933→1940=1974］）、また「教師と公衆」（一九三五年）では、教師もまた一人の労働者・知的生産者であることが強調され、地域社会の人びとと共に社会的変革へ向けて行動するよう要請されている（Dewey［1935→1940=1974］）。民主主義の社会を再生産するためには、良き「市民」であると同時に良き「労働者」であらねばならないこと、そのためには「市民教育」と「職業教育」両者を包括する一体的な教育的取組みが必要であること、こうした点をデューイは自らの政治教育論の中で主張するのである。

さて以上のように、リップマンとデューイ、両者が当時のアメリカ社会のために必要とした政治教育を比較すると、その根源的対立が明らかになる。リップマンもデューイも、アメリカのリベラル・デモクラシーを再生／

変革するための政治教育が、日常生活に根ざす必要があると考える点で一致していた。しかしながら、その日常生活での実践という文脈で、コモン・ローの精神や西洋文明の再興を持ち出すリップマンの主張は、デューイにとってはアナクロニズムでしかなく、学校教育への具体的寄与のない空虚な議論でしかないだろう。また「教養教育／職業教育」の対立を克服しようとしてきたデューイの側から見れば、リップマンの唱える西洋人文主義教育やリベラルアーツによる人間性の陶冶は、二〇世紀の産業社会から遊離した旧き「教養教育」への回帰でしかなく、到底受容できるものではなかったのである。[10]

他方でリップマンの側からすれば、子どもの内発的学びを重視する（所謂「子ども中心主義」と誤解される）デューイの教育論は、ルソーやペスタロッチら同様に「ジャコバン主義」による「民主的教育」を先導するものであり、それゆえ「文明的作法」を破壊するものと見えたかもしれない。また学校での「職業教育」の重要性を訴えるデューイの議論は、リップマンにおいては、就職や出世のためのキャリア教育の一形態でしかなく、西洋文明で育まれてきた理性や道徳的伝統を蔑ろにするものと映ったかもしれない。このように一九三〇年代以降に展開される両者の政治教育論を比較すると、リップマンもデューイもアメリカにおけるリベラル・デモクラシーのための政治教育を必要としながらも、それを論じる文法が根本的に異質であり、相互に排他的であるがゆえに、両者の間には深い断絶が存在することが明らかになるのである。

むすび

以上本章は、ウォルター・リップマンとジョン・デューイ両者の思想を政治教育論の視点から比較検証することで、これまでと異なる見取図を提示してきた。本章で明らかにしてきたように、「リップマン‐デューイ論争」

と呼ばれる両者の議論は、エリート論者か民主主義者かという表層的対立よりも、その根底にある問題とアプローチの共有にこそ注目する必要がある。すなわち両者ともに、「世論」民主主義の限界を問題として認識しつつ、その問題への解決アプローチとして「公衆」の政治教育に関心を抱いていた。それゆえ両者の思想的対立は、一九二〇年代の「論争」期よりも、一九三〇年代以降にリップマンの政治教育論の変質によって顕著となるのであり、コモン・ローや西洋文明の復権を唱えるリップマンの「保守主義」的な政治教育論と、「市民教育」と「職業教育」との融合を図るデューイの政治教育論とは交わらないばかりか、真っ向から対立することになる。

リップマンもデューイも、当時のアメリカのリベラル・デモクラシーの危機に対して、政治教育に何らかの解決策を見出そうとしたが、それは同時代アメリカだけではなく、現代の我々の政治教育やシティズンシップ教育に対しても重要な示唆を与えてくれる。両者にとって政治教育とは、表層的な政治的知識の教授や投票行動の呼びかけなどではなく、日常生活での実践と深く結びついた知識・技能・作法の修得を意味していた。例えばリップマンは、「メディア・リテラシー」という言葉こそ用いなかったが、新聞等のメディアも「ステレオタイプ」なしには成立し得ないこと、それゆえメディアを批判的に読み解く技能が必要であること、そしてその技能を修得する取り組みを学校教育で行うべきことをいち早く主張した。こうした取り組みは、新聞やテレビだけでなくネットという新たなメディアが既にわれわれの生活に浸透し、フェイクニュースが跋扈する現代において一層必要となることは言うまでもない。

またデューイが「市民教育」と「職業教育」とを一体的に捉え、市民性の陶冶を行う「市民教育」と、生活の糧を得るための「職業教育」とが対立するものではなく、相互に補完するものであるとしたことも、今日改めて再考する必要があるだろう。「シティズンシップ教育」「有権者教育」「主権者教育」等言葉は色々あれど、それらは本当に生徒自身の興味関心や内発的動機付けが伴っているのだろうか。それは教師が子どもに対して理想的な「市民」像を押しつけ、選挙の啓蒙を行うだけのうわべだけの取り組みになっていないだろうか。当時のデューイが「職業教育」を論じる中で批判したのは、そうした空疎でうわべだけの政治教育の取り組みに他ならなかった。そうであるがゆえに、デューイは経済的な自立や職業を通じた興味関心から政治へと至る道筋を開くことで、実践的な政治教育の可能性を示そうとしたのである。

リップマンとデューイの政治教育論はほぼ一世紀前のものだが、その意義は未だに色褪せていない。絶えず変化し続ける社会を知り、実践的な政治教育とは何かを考察し続けるためにも、両者の思想は絶えず参照される必要があると思うのである。

＊本研究は、平成二六年度〜三〇年度科学研究費・基盤研究B「〈政治リテラシー〉の理論的研究と政治学教育への実践的展開」（ＪＳＰＳ科研費 JP26285028）、並びに平成三〇年度科学研究費・基盤研究C「ジョン・デューイの「教育の公共性」に関する教育政治学的研究」（ＪＳＰＳ科研費 JP18K02270）の助成を受けた研究成果の一部である。

＊本稿は、日本政治学会二〇一八年度大会（二〇一八年一〇月一三―一四日　関西大学）での報告原稿「「公衆」の政治教育の可能性について――「リップマン‐デューイ論争」再考」を加筆・修正したものである。執筆に際してはセッションで頂いたコメントを参考にさせていただいた。大会を主催した方々、並びにコメントを頂いた方々に感謝の意を表したい。

【注】

（1）「リップマン‐デューイ論争」Lippmann-Dewey debate と言っても、両者が公開討論や誌上で論争を繰り広げたわけではなく、リップマンの『世論』『幻の公衆』に対して、デューイ側が書評や『公衆とその諸問題』を通じて批判的応答を行った経緯を「論争」と表記したに過ぎないことは、既に多くの論者が指摘している通りである。しかしながら、この「論争」という対立構図によって、リップマンを「反‐民主主義者」として捉える見方自体、一九八〇年代から一九九〇年代にかけてのアメリカ・メディア研究で作られたものに過ぎないという指摘がある（Schudson［2008］）。またこうした「論争」の対立構図によって、リップマンの業績がメディア研究において過小評価されてきたという指摘もある（Jansen［2012: x-xi］）。

（2）以前に筆者はリップマンの政治教育論を検証する中で、デューイとの関係について論じたが（石田［2015］）、本章はそれを踏まえつつ両者の共通性と異質性をより詳細に考察するものである。

（3）デューイは「科学」と「民主主義」とが相互に連動しつつ発展していくことに期待していたが、それが時に両立しないジレンマに陥ることも理解していた。「……デューイは、改革のために社会科学を活用する重要性を認め、社会的行動への個人的呼びかけを行いたいと思っていた。しかし彼はまた、アカデミズムの専門化が知識の一般的普及を妨げ、一般市民の科学的知識へのアクセスを阻害することで、参加民主主義を脅かしかねないと疑っていた」（Westhoff［1995: 28］）。

（4）本章では、リップマンとデューイ両者の思想的共通性について、主として「専門的知性」の「公衆」への普及、並びに実践的な「市民教育」という点を中心に論じているが、これら以外でも、例えば知能テスト（ＩＱテスト）の学校教育導入をめぐる論争では、両者はともに反対する陣営に位置していた。両者の議論については、差し当たりLippmann［1923］, Dewey［1922c］を参照。論争の概要と両者のスタンスについては、石田［2015］を参照。

（5）例えばリップマンは、『世論』第二七章「公衆へ訴える」において、先述のように「専門的知性」と「民主主義」との接続、「市民教育」の重要性を論じながらも、その直後の第二八章「理性に訴える」では、こうした公衆への政治教育や市民教育について懐疑的な議論を展開している。ここでは前章で述べられた政治教育等を通じた「世論」の改善が、平常時で時間のかかる取り組みであるとした上で、緊急時には「理性に訴える」とは別の手段、例えば演説や刺激的なスローガンによる動員などが必要になると語っている［PO: chp. 28］。

（6）本論でも述べているように、『良き社会』の主題の一つは当時のニューディール政策への批判であったが、リップマンは同書の執筆に際してフリードリヒ・ハイエクから大きな影響を受けている。一九三七年にリップマンはハイエクからの献本寄贈に対して礼状を出しているが、その中で執筆途中の『良き社会』の多くをハイエクに負うていると述べ、さらにその後に同書の校正刷りを送付して意見を求めている。また両者の交流を契機として、翌年一九三八年にはヨーロッパでの新自由主義者の会合として「ウォルター・リップマン・シンポジウム」が開催されている（以上、西川［2006: 59-61］）。一方で、当時のデューイは民主党・共和党とは異なるより急進的な政党の必要性を訴えていた。それゆえデューイにとってニューディールとは「もっと公正で民主的社会の秩序を打ち立てるための国民の努力に到るまでの中継役にすぎない」ものであり、「英国やヨーロッパ大陸におけるもっと急進的な政党により唱道されたような経済事情を確立するためには、社会的に統制され、計画され、なお一層の対策がとられる必要が」あると考えていた（Dykhuizen［1973=1977: 365-366］）。なおニューディールに対するリップマンの対応の変化や、リップマンとデューイ両者の立場の違いについては、井上［2012a］を参照。

（7）以下ではデューイの政治教育論について「市民教育」としての「職業教育」を中心に論じているが、この点については既に別稿（石田［2017］）で論じており、詳細はそちらに委ねたい。

（8）一九一八年には連邦政府による職業教育振興の法律（スミス・ヒューズ法）が制定され、また一九一八年に刊行された報告書『中等教育の基本原理』でも「職業教育」を重要な目標の一つに掲げるなど、アメリカの中等教育全体で「職業教育」を取り込む教育改革が行われつつあった。こうした当時の職業教育政策に対するデューイの見解については、Dewey［1914］［1915］を参照。またアメリカ公教育における職業教育運動の展開については、横尾［2013］を参照。

（9）『学校と社会』と『明日の学校』との間で「仕事」概念が修正されているが、それをデューイは明らかにしていない。前者で「仕事」は、主として大工・工作・裁縫などの「手仕事」を通じた能動的・実践的な学びの意義を強調する文脈で論じられているが、その際こうした取り組みが「職業教育」とは異なる点が強調されていた。このような「仕事」概念の曖昧さについては、Ryan［1995: 175-6］、石田［2017: 8-10］を参照。

（10）この点に関しては、シカゴ大学総長ロバート・M・ハッチンスの大学教育論に対するデューイの批判的見解が参考になる。ハッチンスは『アメリカにおける高等教育』*The Higher Learning in America*（1936）において、アメリカ大学教育の窮状を訴え、その窮状をもたらした要因として、大学を取り巻く金銭愛（love of money）への同調、高等教育へ過剰なアクセスを求める民衆の要求、そして進歩（progress）に取り付かれて過去を顧みない知的態度などを指摘した。そしてこの窮状に対する処方箋として、大学が一般民衆に容易く迎合せずに社会から離れた場で教育に専念すること、またプラトン、アリストテレス、トマス・アキナスなどの古典から真理を学ぶことを提示した。

こうしたハッチンスの大学教育批判は、本章で注目したリップマンの議論と重なる部分も多いが、これに対してデューイは、*Social Frontier* 誌上で批判的に言及している。第一にデューイは、確固たる永遠の真理が存在するという信念が権威主義をもたらす可能性を指摘し、「真理」のリストがヘーゲルやマルクス、さらにはムッソリーニやナチズムに書き換わることによって生じる政治的弊害を問題視した。第二に、大学を社会から隔離するという考え自体が、知性と実践、あるいは知性と経験との断絶を意味し、高等教育が直面する教育再建などの問題からの逃避でしかないと批判した（Dewey［1937→1987: 399-400］）。

【参照文献】

各引用は基本的に邦訳に依拠しているが、用語の統一や原文を重視して訳を変更している箇所もある。

〔Walter Lippmann, John Dewey 関連文献〕

Lippmann, Walter and Charles Merz 1920→2010 *Liberty and the News*, Dover Publications, Inc.

Lippmann, Walter 1922→2004 *Public Opinion*, Dover Publications, Inc.=1987 掛川トミ子（訳）『世論』（上／下）岩波文庫（引用ではPOと略記）。

―――― 1923 "Defense of Education," in *The Century Magazine*, May, pp. 95-103.

―――― 1925→1993 *The Phantom Public*, Transaction Publishers=2007 河崎由紀（訳）『幻の公衆』柏書房。

―――― 1937→2005 *The Good Society, with an introduction by Gary Dean Best*, Transaction Publishers=1965 矢部貞治（訳）『リップマンの真髄（1）』時事通信社（The Good Society の抄訳。引用ではGSと略記）。

―――― 1941 "Education vs. Western Civilization," in *The American Scholar*, Vol. 10, No. 2, pp. 184-193.

―――― 1955 *The Public Philosophy: On the Decline and Revival of the Western Society*, An Atlantic Monthly Press Book=1957 矢部貞治（訳）『公共の哲学』時事通信社。

Dewey, John 1899, 1902→1990 *The School and Society and The Child and the Curriculum, Introduction by Philip W. Jackson*, A Centennial Publication of the University of Chicago Press=1998 市村尚久（訳）『学校と社会　子どもとカリキュラム』講談社学術文庫。

―――― 1913→1983 Should Michigan Have Vocational Education Under "Unit" or "Dual" Control? in Jo Ann Boydston（ed.）

John Dewey The Middle Works 1899-1924, Southern Illinois University Press, vol. 7, pp. 85-92（以下、*Middle Works*, *Later Works* と表記）.

――― 1914 “A Policy of Industrial Education,” in *The New Republic*, December 19, pp. 11-12.

――― 1915 “Industrial Education — A Wrong kind,” in *The New Republic*, February 20, pp. 71-73.

――― with Evelyn Dewey 1915b *Schools of To-Morrow*, E. P. Dutton & Company=2000 河村望（訳）『明日の学校・子どもとカリキュラム：デューイ＝ミード著作集（8）』人間の科学社、七—二四二頁（引用ではSTと略記）。

――― 1916→2004 *Democracy and Education: An Introduction to the Philosophy of Education*, Dover Publications, Inc. = 1975 松野安男（訳）『民主主義と教育』（上／下）、岩波文庫（引用ではDEと略記）。

――― 1922a “Public Opinion,” in *The New Republic*, May 3, pp. 286-288.

――― 1922b “Education as Politics,” in *The New Republic*, October 4, pp. 139-141

――― 1922c “Mediocrity and Individuality,” in *The New Republic*, December 6, pp. 35-37.

――― 1925→1983 “Practical Democracy. Review of Walter Lippmann's The Phantom Public,” in *Middle Works*, pp. 213-225.

――― 1927→1954 *The Public and Its Pro*blems, Swallow Press=2014 阿倍齊（訳）『公衆とその諸問題』ちくま学芸文庫（引用ではPIPと略記、なお植木豊（訳）『公衆とその諸問題』ハーベスト社、二〇一〇年も参照）。

――― Joseph Ratner（ed.）1933→1940 “Education and our present social problems,” in *Education Today*, G. P. Putnam's Sons, pp. 250-259=1974 杉浦宏・石田理（訳）『今日の教育』明治図書出版、二二一—二三〇頁。

――― Joseph Ratner（ed.）1935→1940 “The teacher and the public,” in *Education Today*, pp. 300-302=1974『今日の教育』、二三一—二三四頁。

――― 1936→1987 “President Hutchins' Proposals to Remake Higher Education,” in *Later Works*, vol. 11, pp. 397-401.

――― 1937→1987 “Liberalism in a Vacuum: A Critique of Walter Lippmann's Social Philosophy,” in *Later Works*, vol. 11, 489-495.

〔その他の文献〕

Crick, Bernard 2000 *Essays on Citizenship*, Continuum=2011 関口正司（他訳）『シティズンシップ教育論――政治哲学と市民』法

政大学出版局。
Dykhuizen, George 1973 *The Life and Mind of John Dewey*, Southern Illinois University Press=1977 三浦典郎・石田理（訳）『ジョン・デューイの生涯と思想』志水弘文堂。
Forcey, Charles 1961 *The Crossroads of Liberalism: Croly, Weyl, Lippmann and the Progressive Era, 1900-1925*, Oxford University Press.
Jansen, Sue Curry 2012 *Walter Lippmann, A Critical Introduction to Media and Communication Theory*, Peter Lang Publishing.
井上弘貴 2012a 「ニューディールの挑戦、ニューディールへの挑戦」『政治思想研究』第一二号、五二―八六頁。
―― 2012b 「アメリカン・リベラリズムの転機とジョン・デューイ――独立政治行動連盟へのコミットメントの政治思想的前提」『日本デューイ学会紀要』（53）、一八七―一九七頁。
石田雅樹 2015 「ウォルター・リップマンにおける二つの政治教育論――政治知識の向上か、精神の陶冶か」『宮城教育大学紀要』（50）、五七―六七頁。
―― 2017 「「シティズンシップ教育」としての「職業教育」の可能性――ジョン・デューイ「職業教育」論再考」『公民教育研究』（25）、一―一五頁。
苅谷剛彦 2004→2014 『増補 教育の世紀――大衆教育社会の源流』ちくま学芸文庫。
森田尚人 1986 『デューイ教育思想の形成』新曜社。
西川純子 2006 「ウォルター・リップマンと新自由主義」権上康雄（編著）『新自由主義と戦後資本主義――欧米における歴史的経験』日本経済評論社、五九―九〇頁。
岡田直之 2003 「リップマン対デューイ論争の見取図と意義」廣瀬英彦・岡田直之（編著）『現代メディア社会の諸相』学文社。
岡本仁宏 1995 「自由主義とリップマンの「公共哲学」――自由主義の普遍主義的な補完的公共イデオロギーについて」『法と政治』（関西学院大学法学部）46（4）、七九―一六八（六九九―七八八）頁。
Ryan, Alan 1995 *John Dewey and the High Tide of American Liberalism*, W・W・Norton & Company.
佐藤学 2000 「公共圏の政治学――両大戦間のデューイ」『思想』第九〇七号、一八―四〇頁。
Schudson, Michael 2008 "The "Lippmann-Dewey Debate" and the Invention of Walter Lippmann as an Anti-Democrat 1986-1996," in *International Journal of Communication*, pp. 1031-1042.

Steel, Ronald 1980 *Walter Lippmann and the American Century*, An Atlantic Monthly Press Book=1982 浅野輔（訳）『現代史の目撃者——リップマンとアメリカの世紀』（上／下）、ティビーエス・ブリタニカ。
上野正道 2010 『学校の公共性と民主主義——デューイの美的経験論へ』東京大学出版会。
——— 2013 『民主主義への教育——学びのシニシズムを超えて』東京大学出版会。
Westbrook, Robert B. 1991 *John Dewey and American Democracy*, Cornell University Press.
Westhoff, Laura M. 1995 "The popularization of Knowledge: John Dewey on Experts and American Democracy," *History of Education Quarterly*, vol. 35, no. 1（Spring）, pp. 27-47.
横尾恒隆 2013 『アメリカにおける公教育としての職業教育の成立』学文社。

第五章　ブルクハルトにおける教養と市民教育
――ルーベンス論を中心に

竹島博之

はじめに

拙稿「ドイツにおける教養の展開と政治的陶冶」では、ドイツの教養思想史をたどる中で政治的教養の涵養に関する示唆を得ようと試みた（竹島 2013）。本章も、こうした問題意識の延長線上で、主にヤーコプ・ブルクハルト（Jacob Burckhardt, 1818-1897）の思想を取り上げたい。ブルクハルトは、歴史教育の立場からではあるが、教養市民層の育成について論じ、それを生涯にわたって実践した人だからである[1]。

政治的教養の習得の際に重要なものの一つは、安易に特定の政治的立場に飛びついたり、逆に全面拒否したりしない「バランス感覚」を身につけることであると、拙稿の結論では論じた。ブルクハルトは、この点について示唆に富む議論を展開しており、以下では、「バランス感覚」が教養といかに結びつくのかに着目しながら、ブルクハルトの歴史教育論を検討しよう。

本論に入る前に、ブルクハルトの市民教育をめぐる一つの疑問について触れておきたい。ブルクハルトは、民主主義を嫌悪し、政治に距離を置いた思想家として知られる。若いころ、一時的に現実政治に近づいた時期もあったが、早々に直接政治に関わることからは撤退し、固い意志をもって「良き私的人間」という生き方を貫いた（野田 2000a: 90-91）。「うまく隠れて生きた者こそ、よく生きた者だ（Bene vixit, qui bene latuit）」という彼の信条からも、(2) 政治への関わりに背を向けていた様子が窺えよう。

しかし、そのブルクハルトが、なぜ生涯をかけて市民教育を熱心に行ったのかは、一つの大きな謎である。デモクラシーへの信頼を前提に、民主主義をより良きものへと向上させるために、市民的資質を育む市民教育を重視し、実践したというのならば、話は分かりやすい。だが、ブルクハルトは逆に、民主主義を嫌悪し批判しながら市民教育を実践し続けたのであり、その意図は一見しただけでは理解しがたい。政治や大衆に背を向けた「私的人間」という生き方と、生涯を通じて行われた「ライフワークとしての市民教育」は、彼の中でいかに整合するのか。

以下では、ブルクハルトの市民教育論について論じながら、この疑問についても考えたい。

一　政治への関与と挫折

1　新聞記者時代

ブルクハルトは、一八四三年一〇月はじめにドイツのベルリン大学での留学を終え、生まれ故郷であるスイスのバーゼルに帰郷した。「教授資格もえていたので、バーゼル大学私講師に採用され、歴史と美術史の教鞭をとること」になったのである（西村 2015: 51）。これに加えてブルクハルトは、一八四四年六月に保守派の牙城『バーゼル新聞（*Basler Zeitung*）』の記者にもなり、その政治欄の執筆を一年半の間、続けることになる[3]。つまり、この時期は、バーゼル大学の教壇に立ちながら『バーゼル新聞』の記者も務める二重生活を送っていたのである。この新聞記者時代は、彼の生涯で政治の現実に直接関与した唯一の時期である。

当時、スイスの国民統合をめぐって急進派と保守派の政治的対立が激化していた。「急進派はスイスの社会的近代化を要求し、中央集権的な国家の樹立と連邦内の均質化を求めた」のに対して、「保守派は伝統的制度や慣習の継承と、伝来のカントン自治の堅持を支持」した（森田 2014: 67）。ブルクハルトは、中道的な自由主義の立場で論陣を張り、カトリックの「保守派」にも、民主化を求める「急進派」にも与しなかった。そして、両者の対立の解決に役立つのは、直接間接の攻撃ではなくて、「まことの教養、真の寛容、首尾一貫、公正」であると主張した（仲手川 1977: 60-1）。カトリックの反動的な教皇全権論者と、それを暴力によって直接攻撃する急進主義者の双方に対抗して、いずれにも偏らない「穏健な中道」を歩もうとする彼の姿勢には（西村 2015: 53）、バランスを重視する後の思想の片鱗がすでにうかがえよう。

ところが、ブルクハルトのこうした中道路線は、当時、「左右両派からの厳しい批判に晒される」ことになる。とりわけ急進派からは「反動」として「敵の烙印」を押され、彼は「急進派との対決を強めてゆく」ことになる（仲手川 1977: 61）。急進派は、伝統的な「カントンの自由」に対して、「中央集権化された国民国家への統合」と「法的平等としての近代的な自由」を要求した。それは、各カントンの「多様性よりもむしろ均一性」をもたらし、「各カントンの固有性を抑制し、国民生活を均質化する」ものであった（森田 2014: 71）。

これに対して、ブルクハルトは、中央政府の意向を一方的に押し付ける体制ではなく、「各カントンに固有の習慣と伝統」を尊重する「カントンの自由」を擁護した。こうした彼の主張は、「バーゼルの法的精神的伝統にもとづいた」「理性と中道」の立場であり、当時のスイスの国制の中に確かな根拠を持つものであった（仲手川

1977: 61-2)。

2　政治との距離

だが、時代の趨勢は、むしろ急進派の主張に沿う形で進んで行く。国民の支持は急進派に多く集まり、ブルクハルトは「時代との矛盾」に悩むことになる。時代の流れに抗うブルクハルトの主張が人々に受け入れられることはなく、彼の記者時代は、こうして失敗に終わった。それ以降、彼は「自己の論説や記事を通して現実に影響を与えようとする意図を捨て」去り、現実の政治との間に距離をおくようになる（仲手川 1977: 63, 65）。

そもそもブルクハルトは、生活やイタリア旅行のお金を得るために、やむをえずこの新聞編集の仕事にたずさわったのであり、自分から進んで引き受けたわけではなかった。記者の仕事は、ブルクハルトに「正教授相当の報酬」をもたらしたわけだが、彼は当時、自分のことを「新聞に売り渡した」とイローニッシュに描いている。実際、彼は一年半の記者生活に疲れ果て、みずから記者を辞することになる。そして、すべての地位を投げうって、数年にわたりイタリアへの放浪の旅に出たのである（仲手川 1977: 64-66）。

ブルクハルトが民主主義を嫌悪するようになり、政治から遠ざかった要因は、新聞記者の立場で「カントンの自由」を脅かす民主主義と闘い、そして挫折したという若き日の苦い政治経験であった。彼がこの挫折でいかに精神的に打ちのめされたかは、ベルリン大学時代の友人キンケルに宛てた手紙の中によく表れている。「悪い市民と責めないでくれたまえ。だが、政治活動にはおさらばだ、永久に」（キンケルあて、一八四六年一月一一日付）[4]。

とはいえ、時代に対するブルクハルトの「原体験と基礎的判断」を「生き生きと形成」したのは、現実政治に直接関わった記者時代の経験に他ならない。この経験があったからこそ、彼は「強い現実感覚と現実への関心とを身につけること」ができた（仲手川 1977: 63）。また彼は、政治から意図的に距離を取ったことで、逆に「利害にとらわれない現実への鋭い観察眼」を発揮していく。挫折がもたらした同時代に対する嫌悪や軽蔑、著しく逃避的なその生き方は、逆説的にも、未来に的確な見通しを持つ歴史家の誕生に寄与することになったのである（野田 2000a: 90, 96）。

二　歴史教育を通じた教養の育成

1　バーゼル大学

バーゼル大学は、一四六〇年に創設された「スイス連邦最古の大学」である。ブルクハルトは、一八五八年にバーゼル大学哲学部の歴史学正教授に就任した。彼はその後、テュービンゲン大学・ハイデルベルク大学・ベルリン大学といったドイツ国内の有力大学から招聘を受けるが、いずれも固辞して、故郷のバーゼル大学の教壇に立ち続けた（森田 1996: 63）。バーゼル大学での教育こそ、彼が文筆上の成功を断念してでも後半生を捧げた活動なのであり[5]、彼はバーゼルでの「教養層の生涯教育をライフワークとした」[6]。「彼の学的営為は、バーゼル大学とバーゼルの文化的空間とかたく結びついていたのである」（森田 2014: 21, 16）。

ブルクハルトの勤務したバーゼル大学哲学部は、専門教育のみを行うのではなく、ギムナジウムと大学との間にある「大学予科（Pädagogium）」の教育や、バーゼル市民への公開講座を行うよう教員に義務づけていた（森田 1996: 63）。他のドイツの大学が専門教育に特化していくこの時代に[7]、バーゼル大学は、大学予科や市民講演を存続するのみならず、拡充さえしていた稀有な大学であった（森田 2014: 17）。バーゼル大学が、時代の流れに逆行してでも教養教育の職務を重視した背景には、当時のスイスやバーゼルをめぐる政治状況がある。

一八三〇年代のスイスでは、各地で民主化運動が発生し、バーゼルも保守的な都市部と急進化する農村部とが対立し、内戦状態に至っていた。この対立は、最終的に一八三三年のスイス連邦による調停によって、バーゼルというカントン（州）を都市部と農村部に分割するという形で決着がはかられた。だが、大学の経営基盤であるカントンそのものが分裂・縮小したことで、カントン立バーゼル大学は、歳入が大幅に減少し、深刻な財政難に陥ってしまったのである。

大学が存亡の危機に瀕していた一八三五年に、「自由意志大学協会」という市民団体が設立され、なんとバーゼル市民は、自分たちで資金を供出し合い、その基金をもとにバーゼル大学への財政支援を始めたのである。すなわちバーゼル市民は、わが町の大学を守るために立ち上がり、「大学を国庫負担だけに頼らずに自発的な支援運動で救った」のである（森田 2004: 326-327）。こうした高度な市民性に助けられて、バーゼル大学は、何とか存続が可能となったのである。

これを受けてバーゼル大学は、大学の再建に尽力してくれたバーゼル市民への奉仕をみずからの教育目標とするようになる。一八三五年の大学改革で、バーゼル大学は「専門研究と職業教育すなわち専門教育機能をさしあたっては断念し」、「基礎教育的な役割に専念することを今後の方針」とした。具体的には、「学術研究上の基礎教育」、「将来の市民生活に必須の教養を授ける」教養教育、そしてバーゼルの一般市民を対象とした「市民大学講座や公開講演」である。この際の市民教育は、「新人文主義的に理解された人格陶冶を主眼とする教養教育を意味して」おり、みずからの手でわが町の大学の危機を救済するような高度な市民性を有した教養市民層の育成を目指すものであった（森田 1996: 63-64）。

一言でいえば、バーゼル大学は「市民教育に注力する教養教育型の小規模大学」だったのである（森田 2014: 16）。だが、「専門研究」ではなく「基礎や教養」に力を入れた市民教育的性格の強い大学であったにもかかわらず、当時のバーゼル大学は、学問的に「沈滞期」どころか、「むしろ最盛期を迎えていた」。具体的には、歴史学者ブルクハルトの他に、『母権論』を著したバハオーフェンや哲学者ニーチェ、神学者オーファーベックらが教壇に立ち、ここからノーベル文学賞受賞者シュピッテラーや美術史家ヴェルフリンらが輩出した」（森田 1996: 64）。ニーチェはバーゼルのことを「並外れた大がかりな意味で、また相当の大国にとってもまさに恥辱となるほどの規模において、その市民の教養と教育とを促進しようと試みている都市」と呼んだ（ニーチェ 1994: 32）。規模においても特色においても、ベルリン大学とはおよそ対極にありながら、バーゼル大学は、「ベルリンと比肩しうるドイツ文化のもう一つの頂点をなす知的環境」を形成していたのである（森田 1996: 64）。

バーゼル大学教授としてのブルクハルトの教育も、当然のことながら、大学が企図する「人文主義的市民教育の特質を反映し」、「基礎教育を通じての有用なる市民の育成」を目指すことになる（森田 1996: 64）。彼の歴史教育は、専門的知識の伝授や歴史研究者を養成するための「専門教育」ではなく、いずれ市民層となる学生や都市バーゼルの市民層を対象とした「教養教育」を意図していた。したがって、彼の構築した文化史学や歴史教育は、「教養」の観点から読み解かれなければならないのである。

2　文化史学

通常、「文化史」と言えば、政治史や国家の歴史、経済史とは区別された、それ以外の文化活動に関する歴史（学問や芸術、宗教や思想、風俗や習慣など）を思い浮かべるであろう。しかしながら、ブルクハルトの「文化史学」は、こうした一般的な文化史とは意味が異なる。文化史学の対義語は、「政治史」や「経済史」ではなく、通常の意味での「歴史学」である。すなわち、現実に生起した様々な現象をその個別性において認識する「出来事の歴史」（歴史学）に対峙するのが、彼の「文化史学」なのである。

「出来事の歴史」は、いつどこで誰が何をしたのかという個別の事象を認識し、それらの事象相互の因果関係を解明していく。これに対してブルクハルトの「文化史学」は、「この因果関係の根底にある類型的普遍的なものを洞察」しようと試みる学問である（森田 2014: 158）。「歴史は繰り返す」とよく言われるが、むろん一つ一つの個別事象は、時とともに過ぎ去る一回限りの現象であり、まったく同じ事象がそのまま繰り返されることはない。だが歴史には、日々変化し続ける「可変的側面」と、変わらざる人間性に根差した「恒常的側面」の両方が含まれている。したがって、現実の世界は刻一刻と変化する一方で、時代が変わっても類似の事象が起こりうるのである（野田 2000a: 109）。

このような歴史の中で繰り返し現れる「類型的なもの」を捉えようとする学知が、彼の文化史学である。それは、具体的な出来事を引き起こした人間の考え方や認識に着目し、個々の出来事は、人間による類型的な精神活動の個別の表出にすぎないと捉える。過去の不完全な地上の事物を忠実かつ正確に、また厳密かつ科学的に捉えても、それ自体は無意味な歴史研究にとどまる。これに対して「類型的なもの」は、時代が違っても繰り返し現れる人間の特徴や本質を表しており、それゆえ「類型的なもの」の理解こそが、真実や普遍の把握につながるであろう（森田 2014: 155）。

このようにブルクハルトは、「繰り返される永続的なもの」と「つねに変わらない永遠のもの」に注目する（レーヴィット 1977: 215）。現実の出来事を単なる一回限りの去りゆく事象と見なすのではなく、「類型的なもの」が幾度となく現れるものとして捉え、そうした意味での歴史に着目することで、知るに値することは何かが分かるのみならず、現在に働きかけ、将来にも役立つ普遍的な知を見出すことが可能になるのである（森田 2014: 156-157）。

一九世紀の歴史学は、学問的に専門分化し、組織化されていった。すなわち、歴史学は「科学」としての道を歩み出したのである。歴史研究の専門化や科学化の進展は、精緻な知識の大量生産を可能にしたが、他方で、歴史が一般の生活世界から乖離する事態を招いた。近代科学が用いる厳密な方法は、研究対象を認識主体から切り離すことで、客観的な歴史的知の生産を可能にしたが、その副産物として、歴史は人々の内的な生に役立つ実用性を失ってしまった（森田 2014: 159）。すなわち近代歴史学は、専門化や科学化の過程で「教養」としての機能を捨て去ったのである。

これに対してブルクハルトは、一九世紀以前に歴史が果たしていた教養的機能の回復を試みる。それまでの歴史学は、「過去を自己と関係づけながら、現在の自己を形成していく過程、つまり、教養としての機能」を果たしていた（森田 1988: 123）。「類型的なもの」を捉えようとするブルクハルトの文化史学は、「事象を個別性において認識する視点を離れて、より普遍的なものを認識する視点へと上昇していくことになる。それに伴い、認識者の判断基準や自己認識さえもが変容し」、高まっていく。文化史学によって学習者は、より「公正な」世界観を習得することが可能となり、「精神的に豊かにな」り、「内的に成熟する」。彼は文化史学を構想することで、「歴史を再び生の内側に作用するものとしようとした」のである（森田 2014: 162-166）。

学問や専門家のためではなく、個人の成長のために学問や歴史学の営みがある。「第三者に客観的な知見を提供するためにではなく、まず自身の内的成長のために歴史を認識する」。このように考えるブルクハルトは、「『生涯にわたる教養と享受』のために行い続ける自己教育＝歴史認識の方法として」文化史学を勧めていた。このように文化史学は「学問のあり方そのものが、個々人の内的成長を中心原理として」おり、その核心には教養的機能が据えられていたのである（森田 2014: 170-172）。

三　教養的知としてのバランス感覚

1　バランス感覚

ブルクハルトが、文化史学を通じた市民的教養の育成を企図する際、とりわけ着目していたのが「バランス感覚」である。「各時代の状況を比較し、現在を外側から意識的に眺める」バランス感覚は、まさに歴史を適切に学ぶことによって身につけられる内面的資質であろう（森田 2014: 247）。

ブルクハルトが「バランス感覚」を重視していた痕跡は、様々な形で指摘されている。芸術史家としての彼は、「古典的完成と調和を尊」び、ミケランジェロのようなバランスを欠いた過剰な主観性を批判し、一五〇〇年代の古典主義こそが最高の芸術であると考えた（西村 2015: 94）。また政治の面では、天才的な軍事的能力と未熟な人間性が不釣り合いに同居するナポレオンよりも、「旧制度時代の教養を身につけ、均衡感覚に優れた政治家」であるタレーランとメッテルニヒを評価している（森田 2014: 83。傍点筆者）。

ブルクハルトは、何か特定の主義・思想に拘泥し、思考が大きく偏ってしまうことに批判的である。「たとえ、他者の想像力を受け容れるにしても、それに支配されるのではなく、あくまで別の対象としてこれに接することができる」という資質が、教養人には不可欠である（森田 1996: 69）。これに対して、「現実のなかの特定の勢力とみずからを一体化し、その利益の実現に全エネルギーを注ぐとき、その人からは、現実の動きをつき離して冷静に観察する眼は失われ」、「未来に対する眼も曇らされ」てしまうだろう（野田 2000a: 95）。実際、新聞記者時代に彼が目指したのは、最終的には頓挫したものの、絶対主義と急進主義という両極端な立場に抗して、「穏健な中道を歩む」というバランスの取れた政治路線であった（西村 2015: 53）。

こうしたバランス感覚を、ブルクハルトはバーゼルで生まれ育つ中で、自然に身につけたと思われる。というのも、彼の生まれ故郷であるバーゼル市は、伝統的に「スイス連邦のなかでは調停者的な役割を果たしてきた」たのであり、そもそも政治的なバランス感覚に長けた都市だったからである。極端な革命的・急進的な変革を好まず、漸進的改革を進め、「スイス連邦の調停者としての役割」を担うというバーゼル市政の伝統は、その市民にバランス感覚を培う上で絶好の環境を提供していたと言えよう（仲手川 1977: 59, 61。傍点筆者）。

バランス感覚を重んじるのは、何もバーゼルに限られるわけではない。そもそもヨーロッパには、教養人が身につけるべき資質の一つとしてバランス感覚を重視してきた伝統がある。古代ギリシアでは、対称性や均斉と結び付く形で美が捉えられ、彼らが理想とする世界観の前提には、美的・宇宙的調和や安定を可能にする高度なバランス感覚が想定されていた。すなわち、中心線を基軸に色彩、形状、性質が対称を織りなすように配置され、その双方が均斉な関係を保つシンメトリカルな構造に対する美意識である。こうした美意識は、古代ギリシア以来、西欧の美術作品に繰り返し現れ、絵画、建築、彫刻など分野を問わず、あらゆる芸術作品に具現化されてきた。

ブルクハルトの芸術論には、バランス感覚を高く評価する彼の姿勢が顕著に表れている。そこで次節では、ブルクハルトが教養知としてバランス感覚をいかに重視していたかを彼のルーベンス論を通じて見ていきたい。

2　ルーベンス論

ブルクハルトが、バロック美術を代表する画家ルーベンスについて論じた著書が『ルーベンス回想（*Erinnerungen aus Rubens*）』（一八九八年）である。ブルクハルトは一八九七年に亡くなっているので、本書の出版は彼の死後ではあるが、他者によって編纂された遺稿集ではなく、一つの著作として生前にすでに完成しており、いわばブルクハルト最後の著作である。本書が公刊されることをブルクハルト自身も望んでいた(8)。

ブルクハルトは、研究生活の初期から折を見てはルーベンス（1577-1640）について触れており、彼のルーベンス研究は生涯を通じて行われていた。それほど強く執着し続けたルーベンスに関する叙述には、ブルクハルトの根本的な思考様式が色濃く反映されている。

近代西洋の美術史は、図式的にまとめるならば、ルネサンス美術に始まり、マニエリスムを経て、バロック美術に至るという一連の流れを辿った。レオナルド・ダ・ヴィンチ、ミケランジェロ、ラファエロを代表とするルネサンス美術は、一五世紀半ばに古典古代の復興運動として始まった。キリスト教や信仰と密接に結びついていた中世までの美術とは異なり、自然の美や現実世界の価値を再発見し、神に代わって人間を芸術の中心的モチーフとした。

一六世紀の半ばから末にかけて現れ、エル・グレコらに代表されるマニエリスムは、ルネサンスからバロックへの過渡期に現れた美術の様式である。ミケランジェロら頂点を極めたルネサンス美術の巨匠たちの「手法（マニエラ maniera）」を高度の芸術技法と捉え、そうした技法を意図的に模倣した。引き伸ばされた人体比率、誇張された遠近法、歪曲・錯綜した空間構成など、それまでの常識にとらわれない自由な表現手法を特徴とし、それらを通じて技巧的洗練や独創性を求め、現実をありのまま忠実に映し出す写実性よりも内面や主観性の投影に重きをおいた。

これに対して、一六世紀末から一八世紀に登場したバロック美術は、華麗な作風の美術様式であり、ルーベンス、レンブラント、フェルメールらに代表される。豊かで深い色彩、明暗の鮮明なコントラスト、劇的場面の一瞬を捉えた臨場感などを共通の特徴とする。

ルネサンス美術では、人体解剖学・光学・遠近法に基づく調和のとれた静謐な構図が主流であったのに対して、バロック美術、特にルーベンスにおいては、活力みなぎる筋肉や肉づきのよい豊満な裸体表現、激しい身振りや劇的な表現が描かれる。ルネサンス美術の厳密に計算されつくした静的な理想美に抗して、動的な運動を描こうとした点で、バロック美術はマニエリスムと共通する。

だが、マニエリスムの描く不自然な歪み、奇形的容貌、引き裂かれた空間、不協和で不安定な輪郭に対して、バロック美術では「再び写実主義的傾向が甦り、動感を孕みながらも一定の秩序が保持されている」（小野 1988: 267）。均衡ある秩序という点において、バロック美術は、祖父の世代であるルネサンス美術へと回帰している。バロック芸術の本質は、「無限に膨張しようとする運動とそこに堅固な秩序を構築しようとする努力との間の緊張」にある（小野 1988: 268-269）。つまり、バロック美術は、ルネサンス美術の秩序とマニエリスムの流動性との止揚形態であり、ルーベンスの絵画は、まさにそれを体現したバロック美術の典型であった。

ブルクハルトによれば、ルーベンスの主テーマは「瞬間的なものの表出」であり、彼は劇的場面の「一瞬を画面に留める画家」であった（ブルクハルト 2012: 61, 143）。「ルーベンスは何よりも総じて生彩のある動きを描出する偉大な画家」であり、「題材が許すかぎり、火のように激しい動きばかり」描いた（ブルクハルト 2012: 199, 201）。だが、彼の絵画に描かれた見る者の目を惹きつける力強い躍動感あふれるダイナミックな運動性は、実は目につかない巧妙な形で均斉のとれた構図の中に配置されていた。ルーベンスは、激しい動きを均斉の取れた空間の中に描き切る「高次の均衡を自在に処理する画家」だったのであり、ブルクハルトが高く評価するのは、まさにこうしたルーベンス独特の高度なバランス感覚なのである（ブルクハルト 2012: 24）。

ブルクハルトによると、当時のマニエリスムは、自分が興味深く思った事物をやたらと詰め込み、バランスの取れた空間配置を犠牲にすることがしばしばあった。絵画というものは、「ただたんに好き勝手に描写」すればよいというものではなく、「人物と出来事を均等に、ほぼシンメトリカルに配置し[9]」、「絵に描かれる部分部分を大たいにおいてバランスよく配置することによって美しい外観を呈する」ようになる。そして「このシンメトリトは、全体として人物や出来事がシンメトリカルに配置されていても、できるだけ眼につかないようにされねばならず、個々の事物の中にあって相殺されるように配置されること」が望ましいのである（ブルクハルト 2012: 162-163）。

　これは、最盛期の絵画ではすでに広く知られた芸術の法則であったが、ブルクハルトによれば、「なんといってもルーベンスが初めてこの神聖な領域における完全な支配者と見なすことができるのである」。ルーベンスは、「画面に描かれた多様ではあるが、どれも同じような価値を持つもの、すなわち等価値のもの（Äquivalente）をこのうえなく余裕をもって、シンメトリカルに処理」することができた。シンメトリーというと、一般には「左右対称性」が連想されがちだが、ルーベンスの駆使するシンメトリーは、そうした単純な鏡像対称の構図だけを指していない。彼は、例えば「明るい色彩」と「暗い色のもの」、「視覚上の価値」と「観念上の価値」、「激しく動いているもの」と「静止しているもの」、「聖人」と「罪人」といった形式や表現が互いに正反対のものを「等価値のもの」と捉え、それを別個に切り離すのではなく、均衡のとれた対応し合う形で一枚の絵の中に配置する。そして、「アクセントの真の意味での、そして快い配分がどういうものであるか」を明らかにするのである（ブルクハルト 2012: 163-165）。

　しかもルーベンスにおいては、このような意味でのシンメトリカルな「処理がきわめて生き生きとした出来事と、このうえなく激烈な出来事とさえ結びつけられ」、「外部の視線と内部の感覚とを同時に魅惑させるあの圧倒的な、輝かしい効果」を生み出すことができるのである（ブルクハルト 2012: 163）。マニエリスムのように、単なる主観の想像力だけでは、「それが力強い灼熱の炎となって燃え上がったとしても、たんに無秩序で、乱雑な豊かさを生み出」すにすぎない。他方で、「等価要素を基に絵画を意識的に、徐々に構成してゆく」だけでは、ルネサンス美術のように、緻密ではあるが運動性に欠ける静態的な絵画にとどまるだろう。ルーベンスの創作の秘訣は、「画面の空間にいろいろなグループをどのように冷静に、かつシンメトリカルに配置するかということと、きわめて強烈な、肉体と魂の動きとを同時に」描き出している点にある。ルーベンスは、脳裏に浮かんだ「輝かしい色彩の調和」「遠近の描写」「光と陰の配列」のすべてが、「均斉のとれた成熟と強さへと成長」したとき、作品の「制作にとりかかったのである」（ブルクハルト 2012: 165-166）。

均衡とダイナミズムが共存する絵画は、厳密な客観的計算と奔放な主観的想像とを両立させねばならず、どちらかの原理のみに依拠すれば足りる芸術様式よりもはるかに大きな創作上の困難が伴う。にもかかわらず、ルーベンスは大規模な工房を組織していたとはいえ、そうした難易度の高い作風でありながら約一二〇〇点もの膨大な作品数を残した非常な多作家であったばかりか、「フレスコ画は除いて」、肖像画、神話画、祭壇画、銅版画、物語画、寓意画、歴史画、風俗画、動物画、風景画など「あらゆる分野の芸術の制作」を行ったのは、驚異というほかないだろう（ブルクハルト 2012: 19）。傑作を次々と世に出し、宮廷画家兼廷臣の地位を与えられ、多くの富と優秀な弟子が集うなどルーベンスの社会的栄光は、一六二二年に彼の暗殺を企てる者さえ現れるまでに高まっていた（ブルクハルト 2012: 34）。

ブルクハルトが、ルーベンスの絵画の中に見出した「高次の均衡」について知るために、ここでは《レウキッポスの娘たちの掠奪》と《ラザロの蘇生》という二つの作品を具体例に見てみよう。実際、ルーベンスの構図について論じる際、ブルクハルトもこの二つの作品を例に挙げているからである。

まず《レウキッポスの娘たちの掠奪》では、馬に乗った筋骨隆々の二人の男性が、レウキッポスの二人の娘たちを力づくで奪い去ろうとする一瞬を捉えた絵画である。一見すると、躍動感の溢れるダイナミックな動きに目を奪われるだろう。だが、ブルクハルトによれば、実はこの絵の中心にはシンメトリーが描かれている。「さてここで明らかとなるのは、あの二つのすばらしく成熟した女の体はたがいにぴったりと補いあっており、一

レウキッポスの娘たちの掠奪

方の体は、もう一方の体が見せていない、ちょうどその部分を見せているのであり、また画家〔ルーベンス〕はこの二つの体を、そこに隙間を空けることで、たがいに隔てて、この二つの体が重ならないようにしている」のである（ブルクハルト 2012: 171。傍点筆者）。掠奪に激しく抵抗する二人の女性の身体が、実はシンメトリカルに対応するように描かれていることは、注意深く観察しても気づかないほど巧妙に隠されている。ブルクハルトの指摘によって初めて、第一印象とは異なり、この作品が均衡とダイナミズムの共存する絵画であることに気づかされるだろう。

　次に、《ラザロの蘇生》を見てみよう。ルーベンスは、この絵でイエス・キリストが友人ラザロを生き返らせる

ラザロの蘇生

奇蹟の一瞬を描いている。ブルクハルトによれば、「ルーベンスは一切を六人のなくてはならない人物に圧縮し」、「見事に統一された」一枚の絵に仕上げている。「キリストに、最も格調高い身振りと横顔を見せて力強く歩んでくる姿と、そしてまた赤いマントを与え、一方ラザロには穴の底から素早く登ってくる姿と、感謝に満ちた眼差しを与えている」。特に、中央の二人ずつの男女は、巧みなシンメトリーの下に配置されている。イエスの起こしたこの奇蹟に「感動してキリストの方を向いている〔使徒〕ペトロと、ラザロの方を見ているもう一人の使徒がいる」。他方、「中央で跪いている二人の姉妹も同様に二手に分けられている。すなわち、死んだ兄弟ラザロの全身に巻かれていた最後の帯を解くマルタと、その頭部が絵の中央を占めているマリア・マグダレーナがキリストを見上げている姿がそうである」(ブルクハルト 2012: 169)。

ブルクハルトがさり気なく指摘しているように、本作品の中心を占めているのは、実は右側の女性マリアの頭部であり、四つ角を結ぶ対角線の交点、すなわち本絵画の中心点はマリアの顔にちょうど重なる。その眼差しは、蘇生したラザロではなくキリストに向けられており、「ラザロの蘇生」というタイトルにもかかわらず、この作品の主テーマは、むしろラザロを生き返らせるという奇蹟を起こしたイエス・キリストへの驚愕、感動、畏怖や敬慕の念であったと解すことができよう。

墓の中という死の世界から登り出てくるラザロの背景は、暗い配色で描かれているのに対し、これとシンメトリカルに対応するように、生き返らせる側のイエスは、生命の象徴たる赤に染められた艶やかなマントをまとい、その背景も明るい青空が描かれ、左右の色彩がコントラストをなしている。

また、イエスの左目とラザロの右目を結ぶ直線上に、「もう一人の使徒」の右目がちょうど位置しており、三名の眼差しが同一線上に重なるよう巧妙に配置されている。同様に、イエスの「口」から左下の角へと直線を引くと、その直線上に左側の女性マルタの「左耳」と右側の女性マリアの「右耳」が配置されている。

「ヨハネによる福音書」第一一章によれば、友人ラザロが病気で亡くなった四日後に、布教先から帰ったキリストが、ラザロの墓の前で祈り「ラザロよ、出てきなさい」と呼びかけると、ラザロが蘇生したとされている。その点を踏まえた上でこの絵を見ると、二人の女性は、イエスの声を聞き取ろうとするかのような姿勢であることに気づく。左側のマルタは心持ち左耳を突き出して後ろから発せられる声を聞き取ろうとするかのようであり、また振り向きざまの表情が描かれた右側のマリアには、長髪で耳が隠れても不思議ではないにもかかわらずあえて右耳が描かれており、何かを聞き取っている様子が示唆されている。以上のことから、この絵は、キリストが言葉を発してラザロを生き返らせた奇蹟の瞬間を、巧妙に隠されたシンメトリカルな構図の下に描いた作品だと解せられよう。

　以上の二つの事例からも明白なように、ルーベンスの絵を目にした者は、彼の「一瞬に込められたきわめて力強い構図のうちに……最初は無意識裡に、きわめて強烈な、劇的興奮と並んで、神秘的な、視覚上の安定した心境を享受する」。そして、やがて「個々の要素が、力のかぎり隠されたあのシンメトリーに、それればかりか数学的図形にさえ従属していることに気づくのである」（傍点筆者）。しかもルーベンスの場合、そうした計算や図形が創作に先立っていたのではない。図形や計算がありきでは、劇的場面を描くのに不可欠なダイナミックな躍動感は失われてしまう。「むしろこうした図形は彼のヴィジョンの中に自ずから時を同じくして現われ、他のものと一緒に彼の内面において成長した」のである（ブルクハルト 2012: 170）。

　ブルクハルトの『ルーベンス回想』には、これ以外にもルーベンスのシンメトリーとダイナミズムの共存、高次の均衡や統一について触れた箇所が全般にわたって出てくる。いくつか例を挙げると、アントワープ大聖堂が所蔵するルーベンスの大作《キリスト降架》は、「すべての人物を〔キリストを十字架から降ろす〕行動と感情に参加させている圧倒的な統一を持っており、この作品はおそらく、心的な意味でも、芸術的な意味でも、そもそもこの課題の究極の、そして考えうる最高の解決」である（ブルクハルト 2012: 150）。そして、これと対をなす《キリスト昇架》については、「かくも途方もない、激しい動きをもった二つのアクセントの、この均衡と対立を使って、ルーベンスは瞬間の描出という領域での主権を握るのである」と述べている（ブルクハルト 2012: 168）。

　また、「《王たちの礼拝》の十二枚の絵においても……ルーベンスは光と色彩の力を使って、激しい動きと静止とを交替させながら、総じて均衡要素を使ってこの題材から常に新しい側面を手に入れた」のである（ブルクハルト 2012: 204）。「聖アウグスティヌス教会の祭壇の絵」として描かれた《幼児キリストと聖人たちとともに玉座に坐る聖母マリア》という高名な絵では、「すでに全体においてほとんど規則的と言ってよいような人物たちの輪を形作り、また個々の点でもこのうえなく美しい、隠されたシンメトリーを持っているこの絵の溢れんばかりの生命力とゆるぎない構成に、言葉の描写でこれを僅かなりとも表現しようとしても無駄であろう」（ブルクハルト 2012: 229-230。傍点筆者）。以上のように、ブルクハルトは、激しい動きの伴う劇的な場面を均整あるシンメトリカルな構図の中に描き出す高次のバランスにこそ、ルーベンス絵画の価値の本質があると見ていたのである[10]。

また、ルーベンスは単なる芸術家にとどまらない。彼は、偉大な画家であると同時に、多くの美術品や蔵書を所有し、物語や歴史、多くの絵画に関する深い造詣を有していた。また彼は宮廷人であり、大規模な工房の経営者であり、そして外交官でもあった。一言で言うならば、ルーベンスは多くの異なる才能に恵まれた教養人であった。「ブルクハルトは、多面的で均斉ある人間にだけ関心を払った。ルネサンスではラファエロ、一七世紀フランドルではルーベンスのような芸術家をもっとも愛好したのは、そのため」である（西村 2015: 124）。数々の傑作を創作したルーベンスの資質の根源には、高度な平衡感覚やバランス感覚があったと、ブルクハルトは考えたのである。

3　調和せる不調和

個々の躍動的な諸要素が、全体としては均衡ある調和的秩序の中におさまるというブルクハルトのルーベンス解釈は、ヨーロッパ世界に対する彼の見方にそのまま重なってくる。というのも、ブルクハルトは、「個性的なものが競いつつ全体の調和的世界に奉仕する」というバランスによって成り立つ世界を、ヨーロッパ社会の特徴として捉えていたからである（森田 2004: 339）。ケーギが述べているように、ブルクハルトは、「もろもろの自律的な民族個性の均衡のなかにあるヨーロッパの自由という思想」を一貫して保持し、時とともにいっそう展開したのである（ケーギ 1990: 97）。

ブルクハルトが、バーゼル大学での歴史学の講義で示そうとしたのは「歴史的世界の豊かな多様性」であった。「ヨーロッパにおいては、多様な諸力がそれぞれ自由に発展・競合することによって社会が構成されていた」。その競争は、「一方が他方を完全に圧倒することではなく、相互に作用しあうたえざる抗争である。そこから真に新しいものが発展してくる。ヨーロッパにおける生は常に闘いである。そのような不調和が生き生きとした調和ある世界を形成する点に、ヨーロッパ世界の最も本質的特徴がある」。これこそブルクハルトが言う「調和せる不調和（ディスコルディア・コンコルス）」である（森田 2010: 82）。

「調和せる不調和（Discordia concors）」という特徴を有するこれまでのヨーロッパの伝統的秩序は、聖職者、貴族層、都市の市民層といった中間権力を形成し、これらが「多様性、多面性を最大限に許容しながら調和を持つヨーロッパ」の特性を生み出していた。絶対主義国家は、「あらゆる方面に支配権を行使しようと」したが、こうした中間権力が「すべてを単一化しようとする国家権力」に対する「抑止力」の役割を果たしていた。絶対主義国家から国民国家への進展は、「ヨーロッパ的特質とまだ均衡を保ちながら進行することができた」が、一七六三年のフベルトウスブルクの和約以降、「このような均衡が実質的に崩壊していく」とされる（森田 1996: 65-66）。

そしてブルクハルトによれば、国家・宗教・文化という歴史を構成する「三つの力が相互に規制しあいつつ均衡を保っていることが「調和せる不調和」たるヨーロッパ史の特性を可能にしてきたもの」であった。しかし、革命時代の国家の無制約な肥大化が、国家・宗教・文化という「諸力のバランスを大きく崩し」、「このヨーロッパ的特質に終焉をもたら」したのだとされる（森田 1996: 66）。

ブルクハルトが生まれ育ったスイスは、まさに「調和せる不調和」そのものであった（角田 2010: 225）。スイス連邦は、多民族・多宗教・多言語からなるカントンの連合体であり、ヨーロッパの中でも多様性の極めて高い国家である。また当時の都市バーゼルの教養市民層は、「連邦保守派とも呼ぶべき立場」に立ち、「伝統の継承と漸進的改革への志向、自由意志と市民的義務の重視、多様性の許容と調和的秩序の愛好、小国家主義、さらにバーゼル特有の人文主義的伝統の影響として、精神的価値の尊重」を特徴としていた。「カントンの独自性保持」を支持し、歴史的に形成されてきた共同体としての「カントンにおける特色ある生活」を連邦政府の中央権力から守ることこそが、彼らにとっての自由なのであった（森田 2004: 327）。個々の多様な要素が全体として調和的秩序を生み出すスイス連邦のあり方は、「調和せる不調和」たるヨーロッパ世界のまさに縮図だったのである。

ブルクハルトが、バーゼル大学での市民教育にみずからの使命を見出したのは決して偶然ではない。バーゼルは、以前から国境が接するところに位置し、すべての方向に開かれ、さまざまな国民と結ばれ、いくつかの街道が相会しており（ケーギ 1970 : 30）、ヨーロッパの特質である「調和せる不調和」に対する感受性を育むのに最適の地であった。さらにバーゼルは、スイスに存在する様々な「諸党派の間に立ち、媒介という課題」を担ってきた地域であり（ケーギ 1970 : 42）、多様なスイス連邦でバランサーとして調停者の役割を伝統的に果たしていた。したがってブルクハルトは、政治的なバランス感覚を涵養する教養教育が、いまだ人文主義の伝統が息づくここバーゼルでこそ可能であると考えたのである。

四　二つの処方箋

1　教養の黄昏

本来の教養は、内面的な人格の陶冶を理念とするものであった。しかし、ブルクハルトによれば、教養はいつしか変質し、社会的階梯を上昇するための手段や「上層階層のステイタス・シンボル」に堕してしまい、自分を外面的に飾り立てるための手段と化してしまった。すなわち、教養は「外側から人間を装飾する」にすぎないものとなり（森田 2014: 245）、こうした「教養の外在化」は、知の習得を通じた人格の陶冶を経ない「教養俗物」（ニーチェ）を生み出してしまった。[11] 一九世紀当時、「型にはまった凡庸な者たち」が生み出され、「教養がますます低俗にな」るという事態が進行したのである（レーヴィット 2016: 160）。

これまで見てきたように、教養的知の中でも、とりわけブルクハルトが重視していたのは「バランス感覚」である。ブルクハルトにとって、教養の衰退は、バランス感覚の喪失をも意味し、市民によるバランスを欠いた政治判断を招きかねない憂慮すべき事態である。教養が形骸化していく中、ブルクハルトは、バランス感覚の消失を押しとどめる方法として、ディレッタンティズムとチチェローネ的手法という二つの処方箋を示唆している。

2　ディレッタンティズム

通常、ディレッタンティズムとは、プロフェッショナリズムの対義語として用いられるもので、学問においては、正当な研究活動の水準には届かない劣った知的営みとして見下されがちである。しかしながら、ブルクハルトは、このディレッタンティズムを教養に不可欠な要素として重視していた。

ブルクハルトは、バーゼル大学での歴史の授業において「脱専門化したアマチュア歴史研究」を勧めていた。そして、「専門研究者を志向する一部の学生」や「専門研究者によって独占される専門研究」ではなく、「大学教育を受けたすべての人びと」すなわちバーゼルの教養市民層を念頭に、「将来歴史学を専攻しない「非専門家」に対して示唆を与える」ように、講義は配慮されていたのである（森田 1996: 68）。

こうしたブルクハルトの歴史教育は、高度に専門化した学問研究の観点からは「ディレッタンティズムのきわみ」と非難されることだろう。ブルクハルトによれば、現在のように分業化の進展した社会においては、誰もが何らかの限られた分野においてマイスター（＝専門家）にならざるを得ないし、そうなるべきである。しかしながら、「ある分野の専門家が別な分野のディレッタントを兼ねることは不可能ではない」（森田 2014: 173, 175）。教養人として物事の全体を概観し、状況を適切に判断する能力を身につけようとすれば、できるだけ多くの専門外の分野においてディレッタントとして学び、みずからの認識を豊かにしなければならない。さもなければ、自分の専門外のことは何も分からないいわゆる「専門バカ」となってしまい、専門領域ではプロフェッショナルであっても、一人の人間としては半人前に留まってしまうからだ（ブルクハルト 2009: 46）。

ディレッタンティズムに関する議論を見ることで、ブルクハルトが抱いていたありうべき教養人の姿が浮かび上がってくる。それは、プロとしてみずからの専門分野を極めつつ、専門外のことについても広くディレッタントとして学び続け、全体状況を概観することによって真っ当な判断を下せるバランス感覚に富んだ教養市民である。彼にとって偏った思考をする者は、まさにバランス感覚を欠いた人間の典型であり、教養的知のあり方としておよそ相応しくないと考えられた。彼は『世界史的考察』において、自国を盲目的に賛美する愛国的歴史認識を批判しつつ、広く歴史を学ぶことで「認識する人間へと自己を育成すること」の重要性を説く。そのような人間は、「自分に具わった認識の力を借りて市民としての自分の真の義務さえ探り出すこともできるであろう」（ブルクハルト 2009: 28）。教養市民がその社会的責務を果たすようになるには、幅広い学習を通じたバランス感覚の育成が欠かせないのである。

3　チチェローネ的手法

ブルクハルトが歴史を講じる際、「指導者」としてではなく、「チチェローネ的方法」とでも呼ぶべきスタンスで聴衆に接している（森田 2004: 324）。「チチェローネ」とは、「案内人」やガイドブックを意味するイタリア語で、ブルクハルトはイタリアの芸術を紹介する美術案内書（一八五五年公刊）の表題にこの言葉を用いている。[12]

彼の『チチェローネ』という著書は、「対象にたいする判断は、あくまで聴衆の自由な考察に委ねる」という方法で論じられ、これによって「聴衆の主体的考察を促している」（森田 2004: 325）。ブルクハルトの歴史教育においては、こうした「著者 - 読者」と同じ関係が、歴史の「教師 - 学生」の関係にも適用される。すなわち、教師は、上から一方的に教導する指示的存在ではなく、「最低限の手ほどきと、いくつかの歴史像の例示を通して、対象の前に学生を立たせ」、学生が「対象との対話を通して、自分の課題と解決方法を見出していく」（森田 2014: 28）。教師は、学生がそのような形で歴史を学ぶ際の手助けを行う「案内人」なのである。

ブルクハルトの教育の「目的は、教養層個々人の主体的な自己教育としてのディレッタントな研究を支援すること」にあった（森田 2014: 22）。そして、それを「チチェローネ」的手法によって行ったのは、「教導、扇動される群衆」ではなく、「自分自身の判断によって生きる「市民」たち」を養成するためである（森田 2004: 343）。

民主主義を嫌悪し批判しながら市民教育を実践し続けたブルクハルトの意図は、まさにこの点にあった。というのも、みずからの責任で考え行動する教養市民は、権力による扇動や国民意識に振り回される「大衆」のあり方とは対極に立つものであろう。そして、広く全体を概観した上で自分なりの判断ができるバランス感覚に富んだ教養市民は、統制や扇動の影響を最も受けにくい存在である。「そのような人物が一定数社会に存在することによって、社会はさまざまな意図的な見解、扇動にたいして健全な判断を下せるようにな」る（森田 1996: 70）。チチェローネ的手法は、教養市民の育成を通じてまさに社会の中に「バランス感覚」を涵養し、大衆民主主義の暴走に抗するための方法として採用されていたのである。[13]

おわりに――今後の教育的課題

イギリスでは、「sense of proportion（バランス感覚、平衡感覚）」が重視され、これは思慮分別や「重要なものとそうでないものを判別できる力（the ability to understand what is important and what is not）」といった意味でも用いられる。[14] E・M・フォースターの文学作品に描かれているように、「さまざまな価値を比較検討し、それぞれの状況に応じて柔軟な思考ができる」、「違った価値観を持つ人間を融和させる行動ができる」ことが、「センス・オブ・プロポーション」である（齋藤 2013: 123-131）。

こうした「センス・オブ・プロポーション」を備えた人物とは対照的に描かれるのが、特定の思想信条に凝り固まった人物や、幅広い知識はあっても自分の正義を妄信するような人物である。保守的信条であれ普遍的理想であれ一つの教義に固執するのは、教養人ではない。様々な事物や価値観の間で偏りを是正し、バランスをとって妥当な判断を下そうとする姿勢は、教養の一部としてヨーロッパに連綿と受け継がれてきた伝統である。

そもそも教養とは、学問や芸術などを通じて、みずからの知性や「人間性を開発・陶冶して、全人的な発達・開花を実現させ」ようとすることであり、「人間的諸能力が全体的、調和的に発展」することを目指すものである（齋藤 2013: 18-20）。単に知識が豊富なだけでは「教養がある」とはならない。クイズ王が教養人を意味するわけでないのと同様である。また、ある限られた特定の領域に関して深い知見を持つだけというのも、「教養があること」を意味しない。マニアやオタクを「教養人」と呼ばないのと同様である。知識だけ、専門領域だけに偏っているが故に、それは教養と見なされないのである。「『バランスの欠如』は、教養的な知の在り方とは大きな開きがある」（齋藤 2013: 109）。知識が教養へと高まる過程に、バランス感覚が深く関わっているのである。

むろん、教養は、各人がみずからの専門性を持つことを否定するものではない。問題は、自分の専門以外のことに無関心で、常識を欠き、視野狭窄に陥ってしまうことである。みずからの専門でしか通用しない原理原則や一つの評価基準だけで判断する偏った見方をしていては、自分とは異なる立場にある他者を理解・共感し、他者に配慮できるようにはならない。多様な視点を踏まえて多面的に検討し、それぞれの視点や立場で見た上で物事の軽重をはかる平衡感覚こそが、俯瞰的・全体的な視座に立って状況に応じた柔軟な対応を可能にするのである。異なる意見が出される中で、様々な要因を総合的に考慮して妥当な判断を下すバランス感覚は、全体を見ながら最良の選択をする政治的資質の源となるものであろう。

「バランス感覚とは、最終的に個々人が自分の置かれた状況に応じて発揮するものであるから、それを育成するための……道筋は多様であり、何かの点に向かってきれいに収斂していく類のものではない」。とはいえ、問題の解決策を導き出す際の論理や「バランスの取り方が妥当なものであるかどうか」は、教育の中で扱うことが可能であろう。個々の状況や問題に対して「人の心情をも考慮しつつ」上質な情報に基づいて妥当な結論にたどり着ける「バランス感覚」を育成することは、今後の教養教育にとって大きな課題ではなかろうか（齋藤 2013: 169-170）[15]。

＊本論文は、平成二六年度～三〇年度科学研究費・基盤研究Ｂ「〈政治リテラシー〉の理論的研究と政治学教育への実践的展開」（ＪＳＰＳ科研費 JP26285028）の助成を受けた研究成果の一部である。

【注】

（1）彼の生涯の詳細については、邦語の代表的なブルクハルト研究書である仲手川良雄（1977）『ブルクハルト史学と現代』創文社、下村寅太郎（1994）『下村寅太郎著作集九巻　ブルクハルト研究』みすず書房、西村貞二（2015）『ブルクハルト（新装版）』清水書院、森田猛（2014）『ブルクハルトの文化史学――市民教育から読み解く』ミネルヴァ書房、角田幸彦（2014）『哲学者としての歴史家ブルクハルト――プラトン、オウィディウス、ルーベンス、精神史と共に』文化書房博文社を参照。

（2）もとはオウィディウスの言葉である（『悲しみの歌』第三巻第四歌二五行）。邦訳は、オウィディウス（1998）『悲しみの歌／黒海からの手紙』木村健治訳、京都大学学術出版会、一〇六頁を参照。

（3）バーゼル新聞は、同じバーゼル大学に勤めるホイスラー法学部教授が取り仕切っており、彼から依頼されてブルクハルトは新聞記者の仕事を引き受けた（西村 2015: 51）。

（4）西村 2015: 55を参照。

（5）ブルクハルトは、「バーゼル外からの講演依頼に対しても謝絶し」、「不慮の事故で余儀なくされた以外はただの一時間も休講にしなかった」（森田 2014: 16）。ちなみに、ここで述べられている「不慮の事故」とは、一八九一年五月に階段から転落して左腕に怪我を負ったことを指している（下村 1994: 22）。

（6）ブルクハルトは、一八六〇年に『イタリア・ルネサンスの文化』を公刊して以降、「研究としての歴史」はほとんど公表せず、一八八五年末までバーゼル大学での「教育としての歴史」に徹していた（少人数相手の美術史の授業は一八九三年までなされていた）。

大学教授は、歴史を「研究」するものというのが一般的な理解である。しかしブルクハルトは、スイス・バーゼルの教養市民層に市民教育を行うために歴史を活用していた。その結果、ある時期から死ぬまでの三〇年間、まったく「研究としての歴史」は公表せず、バーゼル大学で「教育としての歴史」に徹していたのである（森田 2014: 4-6）。

（7）一九世紀前半、ドイツの諸大学では、「神・法・医学の専門三学部にたいする教養部的存在であった哲学部」を「専門学部に昇格」させるという改革を行い、それを機にドイツ諸大学の哲学部は、専門教育に特化する方向に舵を切っていた（森田 1996: 63）。これとは対照的にバーゼル大学哲学部は、時代に逆行して教養教育を拡充する方向へと歩みを進めていたのである。

（8）新井靖一「訳者後記」（ブルクハルト 2012）を参照。ブルクハルトは死の「数週間前に……『ルーベンス回想』を自分の死後に出版してもらいたいという願望を弟子たちに言い遺した。それにしたがって……一八九八年という発行年で、このブルクハルト最後の著作が出版された」（417-418）。

（9）この個所の翻訳は、「左右対称的《シンメトリカル》」と訳されているが、以下の本文で論じるように、ブルクハルトはこの言葉を、単純な「左右対称」や「鏡像対称の構図」という一般的な意味ではなく、より広義の意味で用いている。そのため、本文では漢字表記は削除し、カタカナで「シンメトリカル」と表記した。

(10) たまたま本章を執筆中に、国立西洋美術館で「ルーベンス展――バロックの誕生」(二〇一八年一〇月一六日~二〇一九年一月二〇日)が開催されたため、ルーベンスの作品を直接、鑑賞する機会を得た。ブルクハルトの指摘する高次のバランスやシンメトリカルな構図、中心に主たるモチーフが描かれるといった特徴は、多くの作品で確認することができたことを付言しておく。

(11) したがって、ブルクハルトの観点に立てば、ドイツ的教養それ自体に問題があったというよりも、本来の教養のあり方が失われ、教養が外在化してしまったことが、ナチスのような野蛮な政治に市民的教養層が抵抗しえなかった要因ということになるだろう。

(12) Jacob Burckhardt. *Der Cicerone : eine Anleitung zum Genuss der Kunstwerke Italiens*. Leipzig. 1927. 邦訳は、ヤーコプ・ブルクハルト(2004)『チチェローネ〔建築篇〕――イタリア美術作品享受の案内』(瀧内槇雄訳、中央公論美術出版)、ヤーコプ・ブルクハルト(2011)『チチェローネ〔絵画篇〕――イタリア美術作品享受の案内』(瀧内槇雄訳、中央公論美術出版)、簡略版にヤーコプ・ブルクハルト(2005)『美のチチェローネ――イタリア美術案内』(高木昌史訳、青土社)がある。

(13) ブルクハルトによれば、民主主義や普通選挙権の拡大によって、大衆は「労働」と「生存」の確保に必要な様々なことを当然の権利のように国家に要求するようになり、結果として国家権力の肥大化や中央集権化をもたらしてしまう(草野 2006: 55)。「民主主義にとっては各個人に及ぶ国家権力はいくら大きくても決して大きすぎるということはない」(ブルクハルト 2009: 340-341)。そして大衆による要求の高まりは、国家負債の増大をもたらしており、したがって将来世代の財産を前って浪費する冷酷さや高慢さは、民主主義に生きる大衆の本質的特徴なのである(ブルクハルト 2009: 232)。

(14) "proportion", in: Cambridge Dictionary.

(15) 中央教育審議会『新しい時代における教養教育の在り方について(答申)』(平成一四年二月二一日)の「第二章　新しい時代に求められる教養とは何か」でも、「教養は、知的な側面のみならず、社会規範意識と倫理性、感性と美意識、主体的に行動する力、バランス感覚、体力や精神力などを含めた総体的な概念としてとらえるべきものである」と述べられており(傍点筆者)、教養にバランス感覚が含まれていることを指摘している。

【参照文献】

小野紀明（1988）『精神史としての政治思想史――近代的政治思想成立の認識論的基礎』行人社
角田幸彦（2010）『政治哲学へ向けて――政治・歴史・教養（キケローとプラトン、ヴィーコ、ブルクハルト、アーレント、レオ・シュトラウス）』文化書房博文社
草野路加（2006）「政治思想史家としてのヤコプ・ブルクハルト」『社学研論集』第七巻、早稲田大学大学院社会科学研究科
ケーギ、ヴェルナー（1970）「ディスコルディア・コンコルス――バーゼルの神話とブルクハルトのヨーロッパ理念について」『みすず』第一二七号、みすず書房
――（1990）『世界年代記――中世以来の歴史記述の基本形態』坂井直芳訳、みすず書房
斎藤兆史（2013）『教養の力――東大駒場で学ぶこと』集英社新書
坂井直芳（1971）「ブルクハルト『歴史の断章』について」『みすず』第一四五号
下村寅太郎（1994）『下村寅太郎著作集九巻 ブルクハルト研究』みすず書房
竹島博之（2013）「ドイツにおける教養の展開と政治的陶冶」『東洋法学』第五六巻第三号、東洋大学法学会
仲手川良雄（1977）「ブルクハルトの記者時代」『史観』第九六冊、早稲田大学史学会
西村貞二（2015）『ブルクハルト』清水書院、新装版（初版一九九一年）
ニーチェ、フリードリッヒ（1994）「われわれの教養施設の将来について」『ニーチェ全集3 哲学者の書』渡辺二郎訳、ちくま学芸文庫
野田宣雄（2000a）『歴史をいかに学ぶか――ブルクハルトを現代に読む』ＰＨＰ新書
――（2000b）『二十一世紀をどう生きるか――「混沌の歴史」のはじまり』ＰＨＰ新書
ブルクハルト、ヤーコプ（1971a）「歴史の断章――革命の時代１」坂井直芳訳『みすず』第一四五号
――（1971b）「歴史の断章――革命の時代２」坂井直芳訳『みすず』第一四六号
――（1971c）「歴史の断章――革命の時代３」坂井直芳訳『みすず』第一四七号
――（1972a）「歴史の断章――革命の時代４」坂井直芳訳『みすず』第一四八号
――（1972b）「歴史の断章――革命の時代５」坂井直芳訳『みすず』第一四九号
――（1972c）「歴史の断章――革命の時代６」坂井直芳訳『みすず』第一五〇号

――（2009）『世界史的考察』新井靖一訳、筑摩書房
――（2012）『ルーベンス回想』新井靖一訳、筑摩書房
森田猛（1988）「青年ブルクハルトと教養の危機――背景としてのマイケーファーブント」『文化史学』第四四号、文化史学会
――（1996）「ブルクハルトと一九世紀のバーゼル大学――市民教育をめぐって」『弘前学院大学紀要』第三二号、弘前学院大学文学部
――（2004）「ブルクハルトの歴史教育活動とバーゼル大学」『ネイションとナショナリズムの教育社会史』望田幸男・橋本伸也編、昭和堂
――（2010）「ブルクハルト史学におけるヨーロッパ的なもの――歴史学教育の観点から」『弘前学院大学文学部紀要』第四六号、弘前学院大学文学部
――（2014）『ブルクハルトの文化史学――市民教育から読み解く』ミネルヴァ書房
レーヴィット、カール（1977）『ヤーコプ・ブルクハルト 1――歴史のなかの人間』市場芳夫訳、みすず書房
――（2016）『ヘーゲルからニーチェへ――十九世紀思想における革命的断絶―（下）』三島憲一訳、岩波文庫

第六章　デモクラシーの時代における市民と教養
――M・アーノルドとJ・S・ミルを中心に

井柳美紀

はじめに

本章は、デモクラシーが進展する一九世紀において、デモクラシーを担う市民の教育がどのように構想されたのか、いわゆるシティズンシップ教育（あるいは「政治教育」）の視点において、J・S・ミル（John Stuart Mill, 1806-73）とM・アーノルド（Matthew Arnold, 1822-88）の思想を考察していくものである。[1]J・S・ミルは、労働や日常生活に追われた人々が、陪審裁判や地方自治や自発的団体への参加を通して、個人的および家族的な利己心の狭い世界から抜け出し、共同の利益を理解し共同の事務を処理し、すなわち公共的な動機から行動する習慣を身につけるべきであることを説いている。ミルはこれを「政治教育 political education」の実際的部分として重視する。[2]

他方で、M・アーノルドはミルとともに一九世紀イギリスのヴィクトリア朝を代表する思想家であり、産業主義や実学主義が台頭するイギリスにおいて、科学教育や職業教育の必要性が説かれ、教養が激しい批判に晒される中、教養を擁護した中心的人物として知られる。アーノルドはラグビー校の校長であったトマス・アーノルドを父に持ち、詩人、文芸批評家、社会・政治評論家として知られるが、生計のために三五年もの長きにわたり勅任視学官（Inspector of schools）として各地の初等学校を査察して援助・助言を与える仕事に就くなど、教育現場に精通した人物でもあった。

一九世紀の「政治教育」論としてはミルの議論が有名だが、しかしアーノルドはミルの議論とは異なる立場から、デモクラシーを担う将来の市民の教養を説いた人物として位置付けることが出来るように思われる。アーノルドの議論をこのような視点から捉えたものには例えば次のようなものがある。バジル・ウィリーは「文学的教養が与えうる精神の諸特性が近代世界にとってもつ重要性を最初に認識し、宣言した人であった」とし、アーノルドの伝記の筆者ニコラス・マレーは「アーノルドは、国の初等教育が人づくりの目的とするものを新しい民主主義国の教養ある市民と見た」と述べている(3)。

そして、本章では、二人の議論を検討することで、同時代における政治と教育、市民と教育をめぐる議論の構図、そしていわゆるシティズンシップ教育の意義や課題が多少なりとも明らかになればと考える。一では、上述したミルの政治教育に関する議論とそれに対するアーノルドの立場、二では、二人の教養論が市民の教育との関わりでもつ意味について、三では、国家と教育の関わりについて二人の議論を考察していく。最後に、それらの議論が現代日本でもつ意味についての若干の考察を付け加えたいと思う。

一　政治参加と「政治教育」

一九世紀には、デモクラシーの進展に伴い、「政治教育 political instruction, political education」という語彙がフランスでもイギリスでも政治学の著作にしばしば登場するなど、デモクラシーの担い手としての市民の教育が課題となる。(4) 例えば、一九世紀イギリスではジェイムズ・ミルが功利主義的政治観を背景として、従来の職業教育や古典人文学を中心とした教育とは区別される知性教育、特に伝統や偏見に囚われない客観的な科学的教育に基づく「政治教育」を、さらにはそのための「社会教育 social education」をより重要なものとして取り上げている。(5) 一方で、J・S・ミルは「政治教育」を「市民の訓練・養成 training of citizen」の意味で用い、地方自治などへの参加実践を通して得られる習慣の獲得を通して、人々が自ら視野を広げ公共的な思考や感情をもつようになることを期待した。

しかし、広い意味では、ミルの議論は、学校外教育に限定されるものではない。そこで、以下では、まずミルの議論について、学校教育及び学校外教育の双方の視点から考察し、次に、ミルとは一線を画すアーノルドの議論を検討していきたい。

1　J・S・ミルにおける「政治教育」

「政治教育」はいかなる場において実践されるべきか。この点については、学校教育、社会教育、家庭教育など、幾つかの場が想定され、いかなる場が相応しいのかそれ自体が重要な論点であろう。とりわけ学校教育は、社会における実際の教育とは異なり、財政的な基盤が必要な点や教育内容を決める点で検討すべき課題が多いものであろう。そして、J・S・ミルに関して言えば、学校外教育、すなわち市民の社会参加こそ政治教育の実際的部分をなすと述べたことで知られるが、しかし同時にミルが学校教育との関連でも市民の教育の必要性を論じている点は言及されなければならないだろう。すなわち、学校教育もまた政治教育において一定の役割を担うとみなされるのである。では、ミルは学校教育に何を期待したのか。

なによりミルは普通選挙制との関連で、義務教育が（いまだ歓迎されるものではなかった時代において[6]）実現されるべきことを主張している。すなわち、ミルは男女を含む普通選挙制を支持したが、その前提として教育が普及すべきことについて、例えば、『代議制政体論 *Considerations on Representative Government*』（一八六一年）において「普通教育が普通選挙権に先行しなければならない」と述べている[7]。『自由論 *On Liberty*』（一八五九年）では、国家がすべての国民に教育を強制すべき義務をもつべきであり、貧困な児童には学費を補助、あるいは全額支弁すべきことを述べ、そのほかの『経済学原理 *Principles of Political Economy*』（一八四八年）などでも義務教育を積極的に提唱していた。ミルは公的権力による社会への介入は最低限に抑えられるべきだと考えたが、しかし同時に教育に関しては「教養のない者は、教養について判断する適任の裁判官ではありえない」ためその例外とみなしていたのである[8]。

ミルが義務教育の中でいかなる政治教育を期待したかをみる上で、まずはミルがなぜ普通選挙制を支持したかを確認しておく必要があるだろう。すなわち、第一には、個々人の利害に関わることはその人自身に判断が委ねられるべきであるとの立場のためであり、第二には統治への参加を通してこそ人々の知性と感情とが発展すること、いわば参加のもつ教育的効果を期待したためであったとおよそまとめることが出来るであろう[9]。ただし同時にミルは普通選挙制を支持したものの、「読み、書き、算数」の出来ない人々などについては、選挙権の対象外であるとした[10]。

それゆえ、義務教育においては読み書き能力などの能力が重視され、親への罰金を課してでも児童が「読む力」をもつよう指導していくべき点があげられ、選挙の登録に際しては、公開の試験を実施すべきなどの提言がなされている[11]。そして、ミルが読み書き能力という最低限の知識をもった人々に期待したものが何であったかについては、例えば『経済学原理』の中に手がかりが示されている。ここでは労働者たちが「新聞や政治論文」を読むことで、政治に対する知識を得たり、様々な思想や話題に関心をもったり、あるいは偏見や迷信から免れたり、討議の習慣を養ったりすることで、公共的精神をもつようになることが期待されている。

新聞を武器として使用する人々は、誰でも、たまたまそれをなすたびに彼らという聴衆をもつことになる。中産階級が今日もっている諸思想を学び取った、あの教育方法は、今日、少なくとも都市の労働者たちがこれを用いうるようになっているのである。これらの方法によって、彼らが——何びとの援助も受けず、彼ら自身の努力だけですら——知性を増すであろうことは、何の疑いもあり得ない。[12]

このようにミルは普通選挙に先立ち義務教育が実現することを望み、教育については国家が経費を基本的には負担すべきことを述べたが、政治教育について教育の中身に立ち入って何らかの考えや信条を教えるべきだと述べるわけではない。むしろ、「政治教育」において重要なのは、学校教育や書物を通しての思索であるより、学校外での実際教育、すなわち共同社会の全般的な事柄を自ら処理し自ら関与する能動的行動を通しての実践活動であるとされる。「書物や議論だけが教育なのではなく、人生は定理ではなく問題であり、行動は行動によってのみ学ばれる」と述べるミルは、それゆえにこそ陪審裁判、自発的な協同団体、地方行政などの社会の諸制度を「公共精神」の学校と呼ぶ。[13]

これらの諸制度は、実に、公民としての特殊な訓練をあたえるものであり、自由な国民の政治教育の実際的な部分をなすものであって、彼らを個人的および家族的利己心の狭い世界から抜け出させ、また彼らを、共同の利益を理解し共同の事務を処理することに慣れさせるものなのである。——すなわち、彼らに公共的な動機または半ば公共的な動機から行動する習慣を与え、また彼らの一人一人を孤立させるのではなく互いに結合させるような目的に向かって行動する習慣を与えるものなのである。(14)

ミルが「政治教育」として第一に効果を期待したのはこのような実際の教育に関するものだったが、これは人々が「国家自らの手による教育指導」によらず自らの努力で知性を増していくことができる点でミルにとっては望ましい教育のかたちでもあっただろう。そして、ミルは人々が個人的利害や利己的感情に囚われた狭い世界から抜け出し、共同社会の一員として広い視野で物事を考えること、利他的な思考や感情を養うことを期待するが、かりに政府の官吏が巧みに問題を処理できるとしても、教育的手段として多数の人々が政治に関与することをより望ましいこととして重視するのである。ミルの政治教育は、参加のもつ教育的効果を期待してのものであると言われるが、それはこの点にも示される。(15)

あるいは、ミルはこのような教育が、「社会のずっと下層にまで、重要な政治教育を普及させる手段になる」という点からも、実際教育としての政治教育がより重要なものだと考えている。(16) ミルの議論は、のちのいわゆる参加民主主義論につながるなど、現代に至るまで影響力をもつ議論となった。一方、必ずしも十分に注目されることはないが、アーノルドは、以下でみていくよう、このようなミルに類する考え方をイギリス人が容易に信じる見方とした上で安易な見方として退けている。本章では、この点に着目し、政治教育のもう一つの可能性をみていきたいと思う。

2　アーノルドにおける「政治教育」批判

アーノルドもまたミルと同様、デモクラシーを支持している。すなわち、アーノルドは「デモクラシー」と題した小論（初出は『フランスの民衆教育 *The Popular Education of France*』（一八六一年）の序文で、のちに彼自身が重要な文章とみなし「デモクラシー」というタイトルの下で『評論集 *Mixed Essays*』（一八七九年）の中に収録する）の中で、デモクラシーが不可避かつ望ましいものであり、それは人間の本性（human nature）を十分かつ自由に開花させ発展させていく上で重要な前提として、基本的には肯定的に捉えている。[17] 身分制としてのアリストクラシーが一般的には人々を隷従的なものとし、人々の自由な能力を阻害するものであるのに対して、平等な社会としてのデモクラシーの下において人々は精神を拡大させ、能力を活性化させることができるからである。人間性（humanity）の開花は、アーノルドの思想の核心にあるものである。そして、一方でアーノルドは勅任視学官として長年、教育行政の第一線に関わった人物であり、彼がデモクラシーの時代の新しい市民と教育の問題を結びつけて考えたであろうことは想像に難くない。

ただし、アーノルドはデモクラシーを肯定する一方で、ミルらが論じた当時の「政治教育」論には（ミルの名前をあげたわけではなかったが）批判的だった。例えば、アーノルドの主著『教養と無秩序 *Culture and Anarchy*』（一八六九年）をみると、彼はミルが論じたような政治参加のもつ教育的効果に依拠した選挙権の拡大の議論、すなわち人々が政治に参加することで公共の事柄についての関心や感情をもつようになる、従って選挙権を拡大すべきであるという論法には否定的であった。アーノルドからみれば、選挙権の拡大それ自体を称賛することは、建設した都市や鉄道などの数や大きさを誇ることと同様であり、それを所持していることはそれ自体において何らかの意味や価値をもつわけではないのである。ゆえに、「選挙権をもつことは、大きな家族や、大きな商売や、筋肉をもつのと同じように、それ自身において人間性にある教化的かつ完成的な効果をもつ」という議論を安易な見方として退ける。[18] 選挙権も、産業と同じく、それが何であるか、参加する人々の質や品位を問うことなく、そのものの数や規模を誇るのでは意味がない。さらには、フランスのミシュレが述べた話として、フランスにおいて「野蛮な民衆が彼らの兵役を通じて公共的義務と訓練の観念に思い至った」ことについて、すなわち参加を通しての公的意識の獲得のもつ意義について述べた話をあげた上で、これは個人主義的な価値観が強いイギリス国民には妥当しないと述べている。[19] そして、その証明として、クリミア戦争中、ある地方の兵士が徴兵に服するよりも鉱山に逃れた実例を、ある地方の工場支配人から聞いた話としてあげている。[20]

一方、ミルが「政治教育」の手段として評価する新聞の役割について、アーノルドは、アメリカでは全階級が新聞を読み、政治に関心を寄せているにもかかわらず、彼らには知性が欠けていると指摘する。[21]『合衆国の文明 *Civilization in the United States*』（一八八八年）では、アメリカの新聞について具体的な紙名をあげながら論評し、アメリカの大半の新聞にみられる特質として、冷静さの欠如、重要な事柄への関心の欠如、ゴシップとセンセーショナリズムをあげ、あるいは優れたものに対する感受性や抑制の習慣が見られず、精神に訴えるものとしての文明を欠いている点をあげる。[22] 全ての国民は自らに相応しい政府をもつと言われるが、新聞もまた同様だとされるのである。それゆえ、新聞を通しての政治教育ではなく、むしろ優先させるべきは人々のうちに真の意味での優れた文明を築くことでなければならないのであり、教養こそが重要なこととされるのである。

二　デモクラシーと教養

一九世紀イギリス社会において、教養に関する論争が幾度もおきる中で、ミルとアーノルドもまたこの論争の中心にあって教養の擁護を行った人々である。[23] 教養教育が本来、奴隷とは区別された自由人の教育を意味していたように、教養教育は本来それ自体において何らかの職業のための学生を育成するのではなく、彼らの道徳的・

知的能力を（それを使用する）目的に関わりなく、発展させることを目指すものであり、あるいはジェントルマンの資質とも関わるものだった。しかし、一九世紀には教養教育の伝統的な理念は浸食され、産業界の支援を背景に科学的職業主義が主張され、大学の役割が問われる中で、一般教養と職業教育をめぐる論争、さらには古典教育と科学・技術教育をめぐる論争などが起きることになる。こうして大学の役割が新たに問われる中で、教養は様々な攻撃に晒された。以下では、ミルとアーノルドの教養論とその市民性教育上の意義について検討していきたい。

1　ミルにおける教養論

一九世紀幾度かおきた教養論争の中で、特に世紀後半のものは、高等教育の基本的な目的をめぐって、長く広範に及ぶ論争が行われるものとなる。そして、この論争における一つの論点は教養教育と職業教育をめぐるものだった。ミルは「セント・アンドルーズ大学名誉学長就任演説 *Inaugural Address Delivered to the University of St. Andrews*」（一八六七年）において、大学を職業教育の場とすべきとの議論などに対して、大学が職業教育とは異なる、すなわち「生計を得るためのある特定の手段」を学ぶ場ではなく（従って、法律家や医師や技術者を養成する場ではなく）、むしろ「有能で教養ある人物を育成する」場であることを主張する。(24) ミルは、実業とは縁遠くとも、古典学や論理学を教えることが必要だとする。一方、専門職養成の学校も必要だが、生計を得るための知識は、人々が自ら身につけるのに任せておけばよいとした。そして、なにより大学は人間として必要な教養を備えるべき場であり、具体的には「ものごとの原理を追求し把握しようとする」こと、さらにはいかなる職業に就くのであれ「教育によって与えられる知的訓練とそれによって刻み込まれた思考習慣」とを身につけるべき場とみなされる。こうして単なる「技術を伝える」教育ではなく、「各世代の文明と価値を支えているもの」のための教育を教養教育として重視する。

さらに、この論争においては科学教育と古典教育の有用性の優劣に関する論争がなされ、例えば、科学を擁護した論客の一人ハーバート・スペンサーは、自己保存から最も距離のある人文学や哲学よりも、自己の生命にもっとも直接的に関わる科学こそが最優先されるべきものと考えた。しかし、ミルは「科学教育はわれわれに考えることを教え、文学教育はわれわれに考えたことを表現することを教える」と、双方の価値を主唱する。[25] すなわち、思考・思索し、表現する手段としての（科学、文学を含む）教養をこそ重視する。また、科学教育の価値とは観察や推論を通して真理を追究する営み自身のうちに知的教育としての有用性がある点にあり、文学教育の価値について言えば、文化や文明の卓越的価値に接したり、他国の思想や感情を知り自己を相対化したりするなど、政治や社会を理解する上での必要な資質を養う点にあるとの視点も示される。

ミルの教養論では、学ぶべき一般教養として、特に四つの領域、すなわち科学教育、道徳教育（倫理学、政治学を含む）、美学・芸術教育、文学教育があげられている。科学、そして、政治学や倫理学は実践知に関わる領域として（あるいは独自の判断力を行使する領域として）、さらに、美学、芸術が「感情の陶冶、美的なものの育成と言いうる」領域としてあげられている。この美的教養とは、「詩的教養 poetic cultivation」を身につけることで、人々が高潔さや英雄的な感情を身につけるのみならず、穏やかな感情を養い、あるいは「本性の非利己的な側面に訴え（中略）、われわれの前に義務としてあるものすべてを引き受けさせる厳粛な、思いやる感情をわれわれの胸底深く刻み込む」ものとみなされる。非利己的感情を養うという点で、彼の美学教育は政治教育と類似の教育的効果が期待されるものとなっている。[26] このような美的教養は個人的利害やその対立を超越するという見方――ミルに限らずヴィクトリア朝にみられたある種の美的教養の系譜――については様々な見方があろうが、[27] しかし少なくとも思考し、表現する手段としての教養の価値という点について、ミルの提起する教養の価値は簡単には否定しえないものであろう。ただし、以上の教養論は大学論の文脈におけるものであり、最下層の人々をも対象に含めて書かれた「政治教育」の議論とは教育対象がむろん異なるものであり、教養の議論がその当時においてもつ射程は自ずと限られたものだったであろう[28]。

2　アーノルドにおけるデモクラシーと教養

（1）教養の非政治性について

ここではデモクラシーを担う市民の教養とは何かについてアーノルドの議論をみていくが、そもそも教養は政治において有益なものなのか、教養の抽象性や非実践性は政治とは相容れないなど教養批判は時代を問わずみられるものであろう。そこでまずは政治にとって教養は無用なものであるという批判について、アーノルドがどのように考えていたのかという点からみていきたい。当時、教養人の非政治性に関する批判があったことは、アーノルドが『教養と無秩序』において引用するフレドリック・ハリソンの言葉「教養人は政治上においては、最も貧弱な人間である」にもみてとれる[29]。ハリソンのみる教養人は気楽に自分の好みを追求し、優柔不断で小さな粗探しをし、評論家向きであっても政治家にはおよそ適していない人々である。また、ハリソンによれば、教養人は仮説を現実に適用する際に（そして、いかなる仮説も目的も教養人にとっては非現実的ではないのだが）、現実を十分に見ておらず、政治の運用において必要な常識、同情、信頼、決心、熱意などを十分に顧慮することはない。結局、現実から乖離したところで思索する教養人は、現実世界の政治においては無用な存在とみなされる。

このような非政治性の観点からの教養人批判に対して、アーノルドは以下でみていくよう政治の領域における教養の役割を擁護している。ただし、アーノルドは、内面に関わる教養と実践に関わる政治とを対立的に捉えているわけではない[30]。なぜなら彼にとって教養人は現実や実践からかけ離れた、あるいは乖離した存在とはみなされないからである。たしかにアーノルドは、教養を人間の内面的な活動と関連づけ、「最善の思想を生き生きと自由に働かせるなら、彼は教養を得たことになる。（中略）この内面的な活動がわれわれの考えている教養の最も大事な本質である」（中略は引用者）などと述べ、内面的教養の重要性を述べている。[31] しかし、重要なことは、同時に、彼が教養人の資質について、内面を重視しつつも、単なる好奇心ではなく、道徳的社会的動機を持っている点をあげ、さらには「教養の考える完全は、個人が依然として孤立しているあいだは不可能である」など述べ、社会における実践的態度を重視した点である。[32]

ここで彼の考える教養について、『教養と無秩序』における有名な定義を通してみていきたい。

教養とは、われわれの総体的な完成 total perfection を追求することであり、それにはまず、われわれに最もかかわりの深いすべての問題について、世界でこれまでに考えられ語られた最善のものを知り the best which has been thought and said in the world、さらにこの知識を通じて、われわれの決まり切った思想と習慣とに、新鮮な自由な思想の流れ a stream of fresh and free thought をそそぎかけるようにする。われわれは、現在、それらの思想と習慣を忠実に守りさえすれば、これを機械的に mechanically 守る弊害を償うだけのくどくがあるとうぬぼれて、それらを忠実にしかし機械的に守っているのである。[33]

アーノルドにおける教養とはこれまで世界で考えられ語られてきた最善のものを知ることで、総体的な完成へと向けて努力と追求とをすることである。しかし、政治生活においては人々は、目前の欲求や生活の安楽さに目を向け「通常の自我」に止まりがちである。それゆえ、人々はそれ以上に賢明なものがあることを忘れ、最善の自我、最善の観念を持つのが困難だとされる。「われわれの習慣のために、われわれが文学や宗教において高い最善の自己の、至上の権威の、観念に到達することが困難であるならば、ましてや政治の領域においてはどれほどさらに困難であろう[34]」、あるいは「政治生活におけるすべてのものが、われわれの通常の自己よりももっと賢明なものが存在することに目を覆わせ、われわれが至上の正しい道理の観念に到達することを妨げる傾向をもつ」とされるのである[35]。

一方、「デモクラシー」においては、アーノルドはデモクラシーを概ね、平等な社会という意味で用いた上でヨーロッパにおいては不可避な流れであるとみなしている。その一方ではデモクラシーは自ずと平均的な人々の支配となるため、高い理念を見いだすことの難しい政治体制とみなされるのである。すなわち、「デモクラシーにとっての困難さとはいかにして高い理念を見いだし、維持するかという点にある」ことになる。アーノルドのみるところ、デモクラシー下において、人々は目前の利益や好みを追求し、高い理念を抱くことはなく、あるいは徳を持ち得ないのである[36]。さらには、代議制デモクラシーを採用する現状において、為政者は被治者を前に高い理念や正しい道理を掲げることなく、被治者の低俗趣味に順応し、機嫌取りに成り下がるしかなくなるとされるのである。

アーノルドがしばしば参照するアメリカのデモクラシーもまたその事実を例証するものである。『合衆国の文明』では、アメリカのデモクラシーが「平均人 average man の支配」であり、「いかに生きるべきか」という問いについての考察を欠いた状況であるとして、「平均人の支配から生まれる凡庸と卑小の支配」の問題点が繰返される。さらには、アメリカのデモクラシーの下において、人々は、物質中心主義的価値観に陥り、生活上の便宜や安楽への欲求などを幸福の尺度と捉えており、しかも政治の決定はこのような人々の最大公約数によって決まるであり、彼らは「最大多数の最大幸福」の賛同者でしかないとみなされるのである。デモクラシーは平均人の支配である限り、このような帰結に陥りやすいのだという。

一方、現在のイギリスはこのような流れを助長する状況におかれていることが深刻な問題とみなされる。現在のイギリスでは、「人がただ自分の思う通りに振る舞うことができることこそ最も幸福な大切なことであるとの観念」が行き渡り、あるいは自分の好きなようにすることが人間の理想的権利と幸福であるという考えが崇拝されており、何をなすべきであるかということについては、さして重きがおかれないとされる。[37] イギリスの文明は機械的かつ外面的だとも述べられ、産業主義、功利主義、レッセフェールなどの止まることのない潮流もまたその現れであり、教養がもつ内面的精神的活動を伴っていない点が繰り返して指摘される。そして、それゆえにこそ、アーノルドはイギリスにおいてこそ教養には果たすべき役割があると考える。

（2）詩的教養とデモクラシー

さらに、彼の教養のもつもう一つの重要な要素は「知る」ということ、すなわちあるがままに対象をみるということであり、これもまた政治と教養、デモクラシーと教養を考える上で重要な指摘となっている。彼の教養は、独創性や個性とその発達を重視してそれゆえ人間の内面への重視に傾きがちな教養とは異なり、むしろ「知る」ことを重視している点に一つの特徴がある。アーノルドの教養の定義にあるように、これまで考えられ語られてきた最善のことを知ることで、伝統的な習慣や思想に囚われず、「われわれの決まり切った思想と習慣とに、新鮮な自由な思想の流れをそそぎかける」ことが強調されているのである。彼はあるがままに対象を見ることを重視しているが、それは対象のうちに美や善を見いだすことでもあり、例えば彼が模範の一つとするギリシア芸術はその実践としてあげられる。

また、このような教養が追求する完全性の主な性格は「優美と知性 sweetness and light, beauty and intelligence」とされ、その調和も重視され、あるいは誠意をもって教養を追求する者の一つの報酬は「柔軟性

flexibility」であると述べられる。[38]アーノルドは、教養を得た人々が、繊細さや柔軟性をもって物事を捉えること、そうしてあるがままにものをみること、利害に囚われず公平さや寛大さを備えることを期待していた。そして、彼はこのような教養の必要性を、当時の中流階級の中核をなすイギリスのピューリタン、あるいはプロテスタント・ディセンターの宗教や道徳についての一面的な気質、偏狭さ（あるがままに物事を見る知性の欠如）に対して述べており、その点で彼の教養観は同時代的において強い主張をもつものでもあった。彼は教養に必要な二つの要素としてギリシア主義とヘブライ主義とをあげ、彼らのうちには道徳や良心の厳格さとしてのヘブライズムの原理がみられるが、他方であるがままに物事をみること、対象のうちに美を見いだすこと、そうしたヘレニズムの美と知性の原理を欠いているとし、自発性が繰り出す音楽、利害を離れて真実を愛する心、精神的な繊細さを伴った教養の必要性を説く。

そして、彼が教養を得るために具体的に挙げたのは、宗教、芸術、科学、詩歌、哲学、歴史などであったが、なかでも詩と宗教こそが彼が考える教養の精神をもつものとして示される。教養は詩と同様の精神、同様の法則をもち、宗教もまた同様なのだという。人は人口や産業に頼る以上に宗教団体によって救われてきたのであり、宗教は多くの人々に対して「完全のために尽くした」ために人間性の最も重要な現れなのであり、人間的完成の本質が何にあるのかを決定する際に詩や教養と同じ結論に達するとされるのである。また、宗教と詩とは同様の精神をもち、「詩の支配的観念である美とすべての側面における完全な人間性との観念は、真実でありかつ貴重な観念である」とされる。[39]いま現在、詩と宗教とが求める道徳的な側面における人間性の完成は達成されてはいないが追求すべきものとされる。さらに、詩とは、真の繊細さを伴うものであり、さらには複雑な世界を捉える力、総合的に世界を把握する力をもつものともされる。そして、宗教もまた詩と同様に、「精神的知覚の真の繊細さを要求する」ものであるとみなされるべきことが『教養と無秩序』あるいは『文学とキリスト教義

Literature and Dogma』(一八七三年)などで記され、聖書の言葉も人間がいかに考え、自らを表現してきたかについて、書かれてきたものであり、それは精神の柔軟さや繊細さをもって読まれるべきものでもあるとみなされるのである。[40]

このように考えるアーノルドはミルとともに教養に関する大論争に加わり、「文学と科学 *Literature and Science*」(一八八二年)を執筆したが、ミルが科学と文学との双方に価値をおき両者の間に葛藤を見いだされなかったのに対して、アーノルドは科学の価値を認めつつも文学の価値に重きをおいた。すなわち、科学は正確な知識を生むが、それは人間の美的感覚や行動感覚などに関連づけられるものではないとし、彼はむしろ考え感じる訓練としての文学の役割を強調するのであり、それを詩の研究から得られる最大の報酬であるとした。そして、このような議論は『教養と無秩序』では、イギリスの自由主義を推し進める中流階級の中核にいるピューリタンあるいはプロテスタント・ディセンターに対して、さらには中流階級にとってかわる新しい力による民主的力の抽象的な急進民主主義の企ての主導者たち(抽象的かつ合理的に社会を大胆に変革していくベンサムやコントら)に対してもまた、向けられているものだった。アーノルドは「教養はつねに体系制作者と体系に対して、人間の運命の方向を決めるのに小さな役割をふりあてるが、それはその同情者たちが望んでいるよりも小さな役割なのである」として、繊細さをもって物事を捉える視点の重要性を指摘している。[41] こうして彼の考える教養は政治に寄与しようとする。

そして、アーノルドの教養論について注目すべきは、教養を平等の使徒とみなし、このような教養論を最下層の民衆のレベルをも含めて流布すべきだと考え、そう発言した点であろう。彼は、勅任視学官として、各地の学校を視察する仕事に就いていたが、「再改訂法典 *The Twice-Revised Code*」(一八六二年)において、学校への国庫補助をめぐる議論の中で、初等教育のあり方を論ずる文脈において、貧しい児童にとっての教養の必要性につ

いて述べているのである。(42)

一九六一年、ロバウト・ロウは、学校に対する国庫補助を大幅削減し、学校を効率化させ、さらに読み書き計算能力の試験の成績への出来高払い制の下で補助金を交付しようと、教育改革を行おうとしていた。これに対してアーノルドは、学校は読み書きそろばんを教える単なる機械ではないこと、補助金は基礎的技能に対してだけではなく「宗教的、道徳的、知的な目的からなる生きた全体」に対して支払われるべきだとしたのである。彼は、以下の「再改訂法典」の引用にあるように、単に読むことが出来るだけではなく、知的に読むこと、感情をもって捉え伝えること、などを含めた教養の向上を全ての階級に求めているのである。

相当にまたは良く読むためには困難を感ぜずに読むだけではもはや十分ではない。知性的な方法において読むことが必要である。ヴォーン博士の言葉を用いるならば、児童は知性をもって聖書を読むことができるようになるべきである。もっと有能かつ熱心な補助委員の一人であるフレーザー氏の言葉を用いるならば、児童は読む自分に喜びを与えるとともに、聞く相手に報道を伝えてあげられるほどに容易に新聞を読むことができるようにならなければならない。（中略）要するに、子供たち自身のなかにも、彼らが生活をともにする人たちのなかにも、全般的に教養が欠けているからである。こうした能力を彼ら貧困児童に修得させる道は、実に彼らと彼らの階級の教養を向上させることであって、彼ら児童を読み方の学習に縛りつけることでもないし、われわれの小学校の課程から地理や歴史の科目を排除することでもない。知性的な読み方――読む本人にも聞く相手にも喜びを与えるような読み方は――きわめて重要である。（中略）読み方は単なる機械ではない(43)（傍線は原文、中略は引用者）。

そして、アーノルドは、グリニッジの学校では、読み書き以外を教えなかったところ、アーノルドが述べるところの知的な読み方が、それ以外の科目を教えた子たちに比べて、進歩しなかった点を指摘している。アーノルドが述べるような読み方が出来るには、教養が必要なのであり、最善のものを求めること、繊細さや情緒をもって物事を捉えること、それらのことのためには機械的に知識を教えるだけでは決して十分ではないのである。

三　国家と教養、国家と教育

アーノルドにおいて教養の中心をなすのは、文学的教養、あるいは詩的教養であり、デモクラシーの時代においてこそ求められるべきものであったが、しかしながら、このような教養をどのようにして普及させるのか。アーノルドは国家こそが教養の担い手であると述べたが、これは個別利害、階級対立を超越した国家という権威に教養の問題の解決を委ねる点でアーノルドの議論において最も警戒感をもって捉えられる箇所である。一方、ミルの「政治教育」は基本的には地方自治など学校外において実践されることを最優先に考えられており、ここでは国家による介入は基本的には問題とはならない。加えて、ミルは、義務教育の役割を重視したが、国家による教育への介入には慎重な姿勢を示してきた。いかなる方法や体制において、政治教育、そして教養の普及はなされるべきなのか。国家と教育の問題について、最後に検討していきたい。

1　ミルにおける国家と教育

既に見たように、ミルは普通選挙制の導入に先立ち、教育が全ての国民に義務づけられ、国家が全ての国民に教育を強制する義務をもつべきだと考え、学費を支払えない児童については、国家による学費の支弁も求めていた。ただし、ミルは『自由論』において注意深く「国家による教育の強制」と「国家自らの手による教育指導」とを区別して考え（これは初等教育においてであれ高等教育においてであれ同様である）、教育の場所や内容に関しては親に選択権を委ね、政府の役割を基本的には財政的なものに限定する。(44)

なぜミルにおいて「国家自らの手による教育指導」は問題なのか。その弊害は、第一に、一律的で画一的な教育が国民を画一的なものとしてしまい、教育が人々の精神に対する専制的な圧力となる点にある。それゆえ学校は（社会一般が遅れていて教育施設を提供できない場合を除き）競争的関係を保つべきであり、すなわち「競争しあう多数の実験の中の一つとしてのみ存在すべき」ことになる。(45)

第二に、「国家自らの手による教育指導」の弊害は、教育の中立性の確保に問題を生じさせる怖れをもつ点である。教育内容については、最低限の知識が必要とされ、児童が読む力をもっているかなど、親への罰金も課すことも含め、強制的かつ実効的に普及させるべきとされる。一方、論争的事柄について、『文明論』では、宗教や政治などに関わる事柄は取り上げず、根拠に基づく事実のみに限定すべきことが強調される。ミルによれば、論争の的となっている諸問題に関して、国民の結論を偏向させようとする国家の試みは不正なのであり、教師にとって重要なのはいかなる信条を知っているかではなく、すべての信条を知っており、また「自分自身の意見を主張する際に、相対立する意見のすべてを公平に述べるかどうかということでなければならない」のである。(46)

従って、『文明論』では大学改革の一歩として大学の非宗教化を主張し、「セント・アンドルーズ大学名誉学長就任演説」でも宗教教育や道徳教育を教育の管轄外であるとして排除する（ただし、宗教教育は家庭教育の領域としては否定されない）。(47) ミルがこのような立場をとる上で重視したのは、各人が自分自身の考えをもつということであり、従って、政治学が対象とする領域もまた事実に即して「各人が自分自身の力で探究し、同時に判断力を行使するべき」領域とみなされ、逆に確立した権威に基づく教育は徹底的に排除されることになる。(48)

ところで、ミルは大学教育においては、義務教育においてと同様、国家による教育への介入には慎重な対応をとっていた。一八八九年から大学は国庫補助を受けることになるなど、大学に対する国の関与が増大していく時代において、なぜミルがそのような対応を示したのかは、「セジウィック論」に示される通り、一つには大学教育を大衆の判断に委ねることを警戒したからでもあった[49]。すなわち、「並はずれた能力と向上心とをもち、国民を導き、徳・知性・社会福祉の点で偉大な貢献をなしうるような人物を育てること、そして同様に社会の有閑階級を広く教育し、これらの卓越した精神の持ち主たちの資質をできる限り共有できるようにさせ、彼らを正当に評価して、彼らの行動に従う心構えを持たせることなど、これらのことがこの種の教育の目的であり、それゆえ、教育制度は大衆の目先の要求に左右されない位置におかれなければならない[50]」。彼は大学組織を大衆に依存しないよう、国庫補助による大学ではなく、財団組織による大学の運営の必要性を説いたのである。

以上のようにミルの議論においては教育の現場において、教育の中立性の視点が徹底され、宗教や道徳などを独断的に教えることが排除され、教育で重要なのは特定の考え方を教えることではなく、自らの知識や判断力を得ていくこととされた。ただし、ミルは教育の世界が価値中立的であれ、ある種の使命感を伴ったものであるべきだともみている。ミルは、何を教えるのであれそこに義務感が貫かれることは重要であり、あるいは知識が人生にとって価値あるものとなることもまた重要であると述べている。そして、ミルにおいて、それは特定の思想を押しつけることによってではなく、大学全体の気風や教師の影響を通して示されていくべきだとも付け加えられる[51]。教育、そして市民の教育は義務感をもってなされるべきであるにせよ徹底して人々の自発性や多様性と両立するかたちで行われるべきものとされるのである。

2　アーノルドにおける国家と教養

しかし、以上のミルの議論はアーノルドにとっては容易には受け入れられるものではなかった。アーノルドのみるところ、「自分が好きなようにすることが人間の理想的権利と幸福である」と考えているイギリス人にとって、好き勝手に振る舞うことの中から、いかにして高い理念や知性を愛し、あるいは美的感覚や知性をもって物事を捉え、行為することが出来るのであろうかという疑問が直ちに生じてくるのであり、そしてそれらは決して容易なことではない。

しかし、現在のイギリスには教養の担い手がいないという点もまた彼の抱える問題であった。彼の有名な三つの階級区分とその分析に示されているように、各々の階級はみなデモクラシー、そして教養の担い手とはなり得ないのである。

貴族階級（アーノルドは彼らを「野蛮人 *Barbarians*」と称する）は、洗練されたマナーや立派な態度、勇気や気概などの高貴な精神、さらには優美を備えているとされ、あるいは名誉や尊厳を重んじ、魅力を備えた存在として語られる。しかし、彼らの時代は終わったという。彼らは、優美を備えているが、知性を兼ね備えておらず、既存の事実に対する自然な執着をもつがゆえに、変化の激しい時代にあっては、時代を主導する新しい思想を受け付けられず、あるいは見つけられないのである。[52]

また、現在において大きな勢力であり、アーノルド自身が属する中流階級については、「俗物 *Philistines*」とされ、自由主義の中核をなす人々だが、彼らは機械的なものに従っているに過ぎず、金儲けや魂の救済に機械的に従う——つまり、世俗の義務についての狭い観念に従う——のであり、いわば「通常の自我」に従う人々とみなされる。他方で、アーノルドの目には、労働者階級としての「大衆 Populace」は正直さを持つが「無秩序」を生む人々であり、中流階級と方向性を同じくし、自分の好き勝手に振る舞うことが人間の理想的権利であり幸福だと考えている人々とみなされるのである。[53]

そして、アーノルドにとって、このように階級に分裂した社会は、決して望ましいものではない。人間性はアーノルドの思想における中心的概念だが、彼は人間には階級を超えた人間性という共通の基盤があると考え、誰しも人間はみな自らの才能や精神を開花させることが望ましいのであると強調する[54]。イギリスのように階級組織が厳しく、個別利害に分断された社会では、人々の精神の働きは妨げられるのである。それゆえ、教養は「平等の真の使徒」でなければならないとされるのである。

しかし、そのために彼が現実の体制の中で頼ったのは「国家」であった。すなわち、「教養は国家の観念を提唱する」[55]とされる。国家はいかにして個別利害や階級利害を超え、共通の人間性を開花させ、教養を普及させる担い手になりうるのかはアーノルドの議論において問題となる部分である。アーノルドは「国家は実際には国家を形成する個人から構成されており、各個人は彼自身の利益の最善の判断者であると言われる」という国家観を批判的に示しつつ、各々の階級も個々人もまた各々の利益を好き勝手に追求し、「通常の自我」を放任することの問題をあげていく[56]。そもそも彼にとって国家は一つの大きな全体であり、孤立しては完全な幸福は見いだされないのであり、人間性の発展も社会全体としての発達でなければならないのである[57]。

彼は国家による教育への干渉について、ドイツやフランスの事例をあげ、「人間的完成に同情をもつ人々は、個人が完全に独立することができるようにするものの必要をますます強く感じる」として国家による教育への干渉を肯定する[58]。彼はルナンが次のように述べたように、自由主義の不干渉はいまだ早すぎる点を警告してもいた。「自由主義者は自由を信奉する。自由とは国家の不干渉を意味する。しかしそのような理想はまだ前途ほど遠い。それをわれわれから無限の距離に遠ざけるその手段は、まさに国家があまりに早くその活動を撤去することであろう」[59]（傍点は原文）。

しかし、やはり国家はいかにして彼の考える教養の担い手となるのか。ミルが国家と個人との関わりについてきわめて警戒感をもって議論し、例えばドイツやフランスと比較しつつ、教育が独断的な押しつけではなく、自由な精神、自由な思索、自由な教育によってなされるとき、「ドイツやフランスなどの諸国で出現したものよりも、（中略）多様性をかけ値のない価値においてはるかにすぐれたものになると思われる」として人々の自由や自発性に信を置いたのとは対照的である。[60]アーノルドにとっては、ミルの次のような議論、すなわち「個人的な競争は、たとえどのようなものであるにせよ、通常最善の結果をもたらす。一般大衆がものの良し悪しを正しく評価できるのは、個人的な利害がもっとも強く刺激される場合である」[61]という見方は「通常の自我」に従う人々でしかないのだが、しかし「通常の自我」の上に国家が「最善の自我」をもたらすことができると考えるのもまた容易に受け入れ難い議論でもあろう。教養の流布が重要であるとするにせよ、国家と教育とがそのためにいかなる関係に立つべきかは、二人のすれ違いとともに難しい問いを孕む問題である。

おわりに

以上、ミルとアーノルドの思想を、いわゆるシティズンシップ教育の観点から検討してきたが、このような議論は現代の日本においてどのような意味をもつのであろうか。[62]近年、日本では、選挙権年齢の引き下げを背景に、主権者教育という名の下で日本版シティズンシップ教育が始まり、教育現場では、政治的関心の向上、政治的知識の獲得、政治的リテラシーの涵養、公共精神の涵養などを目的とした様々な教育実践が行われている。これら新たな教育実践の試みは今後の国家・社会の形成者・担い手を育てる上で重要な一歩であろうが、しかし同時に、利害の対立やその調整という意味での（教養の）「政治」を対象とした主権者教育に主眼がおかれ、アーノルドの議論にみられるような社会を捉える知性や感情などを含めた広い意味での市民の教養を養う視点を欠いていないだろうか。

一方、現在、主権者教育に伴う政治的中立性の確保が教育現場に対して要求されている。しかし何のための中立性なのか。現在、政治的中立性が強調されるのは、多くの場合、教師の偏向教育への懸念を背景とするものである。教師による思想の押しつけや明らかな偏向教育は問題だろうが、一方で、ミルが中立性の問題にこだわったのは、偏向教育の問題のためであるほか、権力による個人への介入の問題のためであり、そしてそれ以上に人々が自らの力で判断力や知性を獲得していくためであり、人々の自発性や多様性を重んじるためでもあった。

政治的教養、市民的教養とは何か、そのための教育とはいかなる場においてどのようになされていくべきか、また政治的中立性とは何なのか、根本からの問い直しが必要とされるように思われる。

＊本論文は、平成二六年度～三〇年度科学研究費・基盤研究Ｂ「〈政治リテラシー〉の理論的研究と政治学教育への実践的展開」（ＪＳＰＳ科研費 JP26285028）、及び平成二八年度～平成三一年度科学研究費・基盤研究Ｃ「〈教養教育〉に関する思想史研究――デモクラシー下の市民的資質の観点から」（ＪＳＰＳ科研費 JP16K02203）の助成を受けた研究成果の一部である。

＊マシュー・アーノルドの全集からの引用・参照は、*The Complete Prose Works of Matthew Arnold*, ed. R. H. Super, The University of Michigan Press, 11 vols, 1960-77（以下、*CPW*と略記する）を用いた。また、Ｊ・Ｓ・ミルの著作からの引用・参照は、*The Collected Works of John Stuart Mill*, ed. J. M. Robson, 33 vols, University of Toronto Press, 1963-91（以下、*CW*と略記する）を用いた。なお、邦訳については、参考文献一覧のものを参照したが、適宜変更を加えた箇所もある。

【注】

（1）本論文の基本的構想は、二つの拙稿（二〇一四、二〇一七）の中にあるものであり、趣旨において重複する部分があるが、本章は、ミルとアーノルドの比較のほか、新たな論点も含めて、教養のシティズンシップ教育上の意義と課題について論ずるものである。
（2）Mill（1859）, p. 305（二一九頁）.
（3）Willey（1968）, p. 251（二六五頁）, Murray（1996）, p. 120（一二二頁）. そのほか、一九世紀ヴィクトリア朝における教養の問題をデモクラシーとの関連において捉える研究としては、ヴィクトリア朝の教養論における最も重要な研究の一つを著したレイモンド・ウィリアムズ『文化（教養）と社会』がある。すなわち、ウィリアムズは、「教養（culture）は単に新しい生産諸方式、すなわち新しいインダストリーに対してのみ反応したものではなかった。（中略）教養の観念が、産業主義に対する反応であったなら事は簡単となるであろうが、その観念は全く明白に、新しい政治的・社会的諸発展に対する反応、すなわち、デモクラシーに対する反応でもあった」（中略は引用者）と述べている（ウィリアムズ（二〇〇八）、六頁）。
（4）政治思想史における「政治教育」の語彙については、井柳（二〇一三）を参照。
（5）Mill（1969）, p. 117.
（6）イングランド・ウェールズ地区で義務教育が進められるのは一九世紀であり、例えば、初の「教育国庫補助金制度」は一八三三年に発足、イギリス議会による初の教育法「初等教育法」はようやく一八七〇年に制定された。義務教育の実現は必ずしも歓迎されるべきものではない中、ミルが普通教育、義務教育を提唱した点は注目される。
（7）Mill（1861）, p. 470（二一九頁）.
（8）Mill（1848）, Bk. 5, Ch. 11, Sec. 8（第五編、第一一章、八）.
（9）例えば、「自由な統治の最大の恩恵のなかには知性および感情の教育があり、この教育は、国民のうちの極最下層のものが、彼らの国の大きな利害に直接影響をおよぼすような行為に参加することを求められるときに、彼らにまで及ぶのである」を参照。Mill（1861）, pp. 467-468（二一三頁）.
（10）Mill（1861）, pp. 470-471（二一九―二二〇頁）.
（11）Mill（1859）, p. 303（二一三頁）.
（12）Mill（1848）, Bk. 4, Ch. 7, Sec. 2（第四編、第七章、二）. ミルは、新聞が有効な役割を果たした具体的事例としてランカシャーの労働者たちの思慮ある行動をあげている。ミルにおける初歩教育の充実と新聞の役割については、下條（二〇一三年）、二七頁参照。
(13) Mill (1840), pp. 168-169 (一四九―五〇頁).
(14) Mill (1859), p. 305 (二一九頁).
(15) Mill (1859), p. 305 (二一八頁).
(16) Mill (1861), p. 536 (三五四頁).
(17) Arnold (1879), p. 7.
(18) Arnold (1869), p. 108 (八一頁).
(19) Arnold (1869), p. 118 (九五頁).
(20) Arnold (1869), p. 118 (九四―九五頁).
(21) Arnold (1869), p. 242 (二七頁).
(22) Arnold (1888), pp. 360-363 (二一九―二二二頁).
(23) 一九世紀における教養論争については、サンダーソン (二〇〇三) を参照。
(24) Mill (1867), p. 218 (一二―一四頁). また、職業教育と大学教育については同様の問題について述べているミル「文明論」も参照した。Mill (1836), p. 139 (二〇九頁).
(25) Mill (1867), p. 221 (二一頁).
(26) Mill (1867), p. 254 (一二五―一二六頁). なお、ヴィクトリア朝の政治思想においては、美的教養の観念が、私的な利害を超越した特別な規範性をもったという美的教養の系譜があり、これについての分析を含む論文としては、小田川 (一九九五、一九九八、二〇一八) を参照。
(27) 例えば、イーグルトン (一九九七) を参照。
(28) 大学教育の目標はあくまで並はずれた能力や向上心をもった人物 (国民を導くことができる人物) を育成することであり、現に教養ある人々 (の教養論) と、そうでない人々 (の政治教育論) とを区別した上で、各々の市民的資質の教育について考察していたと言うことができるだろう。このような二正面作戦は、ミルが『代議制統治論』においては、普通選挙制を提唱する一方で、現段階においては、圧倒的に政治的知識の水準が低い労働者が多数派となることから生じる階級立法を回避すべきと考え、教養ある人々には二票ないし複数の投票権を与える複数投票制を提唱していることにも現れていた。

(29) Arnold (1869), pp. 87-88（五三—五四頁）, p. 111（八六頁）, p. 150（一四二頁）, p. 153（一四七頁）.
(30) ただし、アーノルド自身は、「私は政治によって直接に働くよりも文学によって間接的に働くことを喜びとするのです」(Willey (1949)、二六九頁）と述べたように、政治の領域に文学以上に関心をもったわけでは必ずしもない。
(31) Arnold (1869), p. 234（二二一—二二三頁）.
(32) Arnold (1869), p. 94（六二頁）). あるいは、Arnold (1869), pp. 90-91（五六—五八頁）. なお、アーノルドが社会の実践的態度を強調した点に注目する議論としては、例えばウィリアムズ（二〇〇八）九七—九八頁。
(33) Arnold (1869), pp. 233-234（二一一頁）.
(34) Arnold (1869), p. 150（一四二頁）.
(35) Arnold (1869), p. 153（一四七頁）.
(36) Arnold (1879), p. 17.
(37) Arnold (1869), p. 117（九三頁）.
(38) Arnold (1869), p. 104（七六頁）.
(39) Arnold (1869), p. 99（六九頁）.
(40) 『文学とキリスト教義』では、聖書が、人々が述べるように厳格で、固定的で、科学的なものではなく、流動的で、過渡的で、文学的なものであるなどと述べられる（Arnold (1873), p. 152（一四頁））。
(41) Arnold (1869), p. 109（八三頁）.
(42) アーノルドの教養論は教養を流布することで、中産階級や労働者階級を取り込もうとする動きにつながりかねないとの批判もある。また、ウィリアムズは、アーノルドの教養の観念を高く評価しつつも、労働観に対して異論も述べている。例えばウィリアムズ（二〇〇八）、一〇三—一〇四頁を参照。
(43) Arnold (1862), pp. 223-225（四一—四四頁）.
(44) Mill (1859), p. 302（二一一—二一二頁）.
(45) Mill (1859), p. 302（二一一—二一二頁）.
(46) Mill (1836), p. 144（二一七頁）.
(47) Mill (1836), p. 144（二一七頁）, Mill (1867), p. 248（一〇五頁）.

(48) Mill (1867), p. 244 (九三—九四頁).
(49) Mill (1835), p. 32 (五五—五六頁).
(50) Mill (1835), p. 32 (五五—五六頁).
(51) Mill (1867), p. 248 (一〇六頁).
(52) Arnold (1869), p. 141 (一一九頁), p. 145 (一三五頁), p. 140 (一一七頁) など。
(53) アーノルドの階級分析については、Arnold (1869), ch. 3 (第三章) を参照。
(54) Arnold (1869), p. 143 (一三二頁).
(55) Arnold (1869), p. 135 (一二〇頁).
(56) Arnold (1869), p. 117 (九四頁).
(57) Arnold (1869), p. 94 (六二頁).
(58) Arnold (1869), p. 162 (一六〇頁).
(59) Arnold (1869), p. 162 (一六〇頁).
(60) Mill (1836), p. 144 (二二八頁).
(61) Mill (1835), p. 32 (五五—五六頁).
(62) 現代日本の主権者教育については、Iyanagi (2017) を参照。

【参照文献】

Alexander (1965): Edward Alexander, *Matthew Arnold and John Stuart Mill*, Routledge & Kegan Paul.

Arnold (1862): Matthew Arnold, "The Twice-Revised Code", *CPW*, vol. 2 (小林虎五郎訳「再改訂法典」東洋館出版社、二〇〇〇年).

——— (1869): Matthew Arnold, "Culture and Anarchy", *CPW*, vol. 5 (多田英次訳『教養と無秩序』岩波文庫、一九六五年).

——— (1873): Matthew Arnold, "Literature and Dogma", *CPW*, vol. 6 (石田憲次訳『文学とキリスト教義』あぽろん社、一九八二年).

——— (1879): Matthew Arnold, "Democracy", *CPW*, vol. 2.

――（1888）：Matthew Arnold, "Civilisation in the United States", *CPW*, vol. 11（海老根宏訳「合衆国の文明」齋藤真ほか『ヨーロッパ人のアメリカ論』研究社、一九七六年）.

Connell（1950）：W. F. Connell, *The Educational Thought and Influence of Matthew Arnold*, Routledge and Kegan Paul.

イーグルトン（一九九七）：テリー・イーグルトン『新版　文学とは何か』（岩波書店）。

Garforth（1979）：F. W. Garforth, *John Stuart Mill's theory of education*, Martin Robertson.

井柳（二〇一三）：井柳美紀「政治教育」（古賀敬太編『政治概念の歴史的展開』第五巻、晃洋社、七九―一〇四頁）。

――（二〇一四）：井柳美紀「J・S・ミルにおける市民教育論」（『静岡大学　法政研究』第一九巻第一号、一―二五頁）。

――（二〇一七）：井柳美紀「一九世紀イギリスにおけるデモクラシーと〈教養〉――M・アーノルドの教養論を中心に」（『静岡大学　法政研究』第二二巻第三・四号、一二七―一四九頁）。

Iyanagi（2017）：Miki Iyanagi, Lowering the Voting age to 18 in Japan,『静岡大学　法政研究』第二二巻第三・四号, pp. 13（216）-26（203）.

清滝（二〇〇四）：清滝仁志『近代化と国民統合――イギリス政治の伝統と改革』木鐸社。

小菅（一九七六）：小菅東洋「Matthew Arnold における詩と宗教」（『山梨英和短期大学紀要』第一〇号、三三―四九頁）。

松井（二〇〇八）：松井一麿『イギリス国民教育に関わる国家関与の構造』東北大学出版会。

Mill（1969）：James Mill, *James Mill on Education*, edited by W. H. Burston, Cambridge University Press.

Mill（1835）：John Stuart Mill, "Sedgwick's Discourse", *CW*, vol. 10（竹内一誠・永山了平訳「セジウィック論（抄）」杉原四郎・山下重一編『J・S・ミル初期著作集3』御茶の水書房、一九八〇年）.

――（1836）：John Stuart Mill, "Civilization", *CW*, vol. 18（山下重一訳「文明論」杉原四郎・山下重一編『J・S・ミル初期著作集3』御茶の水書房、一九八〇年）.

――（1840）：John Stuart Mill, "De Tocqueville on Democracy in America II", *CW*, vol. 18（山下重一訳「トクヴィル氏のアメリカ民主主義論Ⅱ」杉原四郎・山下重一編『J・S・ミル初期著作集4』御茶の水書房、一九九七年）.

――（1848）：John Stuart Mill, "Principles of Political Economy", *CW*, vols. 2-3（末永茂喜訳『経済学原理』一―五、岩波文庫、一九五九―六三年）.

――（1859）：John Stuart Mill, "On Liberty", *CW*, vol. 18（塩尻公明・木村健康訳『自由論』岩波文庫、一九七一年）.

――――（1861）：John Stuart Mill, "Consideration on Representative Government", *CW*, vol. 19（水田洋訳『代議制統治論』岩波文庫、一九九七年）.

――――（1867）：John Stuart, Mill "Inaugural Address Delivered to the University of St. Andrew", *CW*, vol. 21（竹内一誠訳『大学教育について』岩波文庫、二〇一一年）.

Murray（1996）：Nicholas Murray, *A life of Matthew Arnold*, Hodder & Stoughton（村松眞一訳「マシュー・アーノルド伝」英宝社、二〇〇七年）.

Novak（2002）：Bruce Novak, Humanizing Democracy: Matthew Arnold's Nineteenth-Century Call for a Common, Higher, Educative Pursuit of Happiness and Its Relevance to Twenty-First-Century Democratic Life, *American Educational Research Journal*, vol. 39, No. 3, pp. 593-637.

小田川（一九九五）：小田川大典「アーノルド『教養と無秩序』の生成と構造」（『イギリス哲学研究』第一八号、五―一六頁）。

――――（一九九八）：小田川大典「教養としての政治――アーノルドの政治的思考」（『帝塚山大学教養学部紀要』第五五巻、二〇―三九頁）。

――――（二〇一八）：小田川大典「J・S・ミルにおける教養と宗教――『宗教三論』解説」（『岡山大學法學會雜誌』第六七巻第三・四号、四五七―四七四頁）。

リンガー（一九九六）：F・K・リンガー『知の歴史社会学――フランスとドイツにおける教養1890～1920』筒井清忠他訳、名古屋大学出版会。

サンダーソン（二〇〇三）：M・サンダーソン『イギリスの大学改革1804-1914』玉川大学出版部。

下條（二〇一三）：下條慎一『J・S・ミルの市民論』中央大学出版部。

Willey（1949）：Basil Willey, *Nineteenth Century Studies: Coleridge to Matthew Arnold*, Cambridge University Press（松本啓訳『十九世紀イギリス思想』みすず書房、一九八五年）.

ウィリアムズ（二〇〇八）：レイモンド・ウィリアムズ『文化と社会1780-1950』若松繁信・長谷川光昭訳、ミネルヴァ書房。

第七章　A・D・リンゼイにおけるシティズンシップ教育の射程

平石　耕

はじめに

本章は、二〇世紀前半から半ばにかけて活躍した英国の政治学者A・D・リンゼイ（A. D. Lindsay, 1879-1952）の教育観をシティズンシップ教育の観点から再評価し、その射程の長さと意義とを確認することを目的とする。

一般にリンゼイは、その『民主主義の本質』（一九二九年）や『現代民主主義国家』（一九四三年、未完）によって民主主義の理論家として、つまり政治学者として、知られる。しかし例えば『オクスフォード大学英国人名事典』において彼が何よりもまず教育者と規定されていることからも分かるように、そして彼の娘ドゥルシラ・スコットによる評伝『A・D・リンゼイ』でも活写されているように、リンゼイは大学・高等教育の改革や労働者階級を主たる対象とした成人教育運動にも深く関心をもち、また実践にも関わった思想家であった。

それは、彼がオクスフォード大学ベイリオル・コレッジの学寮長を一九二六年から四九年まで四半世紀にわたって務めたことに尽きない。例えば、現在ＰＰＥとも呼ばれ、数多くの著名な知識人・評論家・政治家を生んできたモダン・グレイツのコースを創始した一人は、まだベイリオルのフェロー兼チューターであった若き日のリンゼイであった。彼はまた、オクスフォード大学副総長時代には、自動車製造を営む慈善家であったナフィールド卿を説得して、物理化学の実験室および社会科学系研究の大学院という性格をもった研究機関であるナフィールド・コレッジの設立に尽力した。

その一方で、リンゼイは、一九三〇年にはインドのキリスト教会系コレッジにおける高等教育の視察に携わり、また、一九四八年には英国占領下のドイツにおいて大学再建を試みるドイツ大学改革検討委員会の一員として活躍した。さらに成人教育との関わりをみれば、オクスフォード大学と深い関係のあった労働者教育協会（Workers' Educational Association, WEA）の運動に、やはりベイリオルのフェロー兼チューターであった一九〇九年から、W・テンプルやR・H・トーニーの同僚として参加した。そこで生まれた人脈によって、リンゼイは、ベイリオル学寮長退任後、スタッフォードシャーに新設されたノース・スタッフォードシャー・ユニヴァーシティ・コレッジ（現キール大学）の初代学長に請われて着任することになり、その在職中に死去する。

以上のように多岐にわたるリンゼイの教育面での業績になるべく広く目を配り検討したのが、安原義仁による研究である。(1) 安原は、先述したスコットによる評伝をはじめさまざまな二次文献をも参照しつつ、大学拡張・成人教育運動、モダン・グレイツの創設、ナフィールド・コレッジの創設、ノース・スタッフォードシャー・ユニヴァーシティ・コレッジの設立という四つの側面からリンゼイの大学・高等教育における業績をまとめ、また、第二次世界大戦直後のドイツにおける大学改革運動への彼の貢献の大きさを指摘している。

これに対して本章では、こうした多方面にわたるリンゼイの教育改革上の実践を個別に検討するよりは、その根底に潜む彼の問題関心に着目したい。具体的には、シティズンシップの問題がその重要な視点の一つであることを明らかにした上で、その視点がもつ射程を検討する。けだしこうした視座からのリンゼイの教育論の検討にはまだ余地があると思われるだけでなく、昨今シティズンシップ教育や主権者教育の重要性が唱えられる日本の政治教育の今後を考える上でも、そこには重要な問題提起が含まれると考えられるからである。以下、まずリンゼイにおいてシティズンシップ教育の観点が重要だったことを明らかにし、その上で、そのシティズンシップ教育の観点が、大規模産業社会ないし「現代産業文明」が突きつける民主的統治の逆説という問題と、判断能力および欲求の訓練の必要という問題と、この二つの課題を背負っていたことを明らかにしたい。

一　リンゼイの教育観におけるシティズンシップの重視

リンゼイの教育観においてシティズンシップの視点が重要だったことには幾つかの証拠がある。

その一つは、リンゼイが一九四二年九月に四回にわたって英国の大学教育・成人教育について語った、中国人の聴衆に向けたラジオ放送と目される講演である。そのキーワードの一つがシティズンシップであった。この放送でリンゼイは、日本軍の侵攻から逃れるために一九四一年一二月に山西省北部に逃れるまで燕京大学で教鞭をとっていた長子マイケルについて触れているが、その際、彼から「中国の方々がシティズンシップの問題を教授するために大学が何をなし得るかに大変な関心をもっている」ことを聞き及んでいること、そして、そのマイケルが、「学生にシティズンシップのなんたるかを教授するために特にデザインされた」オクスフォードのモダン・グレイツに範をとって、燕京大学で「哲学・政治学・経済学」（ＰＰＥ）のコースを開設する試みに携わっていたことを紹介している。モダン・グレイツの設置というオクスフォードにおける改革がシティズンシップの視点に由来していたことは、ここからも明らかであろう(2)。

また、「成人教育の未来」と題され一九四三年にバーミンガムで行われた講演では、成人教育は言葉の最も広い意味で「政治的」であることが強調されている。

われわれが関心を抱いている意味での成人教育は技術的でも職業的でもない。それは言葉の最も広い意味で「政治的」なのであって、共同体の共通生活、その霊感、そしてその組織に関わる。このことは、成人教育の一部として哲学・歴史・文学・音楽を学ぶことと矛盾しない。われわれの文化 culture やその淵源を理解する際、これらはすべて要素である。しかし共同体が共通精神ないし「社会的意識 social awareness」に到達する過程には熱望や希望に関する討論が含まれるのであり、したがって、政治的提案や綱領についての討論も含まれる。であるから、その過程は必然的に論争的である。どんなに学術性 scholarship がプロパガンダに取って代わったとしても、論争的な主題は避けられないし、避けられるべきでもない(3)。

ここではシティズンシップという用語自体は用いられていない。しかし成人教育が「共同体の共通生活、その霊感、そしてその組織に関わる」というリンゼイの議論にはやはりシティズンシップの観点が含まれていると考えてよいであろう。

さらに、リンゼイは、特に第二次世界大戦に入って軍隊における教育の重要性を強調しているが、ここにもシティズンシップの視点が控えていた。そのことは、「われわれの軍隊の訓練においてシティズンシップの教育は武器の使用に関する訓練と同じくらい本質的な部分であり、あらゆる階級にとって不可欠である」という言葉にうかがわれる。リンゼイの理解では、「われわれの自由は……人びとがまず自分を市民と考え、そのあとに自分を兵士と考えるよう工夫することにかかっている」。というのも、近代科学によって大量破壊兵器をはじめ強力な殺傷能力をもった兵器が誕生した以上、もはや民主主義の根幹をなす自由は政府に対する民衆の蜂起・実力行使によっては保障されえず、「共同体の優勢な力」はそうした兵器を扱う「少数者に依拠する」からである。かくして「そうした力の濫用を防ぐ唯一の安全装置はそうした力をもつ者がそれを濫用したいと思わない」ことになり、「軍隊においてシティズンシップの感覚、シティズンシップの問題への関心、われわれの共通の社会生活と目的とへの関心を持たせ続ける」努力の重要性が説かれる。(4)

だがこのようにリンゼイの教育観に控えるシティズンシップの視点を確認したとして、すぐさま次の問いが浮かび上がる。リンゼイはどの視角からシティズンシップを重視したのかという問いがそれに他ならない。というのも、政治教育やシティズンシップ教育を重視する観点自体は、一九世紀を通じて選挙権を拡大して民主化を進め、最終的には大衆民主主義の問題に直面した英国においては珍しくなく、むしろ一般的ともみえるからである。

例えば、上記の引用中に見られる「文化 culture」という言葉に着目した場合、時代は少し遡るもののすぐに想起されるのは、ヴィクトリア朝期を代表する思想家であり、実学主義・産業主義が席捲する一九世紀英国にあって「新たなデモクラシーの時代に生きる市民のうちに、教養 culture の必要性、とりわけ人文的教養の必要性を主張」(5)したマシュー・アーノルドであろう。井柳美紀によれば、そのアーノルドは、人間の本性に適ったものとして民主主義自体には肯定的だったものの、民主主義のもとで人びとが高い理念を描かず「通常の自己」にしたがって勝手気ままにふるまう状況にあること、そして、代議政体のもとで為政者はこうした有権者の低俗趣味を受け入れざるを得ない状況にあることに批判的であった。ここから彼は、道徳教育や宗教教育を排した客観的な科学教育を通じて各人の幸福判断能力を伸張しようとしたJ・S・ミルや、参加実践を通じて各人の公共的思考や感情を育成しようとしたJ・S・ミルといった哲学的急進派の議論を批判し、繊細さや柔軟さ、情緒を捉える力として人びとが教養を身につけることの重要性を説くことになる。

またリンゼイ自身も携わった成人教育運動においても、一九世紀末から二〇世紀にかけて運動が一つの画期を迎えた際、「シティズンシップ」や「よきシティズン」が目的・理念としてしばしば掲げられ、しかもその内容をめぐって理解の対立がみられた。

例えば、松浦京子によれば、公立夜間学校の運営に携わったロンドン州議会（ＬＣＣ）教育委員会を初めとする教育行政の場合には、「政治的権利を認識しそれを能動的に行使するシティズンというよりも、道徳律にかなうよい資質にもとづいて果たされるべき『国家への義務』の忠実な実行者」としてシティズンシップが理解され、そうした理念に「国民意識や愛国心の喚起が結びつけられていた」。(6)

これに対して協同組合・労働組合・改革派大学人の協働によって生まれたＷＥＡの場合、改革派大学人にとって「シティズンシップとは、高い教養を身につけ、それに基づいた賢明な判断に従って社会・国家に対する義務を果たすことを意味していた」。彼らにとってＷＥＡに参加するような「意欲のある指導者的立場の労働者」は「ある種の信頼と期待」の対象であり、「想定されているシティズンの姿は単なる投票行為者などではなくて、能動的な政治責任分担者」であった。(7)

しかし同じＷＥＡにあっても労働者階級出身の参加者の一部にとっては、「シティズンになること」とは労働者階級としての強い自負をもち、「労働者も社会の一員としての権利を一層求め、同時に応分の責任も果たすこと」であった。その意味で、彼らにとってシティズンシップとは、大学人や教育行政側が意図したような形で既存の社会体制に統合されることに尽きなかった。だがそうした彼らも、教育を専ら階級意識育成の道具とみるレイバー・コレッジや独立労働者教育運動の理念には批判的であった。(8)

さらに大西洋の向こう側に目を転じ、リンゼイもしばしば言及している同時代の米国のジャーナリストＷ・リップマンをみても、政治教育は重要なテーマであった。というのも近代国家における民主主義の規模の問題や世論におけるステレオタイプの問題を指摘したリップマンにとって、民主政治における専門家・知識人と一般人とのあいだのあるべき関係は重大な問題であったからである。近年の石田雅樹の研究によれば、リップマンは世論にもとづく民主政治を批判し世論を改善するために専門的知性を有効活用する必要性を主張したが、その専門的知性は統治者だけでなく一般人によっても活用されるべきだと考えていた。ここからリップマンは、社会の諸制度に関する「公民教育 civic education」の必要性を訴え、その一環としてメディア・リテラシーの重要性を説くことになる。その一方で、「民主主義には、民主的な生活様式のために人びとを教育する生活様式が備わっていなければならない(9)」と考えるリップマンの政治教育論には、「公共哲学」や「文明的作法 civility」の重要性を強調する側面もあった。

このようにみてくると、一口にシティズンシップ教育や政治教育といっても、例えばアーノルドのようにいわゆる名望家支配が崩れ産業主義や実学主義がもてはやされるなかで、あえて政治的主体の質を問い、民主政治に教養を持ち込もうとする議論もあれば、成人教育運動においてみられように、シティズンシップの理念のもとに、既存の社会体制への労働者階級の統合の仕方あるいは統合そのものの是非をめぐって論争が生じた場合もあった。さらにリップマンの場合のように、現代民主政治における専門家・知識人と一般人との二極分解や民主的生活様式の喪失という観点から政治教育が注目される事例もあった。では、このような同時代あるいは英国の状況にあってリンゼイ自身の立場はどのようなものだったのだろうか。

二　シティズンシップ教育の視角（1）——現代産業社会下の民主的統治の問題

この問いを考える際にまず目につくのは、リンゼイが「農業社会」から「産業社会」へ、あるいは「慣習文明」から「現代産業文明」へという大きな社会的変化を踏まえた上で、「産業社会」あるいは「現代産業文明」におけるシティズンシップ教育の必要性という観点に立って議論していることである。

その帰結の一つが、大学教育を受ける専門家・知識人とそうではない一般市民との階層的分化を必要とみ、かつ、民主主義の観点から双方の社会層に適切な教育を施すという議論であった。

すなわち、自給自足経済に基礎をおきそれぞれが孤立している「農業社会」と異なり、産業化が進んだ「われわれの複雑な現代世界における民主的政府は……好むと好まざるとに関わらず世界の舞台で行動しなければなら」ず、「経済的相互依存という繊細な現代的システムがもたらす衝撃から社会を守るために、計画し思考し工夫しなければならない」。したがって「計画はなされなければならないし、事実促進されなければならない」が、それが上手くいくためには「経済や社会に関する精緻な知識や複雑な行政的技術」が必要であり、「技術と知識と類い稀なる資質と」が求められる(10)。

つまり、民主主義の根本的理念の一つが治者と被治者との一致であるとすれば、産業社会においては基本的にその素朴な一致は困難であり、有効な統治のために専門家が必要とされるわけである。リンゼイのこのような問題意識は、G・ウォーラスが「巨大社会 the Great Society」と呼んだ、相互依存化・組織化・非人格化が進む大規模産業社会における民主政治の逆説に挑んだ、上記のリップマンの問題意識と共通していると言える。

ここから、リンゼイは、一案として、①一二歳まではあらゆる児童に同じ種類の教育を提供したうえで、②一三歳で、経済状況ではなく能力と適性とによってアカデミックな中等教育・大学教育を受ける層を選別すること、そして③大学教育のカリキュラムを改革することを提言する。

それは、（a）従来の教育制度が社会層によって〈初等学校→中等学校〉と〈予備学校→パブリック・スクール〉という二系統に分かれていたのを改め、あらゆる児童に同一の教育を施すことを求めた点で、また（b）従来の初等学校の修了年齢が一一歳であったのを改め、初等教育を一三歳にまで引き延ばした点で、さらに、（c）従来困難であった初等学校からパブリック・スクールへの接続を図ろうとした点で、最後に（d）一八歳まで全員を何らかの「教育的監督」の下におくことを求めた点で、確かに教育の拡充をはかった提言ではあった。しかし、一八歳まで全員が「教育的監督」のもとにおかれることは、「あらゆる少年がアカデミックな中等教育を提供されることを意味しな」かった。けだし「パブリック・スクールから技術学校までこの国の中等学校が多様であることは悪いことではない」[11]からである。

当時の教育体制全体についてこのような改革案を提示した上で、リンゼイは、「専門化・技術的知識と全体像・一般的理解とのあいだの正しい均衡」を求めて、大学教育におけるカリキュラムの見直しをも提言する。彼によれば、「〈些細な事柄についてより多くの知識を持っている〉だけの人間は社会にとって危険な存在となりつつある」のだが、「現代の大学教育における大問題の一つは現代の知識の専門化によって生みだされた狭さと細分化departmentalism」であって、大学は「言葉の最も悪い意味での知識人」を生みだしているからである。[12]

モダン・グレイツはまさにこうした観点から構想された課程であった。それは政治家・公務員・行政官といった実際に統治に携わる人びとを主として養成するための課程であり、「社会問題全般の一群と何らかの専門性とを結合しようとした試み」であって、単一の専門分野にとどまらない総合的な視野を育成することを目的としていた。具体的には、この課程では、近代哲学・道徳哲学・政治哲学・歴史（近代イングランド史と経済史ないし外国史）・英仏米の政治制度・経済学原理・経済組織についてまず学んだ上で、政治学に関心がある場合にはさらに行政学や国際関係学を、経済学に関心がある場合にはさらに通貨や信用、財政学などを学ぶようにカリキュラムが組まれていた[13]。

しかし、大規模産業社会における民主政治の逆説的状況において、シティズンシップ教育は専門家・統治者だけを対象に考えられたのではなかった。リンゼイによれば、「もし民主主義が大規模な現代国家の複雑な環境において機能するならば、公衆が政治において何らかの教育を受けなければならない」からである。確かに「一般人は政治学や経済学の詳細について専門的な知識を持つことはできないし、その必要もな」く、「彼は大まかな争点について投票できるだけである」。「しかしもし彼が権力の座にある者どもによって謀られてはならないのであれば、彼は政治的争点について、また自国の統治構造ないし国家がどの点で役立ちうるのかについて、何らかの一般的な理解は持っていなければならない[14]」。結局「靴の痛いところは靴を履く者のみが分かる」。「専門家は世論に敏感でなければならない」が、「一般人は、専門家の提案がどういう結末になりそうなのかについてある程度理解しつつ、とにかくも議論しなければならない」のである[15]。

リンゼイにとってこの点で重要だったのはWEAの活動であった。彼が理解するかぎり、同時代の地方教育当局などが提供する成人教育で主眼とされたのは、学位や修了証を得ることでそれを社会的成功に結びつけることにすぎなかった。しかし、WEAは、「個々人が自らの階級から這い上がるためのはしご」ではなく、「労働者階級全体のための幹線道路 highway」の提供を目的とし、「非職業的」教育および「広く考えられ解釈された民主的シティズンシップにおける教育」を用意したからである。具体的には、そこでは、「経済学、労働組合組織、地方自治」はもちろんのこと「歴史、文学、哲学、音楽鑑賞」のクラスも設けられた[16]。

しかしこのWEAにおけるシティズンシップ教育がリンゼイにとって特に重要だったのは、それが提供する知識・科目もさることながら、それが教師による一方的な講義の形態をとらず、講義・討論・エッセイ執筆を少人数編成で行うチュートリアル・クラスの形態をとっていたからであった。ＷＥＡの「成人教育は、学術的知識・図書館・学者によって手助けを受けつつも自らの力で思考し討論する、自らの公共的関心事について自ら考えることを学ぶ民主的民衆である」[17]というリンゼイの評価からも分かるように、彼にとってはＷＥＡのチュートリアル・クラスにおける能動的な教育のあり方そのものが、民主主義実践の訓練の場だったのである。

事実リンゼイは、こうしたＷＥＡでの教育を通じて、「専門家」や「専門化された行政官」「専門的公務員」と一般人とを媒介する「民主的リーダー」が育成されると考えていた。なぜならば、自由社会においては必ず小さな集団で自然にリーダーが生まれ、人びととの信頼関係からそうしたリーダーが世論を導いていくが、ＷＥＡの教育はそうしたリーダーに「一般的な常識」以上の「訓練された常識」を、つまり「専門家とつきあう上で失われてはならない、経済的・政治的問題についての十分な理解」を提供するからである[18]。

リンゼイが強調するところでは、第二次世界大戦中の英国では自警団、軍需工場、軍隊など至るところで討論集団が誕生し、各自が自分の意見・視点を提示しながら全体に貢献するという民主主義の実践がみられたが、そうした中で、ＷＥＡのクラスの経験者などが中心となって、戦争の原因・回避の方法、戦後目指されるべき世界の方向性といった公共的事柄に関し、単なるおしゃべりではない「組織された討論」が活発になされた。なかんずくリンゼイが重視したのは、軍隊においてそうした討論がみられはじめ、また、ＡＢＣＡ（Army Bureau of Current Affairs）のようなその一助となる教育部門が設置されたことであった。そして、「われわれの近代民主主義はその起源をクロムウェル軍の兵士の討論にもつのだ」と指摘するリンゼイは、軍を初めとするこうしたさまざまな場での討論集団の形成こそ「この国の民主的生活の生命力について最も希望を持たせる徴候だ」として高く評価するのである[19]。

このように、リンゼイにおいて、シティズンシップ教育は一つには、専門家と一般人との乖離、その意味での治者と被治者との不一致という大規模産業社会下の民主政治がかかえる逆説に対応するために構想されていた。しかし彼のシティズンシップ教育の射程はもっと長いと言える。そこで次にこの点に踏みこみたい。

三　シティズンシップ教育の視角（2）
——「現代産業文明」における判断能力と欲求の問題

1　問題の状況

シティズンシップ教育に対するリンゼイの第二の視角も、やはり「慣習文明」と対比される「現代産業文明」が抱える問題と関わっていた。端的に言えば、それは、「現代産業文明」における判断能力や欲求の訓練の必要という問題と関わっていた。そして最終的には、この問題は、〈われわれはどう生きるか〉という観点と絡めて文明のあり方そのものを問い直す力の育成という視点と関わっていた。

「現代産業文明」における判断能力や欲求の問題は、まずは「本による教育 book education」と「生活教育 life education」との関係という教育のあり方をめぐって問われる。リンゼイはこの問題を一九二〇年代後半から三〇年代にかけて彼が経験・見聞した二つの事例、すなわち、①長期失業者に対するＷＥＡの活動の失敗と②イングランドにおけるキリスト教会系コレッジの高等教育の失敗とを引き合いに出しながら考察している。

ここでリンゼイが強調するのは「現代産業文明」における「本による教育」の必要性とその不自然さとである。社会の規模の大きさ、そこにおける相互依存関係の深化や組織化の進展、そして変化のスピードの速さを考えると、「現代産業文明」においては自分の直接の経験とは必ずしも結びつかない事柄について書物を通じて抽象的に学ぶ必要が出てくる。しかし、この「本による教育」はある種の倒錯を抱えている。「組織化された、あるいは本による教育は、われわれの生活全体によって与えられる教育と連続しかつその自然な産物でないと役に立たない」のであるが、「本による教育」だけではそれに必要な現実の問題関心が先立たないからである。例えば、将来「高度専門職」につくことを嘱望されている「フルタイムの学生」を見ても分かるように、「彼は自分が将来職に就き世間に出たときに知ることを欲するであろうことを教えられている」のであって、その意味で「質問する前に答を学んでいる」状況にある。[20]

こうした倒錯状況による失敗を端的に示す一例が、インドのキリスト教会系コレッジにおける高等教育の状況であった。すなわちリンゼイによれば、村の生活の日常的な問題をめぐって村の子どもに「実際的で実験にもとづく教育」を施すパンジャブ地方モガ Moga での試みが成功しているのに対して、キリスト教会系コレッジにおける高等教育が上手くいっていないのは、後者では「学生の日常生活と彼が大学で学ぶものとの間に明確な断絶」があるからであった。インドのように今なお「慣習文明」の性格が強く変化が緩やかな社会では「本による教育」の必要性が大きく感じられないのである。しかし、そのインドでも「現代産業文明」の波は押し寄せており、「遠くまで見通せる」ために「近代的な学習と科学」とはますます必要になってきている。ただ、それでも、「もし手近にあるものを見ることができないのであれば、遠くのものを見ても意味がないことは依然として正しい」。[21]

WEAにおける失敗がリンゼイに教えたのも、「生活教育」から生まれる「現実の興味関心」[22]が「本による教育」の素地として必要ということであった。ただここで注目されるのは、リンゼイによる「生活教育」の理解である。彼はそれを、他者と協働して何ごとかをなす際の困難や責任から生じる教訓といったような意味でとらえていた。

一九二〇年代後半に英国において長期的失業が問題になった際、WEAのコース設計者らは、フルタイムで働きながらも相当量の課題をこなし大変水準の高いエッセイを残した初期の頃の成功例を念頭に、時間に余裕のある失業者こそ学ぶことにもっと関心を寄せるだろうと考え、特に失業者のために講義を設置した。しかし期待は裏切られ、試みは失敗した。

なぜなのか。リンゼイによれば、その原因は、長期的失業者が自らを「共同体において何ら地位や機能を持た」なくなった存在と感じたことにあった。彼らは、労働組合や仕事仲間との関係から生まれる日常的な社会的交際を失い、「共同体において何か尊重されることをしているという意識」を失って、自らが「幽霊」のような「迷惑もの」と見なされていると感じるようになった。その結果、「あまりにも希望を失い無気力になって、いかなる学びにも興味を抱けなくなった」のである。(23)

逆に言えば、二〇世紀初頭のWEA初期の頃に参加した労働者らが「日銭を稼ぐことを可能にしたり、自らの市場価値を高めたり」するのとは異なるWEAの教育を受け、優れた結果を残すことができた背景には、彼らが「フルタイムの学生」として学校で学ぶのではなく実際に働くなかで、「手仕事crafts」を学び、職を維持し、生活上の責任や困難にさらされ、さらに労働組合や協働組合の活動を通じて「ともに働くこと」の教訓を学んでいたことがあった。そして、こうした背景があってこそ、「民主的制度」が整備されていくなかで、人びとは「自分が直面している問題に対してヨリ知識を持たなければ自治は不可能であることを認識」できた。「彼らの日常の責任が彼らの中に知識への要求を生みだした」のであり、「彼らが欲した本による教育は……彼らの生活教育と連続しており、その二つには自然で健全な均衡があった」のである。(24)

それだけではない。WEA初期の頃の学生の要求は「人間全体の教育に対する要求」にまでつながっていた。「彼らの生活は彼らに、欲するものをどうやれば得られるかを自分が知らないことを教えてきただけでなく、自分が何を欲するかをも十分に分かっていないことを教えてきた」からである。だからこそ「彼らは人生の目的や意味を学ぼうとしたし、書物からいくらかでも人生の理念や可能性についてもっと学ぼうとした」。しかも「こうした理念は、つねに、彼らの日常生活と（単に功利的観点からだけではなく）真に関係を持ち、それに当てはめることができるものとして考えられていた」のである。(25)

このようなリンゼイの議論から浮かび上がってくるのは、「生活教育」に裏打ちされていなければ、大規模産業社会に生きる人びとに正しく判断するための知識を提供する「本による教育」は顧みられないという彼の理解である。しかしここでもう一つ注目されるべき点がある。それは、彼が、「生活教育」に裏打ちされていない「本による教育」は関心を惹きにくいだけでなく、ある危険性を伴うとも考えていたことである。「われわれの直接的な経験の外側に位置する事実や理論への関心は、何が実行可能であるかについての感覚を失わせ、無分別な希望と、同じくらい無分別な絶望とを行き来させる状況に陥らせかねない(26)」とリンゼイは指摘する。

すなわち、大規模産業社会のもとにあるわれわれの社会生活においては、われわれでは変えることができず、政府あるいは「国際的行動」によってしか正せない物事が多くある。その際、「もしわれわれの共通の困難に立ち向かうために自らなしうるすべてのことに対する補足として、他者が何かをなすべきだという要求が現れるのであれば、恐らくそれは賢明な要求である」。だが、「もし他者がなすべきことだけに関心をもつのであれば、われわれは容易にそれを正しく判断することができなくなる」。「忍耐と予見との両方が政治における正しい判断には必要であり、これら二つの結合は、われわれが責任ある共通行動の経験を持ったときにのみ学ばれうる(27)」と考えるリンゼイにとって、もっぱら「本による教育」に依拠するだけで「共通行動」の実践を伴わない場合には、正しい判断能力は身につかないのである。

それでは、「現代産業文明」に必要な「本による教育」の危険性を回避するために、人びとに「責任ある共通行動」の経験を積んでもらえばそれですむのか。このように考えたとき、リンゼイは、判断能力や欲求の問題をめぐって、「本による教育」が抱える問題だけでなく「現代産業文明」の特徴である組織化や「交換」を軸に据えた経済システムにも目を向け、その問題性を指摘することになる。

まずリンゼイが指摘するのは、組織化の問題である。「産業文明はそれに関わっている者の大多数に責任や創意性を求めない」と指摘するリンゼイは、大規模産業社会で進む組織化によって責任をとる者と責任をとらず指図に従うだけの者との二極化が進められ、大多数の者は「機械のようにしている」ことが求められるだけで自発的な行動へのインセンティヴが殺がれている点に注意する。「それは、責任をともなった発明的な仕事だけが与えることのできる判断の教育をわれわれの多くが得られていないことを意味する」。つまり、「現代産業文明」の現況においては正しく判断するために必須の「責任ある共通行動」の経験は求められていないわけである。(28)

しかも、ここに欲求充足の問題が重なる。その一つは、すでに触れた、「本による教育」への偏重が生む他者への「無責任な要求」である。そこでは、自ら何かを得ようとした場合には必ず出てくる「本当にそれを欲するのか」という問いが出てこない。(29) しかしここでさらに興味深いのは、リンゼイが、欲求の肥大化ともいえるこの状況の根底には、「交換」を主軸に据える現代の経済システムも潜んでいると考えていることである。

どういうことなのか。リンゼイによれば、「交換によって支配されている文明においては、われわれのほとんどは、他者が欲することをなすことで生計を立てる」が、その結果、「われわれの多くが自分では価値があると思っていないものをつくることにいそしむ」ことになる。つまり、需要と供給による「交換」経済のシステムでは、基本的には需要に応じて供給するわけであり、交換する者同士で何を欲するかについて共通認識を組み上げることはない。したがって、人びとに求められるのは他者が欲しがるものを生産し提供することに限られ、生産者として自分が本当に必要だと思うものを判断し提供するインセンティヴは失われていくのである。(30)

その一方で、「欲求を満足させる手段であることが自己の正当化をなす」この経済システムは、「応用科学」で得られた力によってますます欲求を満足させようとするだけでなく、「欲求を刺激することによって部分的には自己を維持するシステムに成り下がっている」。そうした中で、「何が真実の欲求で何が仮想の欲求なのかが忘れさられ」、「われわれのほとんどは人造的欲求 second-hand wants にまみれ、流行であるとか最新であるとか、とにかく馬鹿げた理由で、ものに時間をかけ金をかける」状況に陥っているわけである(31)。

2　リンゼイによる提案

ではどうしたらいいのか。ここではリンゼイの提案を三点に分けて紹介しておきたい。

第一に、「本による教育」では得られない「責任ある共通行動」を実践できる場を設けることである。リンゼイが、恐らくパブリック・スクールの事例を念頭に、イングランドの学校におけるさまざまな課外活動を高く評価したのはこのためであった。そうした活動を通じて「リーダーシップや責任」を学ぶからである。

クリケットやサッカーやホッケーといったイングランドの学校でよく見られるゲームはすべてチーム・ゲームであって、そこで少年たちは民主主義の重要な課題の一つ、つまり共通の目的のために異なる技能を一つに結合することを学ぶ。学校の団体活動では、議長・秘書・議事録・議事規則などに見られるように、子供らは民主的過程によってものごとを進めることを学ぶ。……学校でもわれわれの少年少女が小規模で民主的な自発的団体において共通の仕事をなすことに慣れることは重要である。……これらの活動において、彼らはリーダーシップや責任に関する人びとの能力を判断するようになり、そうした共同体から、社会の自然な民主的リーダーが生まれる。これらの活動において、人びとは他の人びととの価値を判断するようになるのである。[32]

これに関連して、課外活動という点では、リンゼイはさらに、中等教育までの段階で、一定水準の身体能力をつけ、探検をやり遂げ、道具の使い方を学ぶために何かを製作することを求めるようなカリキュラムをも提案している。これは、読書を通じた教育や試験で高得点をとるための教育ではなかなか身につかない「創意性、進取の精神、忍耐力」を身につけるためである。また、中等学校と大学とのあいだに実社会を体験する期間を設けることを提案したりもしている。[33]

また、「責任ある共通行動」の実践という点では、失業者クラブなどの自発的結社における社会奉仕活動や地域奉仕活動も高く評価される。しかしここで注意されるのは、こうした評価の理由が、それらの活動では失業者自身にとって何が価値あることなのかが考えられ、いわば欲求の自己開発がなされている点にあったことである。リンゼイにとって社会奉仕活動が「ヨリ好運な者がヨリ不運な者を助けるべきだという要求」と理解されるべきではないのは、まさにこの点に関わっていた。また、賃金が支払われなければ失業者は地域奉仕活動を行うべきではないという意見に反対であったのも、この点に関わっていた。彼によれば、「賃金のためにしか働いてはいけない」という考え自体が「現代産業」に毒された見方なのである。[34]

リンゼイの第二の提案は、偉大な詩や芸術に接することである。これは欲求を訓練するためである。「欲することは想像力を必要とし」、「逆説的に聞こえようとも、想像力の訓練のみがわれわれの欲求が仮想的 imaginary であることを阻む」と考えるリンゼイは、「偉大な芸術のみがわれわれを直接的な事実から引き離し、想像の力が与えうるものをわれわれに与え、なおかつわれわれを真のもの the real と触れさせておくことができる」と言い、「想像力の訓練は詩と芸術の仕事である」と主張する。[35]

なぜなのか。詩や芸術は「何が正しくて何が誤っているか」という「質」についての「生き生きとした直観的知識」である「智恵 wisdom」と関わるからである[36]。リンゼイは、プラトンが言うように、「美と長く接することを通じて、そうした種類のことについて決定的な選択をなすことを正しくできるようにな」り、「芸術や詩によって無意識のうちに訓練されることで、主たる道徳的区別についてかなり決定的に見分けられるようになる」[37]と考える。同じ理由から、リンゼイは「手仕事」における「技能 craftsmanship」を身につけることの意義も強調する。それによって「人ははるかに単純で決定的な仕方で、良い作品と悪い作品とを区別できるようになる」からである。そして、こうした「手仕事」が初等教育や中等教育だけでなく成人教育でも重要であることを指摘し、WEAでの試みを紹介している[38]。

なお、この「智恵」を身につけることに関して、キリスト教徒であったリンゼイが宗教をどう考えていたのかについて確認することも興味深い。彼は「われわれが真に何を欲するのか——何が真に人生において価値あるのか——についての考察はわれわれを宗教に導くし、早晩宗教的教義に導くだろう」ことを否定しない。しかし、同時に、「われわれが追い求める種類の考察があれやこれやの形式の宗教的教義とともに始まったり、その開始において関係したりする」ことを完全に否定する[39]。つまり、色々と考えて特定の宗教的教義に行き着くことには反対ではないが、最初からある宗教的教義を鵜呑みにすることには反対なのである。これは、「智恵」を身につけるといっても、その結論だけを学ぶことに批判的であることを示唆している点で、興味深い側面である。

リンゼイの第三の提案は、哲学を学ぶことであると考えてよい。そのことは彼が成人教育の一環として哲学がもつ重要性を論じていることにも示されている。ではなぜ哲学は重要なのか。一つには、やはり哲学も「智恵」を体現している場合があるからである。リンゼイは次のように語る。

われわれは有限な存在であるし、宇宙はわれわれの知識を超えて存在し、しかも常にそうであろうけれども、われわれは偉大な哲学者から、知識と呼ばれるのは適切ではないが智恵とは確かに呼ばれうるような何かを得ることができる。プラトンやスピノザを読む者は誰でも、自分がとてつもなく賢明で健全な精神mindと接していると感じざるを得ないが、人は、そうした類型の精神と、つまり用いられている議論ではなく精神そのものと接することで、何か奇妙な方法で、物事の本性についての一種の智恵や理解を得ることができる。それは、限定的で結論に達しているような議論をはるかに突き抜けるようなものである。そうした方法で、人は、何か詩に近いものである哲学を把握する。(40)

リンゼイはこうした哲学が示す「ヴィジョン」は「最終的なヴィジョン」でも「不可謬のヴィジョン」でもないとしつつも、それが「世界の本性と人間の精神のはたらきに関するある種の包括的なヴィジョン」、換言すれば、「生全体についての洞察や理解」であることを強調する。(41)

だがリンゼイはその一方で、哲学がもつこうした「建設的constructive」な側面だけでなく、「反省的reflective」で「分析的analysing」な側面がもつ重要性にも繰り返し言及している。(42)彼は、哲学のこの側面は「人間活動のさまざまな領域の前提同士において時として生じる対立や矛盾に関わる」と言う。すなわち、人間の活動には科学・道徳・芸術などさまざまな領域での「探究」があり、そのいずれにおいても「世界の本性やそこにおける人間の位置、そしてそれを理解する際の人間の力」について一定の「前提assumption」がある。しかし「世界や自身の本性に関する人びとの見方に変化」が生じる時期があり、しかもこうした変化は人間活動の全領域で一斉に生じるのではなく、時間差で生じる。ここから各領域の前提同士で対立・矛盾が生じるが、それが人びとに「あらゆる前提を疑わせる」ことになる。そして、「こうした種類の状況こそが、哲学を必要とさせる」。哲学の任務の一部は、「これらの諸前提を検討し、前提同士の関係を考察する」「調停者」として機能することにあるからである[43]。

このような状況の典型例としてリンゼイがしばしば言及したのが、（プラトンの描く）ソクラテスが活躍した紀元前五世紀の古代ギリシアであった。そこでは、「伝統」を通じて人びとの思考的背景を形成していた「特定の前提」、すなわち、「世界の本性や人間の本性と世界におけるその位置」、服従の根拠に関わる「法の本性」、そして「何が正しくて何が誤っているか」に関する道徳の本性についての理解が、「人類学的知識」と「科学的発見」とによってひび割れたからである。つまり、「地中海の他の民族 nations」についての知識によって「道徳的法 moral laws」の多様性・相対性が暴露され、また、「科学的発見」によって合理的探究の新たな精神が持ち来たらされて、「神や人間の神に対する関係」についての従来の見方に変更が迫られた。しかもここに民主政と寡頭政との対立にからむ長期に亘るペロポネソス戦争が重なった。その結果「科学はあることを言い、政治は別のことを言い、古くからの道徳的伝統はまた別のことを言うように見える」状況が生じ、あらゆる前提への冷笑が現われたのである。そこに登場したのが、「過去の心地よい伝統」と「賢しげな若者の生焼けの理論」との双方を批判して、「道徳的区別は根本的に重要である」という情熱的確信と「止まることのない批判的な科学的気質」とを結合させ、科学的探究と道徳的行動双方の前提に位置を与えたソクラテスであった[44]。

社会的・経済的問題が世界規模で生じ、科学も巨大化・細分化している現代とは異なり、「比較的単純」な文明であった「ギリシア文明」では「それが引き起こした問題も明確で比較的単純であった」とリンゼイも認める。だがその上で、彼は、比較的単純で明確であったからこそ、哲学の課題を明確に示したソクラテスの姿が描かれた『国家』は哲学への最良の手引きだと言う[45]。

もう一つリンゼイが画期と見なしたのは、一六・一七世紀であった。「応用数理科学」や「新しい天文学」、新しい人間性理解、さらに「キリスト教普遍世界」に代わる「国民国家」の登場によって、人間活動の諸前提に矛盾・対立がうまれ、人びとに精神的「危機」が訪れたからである。リンゼイによれば、「彼らは自らの人生観 their outlook of life が科学によって攻撃されていること」、「科学と宗教との間には対立が想定されていること」、「科学が彼らに教えることと、彼らの通常の道徳的本能、正と不正に関する彼らの通常の前提が彼らになすように促すこととの間の不一致」を知った。リンゼイがカントを高く評価したのは、カントがこうした「近代世界」「近代思想」の状況を「哲学」の立場で正面から分析しようとしたからに他ならない。[46]

リンゼイは、「近代世界」と「今日の状況は幾つかの点で極めて似通っている」と指摘するが、彼の教育観との関連で考えれば、重要な点は、一つには、近代が「技術革命」や「民主革命」を通じて現代世界とつながっている点にあった。そうした「革命」は、第二節で検討した大規模産業社会下の民主政治における専門家・知識人と一般人とのあいだのあるべき関係という問題に直結するからである。[47] だがここでさらに注目しておきたいのは、リンゼイが、「近代思想」をめぐる状況と現代における欲求の問題とを結びつけて考えていたことである。彼によれば、「応用数理科学」の発展を一つの契機として生まれた「近代世界」では、科学的法則の観念が「自由意志」と「必然性」「決定論」とのあいだの逆説を深刻な形で提出したが、後者の決定論の立場は「人は経済的利益が命じる以外の方法では行動できないという教義」である「経済人の理論」に帰結したのであった。[48]

リンゼイが「われわれの共通問題の哲学」として、経済学・倫理学・政治学という人間活動の三つの領域における探求を取り上げ、それらの前提を再検討し、またそれらの相互関係を考察することの必要性を指摘したのは、まさにこの文脈においてであった。その際、確かに彼は、「調停者」たる「哲学」に携わる者として「経済学、倫理学、政治学はすべて互いに必要であり、それぞれの特殊な性格を理解すれば、それぞれを効果的に利用することができる」と指摘する。しかし、より重要なのは、「経済学は欲求がいかに満足されるかに関心を持つが、われわれは時として満足させるに値する欲求は何かを問わなければならない」という言葉に示されるように、そこに、普遍化された「経済人の理論」の立場を相対化し、生の全体において、倫理学が扱う道徳や政治学が扱う国家などの政治的共同体の活動の範囲を再度位置づけ直そうとする意図があったことである[49]。そして、この点に関するリンゼイ個人の立場は、彼のキリスト教（会）論・自発的結社論・国家論・民主主義論として具体的に展開されることとなる[50]。

だがシティズンシップ論の一環としての哲学の重要性というここでの文脈を考えたときに注意されるのは、リンゼイが自分の結論を押し付けるよりは、むしろ各自が自らの課題としてこうした人間活動の諸領域における対立・矛盾を分析し、関係性を問い直すことを重視した点であった。「異なる活動同士の対立・ぶつかり合いは誰の精神にも起きるのであり、偉大な哲学者の精神に起きたようにそうした問題を追体験 follow できないかぎり、われわれは答を辿ることもできない。哲学はそれを可能とし、その問題をわれわれ自身のものとし、われわれ自身の観点から答えることを可能とする」という言葉に、リンゼイのこうした立場は明確に示されている。また、そうであるからこそ、リンゼイにとって「哲学のクラス」は一方通行ではなく双方向であることが必要であった。「それは、ともに問題や経験を持ち寄り、全体から何かを導き出すような多様な人びとの問いかけ」なのである[51]。このように論じるとき、リンゼイの念頭にあったのは、「生の意味や目的」を求めてWEAの門戸を叩いた労働者階級の参加者たちの姿であったろう。彼が成人教育は「最も広い意味で『政治的』」であると言ったとき、その含意は恐らくここまでの射程をもつものだったのである。

おわりに

以上、リンゼイの教育観においてシティズンシップが重要であったこと、そしてそれが二つの視点から構想されていることを確認してきた。

シティズンシップにまつわるリンゼイの教育論は、専門家・知識人と一般人とのあいだの乖離という大規模産業社会における民主的統治がもつ逆説に対処するためだけに構想されていたわけではなかった。彼の議論はもっと射程が長く、「現代産業文明」がもたらす欲求の肥大化のなかで欲求・判断能力の改善を目指し、かつ、経済・政治・道徳といった人間活動の諸領域の関係性を問い直して〈われわれはどう生きるか〉を問うことの重要性を指摘するものであった。このように論じるとき、リンゼイの目は「現代産業文明」をもたらした「近代世界」が提出した課題にまで注がれていた。

日本においても、戦前における安易な「近代の超克」論を反省し、「(西洋)近代とは何か」を問い直す視点が、「近代主義者」と呼ばれた一群の知識人を中心に共有されていた。政治学の分野では丸山眞男や福田歓一を挙げることができるが、例えば「近代の政治思想」としての社会契約説をめぐる福田の原理的考察は、見方によっては、「近代とは何か」という問いを根底にすえたシティズンシップ論とみることもできよう。そしてその福田には、ルソーによる文明批判を念頭におきながら、高度経済成長を経験した日本社会における安易な「感性の解放」論を批判して「欲求の展開」の必要性を指摘した教育論もあった(52)。

こうしたリンゼイや福田のような議論には、特定の政治社会ないし政治的共同体を超えて、ある文明の一員として〈われわれはどう生きるか〉を問う視点があったと言えるであろう。そしてリンゼイの場合に明らかなように、こうした視点は、経済・政治・道徳といった人間活動の諸領域について特定の領域にしか関心を向けないのではなく、それぞれの領域同士の関係性を人間の生の全体の中で位置づけ直そうとする試みにつながる。それは広い意味でのシティズンシップの視点と言えるだろう。

だが現在、日本において「シティズンシップ教育」「政治リテラシー」「主権者教育」の重要性が唱えられる際、ここに見られるような視点はどこまで意識されているだろうか。むしろ社会がますます大規模化・複雑化・組織化し知識が細分化するなかで、「世界の本性」や「人間の本性」、そして「世界における人間の位置」について共通了解を再構築しようともせず、人間活動のあらゆる領域の前提に対する冷笑を放置したまま、こうしたことを語ってはいないだろうか。本章でリンゼイの議論を紹介した所以である。

実際、われわれはここまで来てようやく入り口に辿りついたのかもしれない。つまり、「政治リテラシー」や「主権者教育」そして「シティズンシップ教育」の重要性を唱えるとして、その理念によってわれわれは一体何を育成しようとしているのだろうか。そして例えば福田の議論を考えた場合、リンゼイのような射程をもつ議論は決して日本社会でこれまで考えられたこともないような議論ではない。われわれはむしろ、こうした議論から、その限界も含めてもっと色々と学び、それを反映させながら「政治リテラシー」や「主権者教育」や「シティズンシップ教育」を語るべきではないだろうか。

＊本論文は、平成二六年度〜三〇年度科学研究費・基盤研究Ｂ「〈政治リテラシー〉の理論的研究と政治学教育への実践的展開」（ＪＳＰＳ科研費 JP26285028）の助成を受けた研究成果の一部である。

【注】

（1）安原（一九九八ａ）、安原（一九九八ｂ）。

（2）Lindsay（1942a-1）.

（3）Lindsay（1943a）, pp. 2-3.

（4）Lindsay（1947a）, pp. 333-4.

（5）井柳（二〇一七）、一二七頁。

（6）松浦（二〇〇〇）、一二三―四頁。

（7）松浦（二〇〇〇）、一三八―九頁。

（8）松浦（二〇〇〇）、一四四―五、一四七―九頁。

（9）石田（二〇一五）、六五頁。

（10）Lindsay（1940）, pp. 21-3, 30（邦訳、二七―九、三六頁）.

（11）Lindsay（1941）, pp. 27, 29. なお、この提言が一九四四年に成立したバトラー法以前になされている点には注意されたい。リンゼイはバトラー法の基本的趣旨を大変高く評価していた。See, Lindsay（1948a）, p. 2.

（12）Lindsay（1941）, p. 30.

（13）Lindsay（1942a-3）, pp. 1-2.

（14）Lindsay（1942a-2）, p. 1.

（15）Lindsay（1935）, pp. 78-9（邦訳、一五五―六頁）.

（16）Lindsay（1947b）, pp. 2-3.

（17）Lindsay（1947b）, p. 4.

（18）Lindsay（1940）, pp. 32-7（邦訳、三八―四四頁）. See also, Lindsay（1942a-4）.

（19）Lindsay（1942b）, pp. 1-3. ＡＢＣＡをめぐる問題も含め、第二次世界大戦中におけるリンゼイの軍隊教育との関わりについては、Scott（1971）, pp. 277-85を参照。

（20）Lindsay（1934）, pp. 386, 388.

（21）Lindsay（1934）, pp. 389-90.

（22）Lindsay（1934）, p. 387.

（23）Lindsay（1934）, p. 385.

（24）Lindsay（1934）, p. 387.
（25）Lindsay（1934）, p. 387. See also, Lindsay（1932）, p. 2.
（26）Lindsay（1934）, p. 391.
（27）Lindsay（1934）, p. 391.
（28）Lindsay（1934）, pp. 391-2.
（29）Lindsay（1934）, pp. 392-3.
（30）Lindsay（1934）, p. 393.
（31）Lindsay（1934）, pp. 393-4. なお、以上の「欲求」に関するリンゼイのさらに詳細な議論は Lindsay（1933）で展開されている。この点も含め、平石（二〇一八）の特に第二節を参照されたい。
（32）Lindsay（1948a）, pp. 4-5.
（33）Lindsay（1941）, pp. 30-1. このような提案に際してリンゼイが一つの具体例として挙げているのは、カウンティ・バッジ制度（County Badge Scheme）である。リンゼイはその「実験委員会」の議長を務めていた。スコットによれば、この制度は現在のエディンバラ公アウォード制度（Duke of Edinburgh's Award Scheme）の前身であり、また、元オクスフォードのローズ奨学生でバーデン公マックスの秘書でもあったクルト・ハーンが「特権的少数者」に向けてドイツのザーレム校やスコットランドのゴードンストウン校で行っていた教育を「一般的な環境にある少年」に与えようとする試みであった。（Scott（1971）, pp. 264-6. なお、リンゼイによるハーンへの高い評価については、Lindsay（1948b）, pp. 6-7 を参照せよ。）
（34）Lindsay（1934）, pp. 392-3.
（35）Lindsay（1934）, p. 394.
（36）Lindsay（1932）, p. 3.
（37）Lindsay（1932）, p. 7. なお、芸術と道徳との関係についてのリンゼイの関心は古く、一九〇五年には「芸術的創造」と「道徳的因果関係」とを「類比」的に理解しようと試みた論考がある。See, Lindsay（1905）.
（38）Lindsay（1934）, pp. 386, 395-7.
（39）Lindsay（1932）, p. 6.
（40）Lindsay（1926）, p. 7.

（41）Lindsay（1926）, pp. 7, 9.

（42）Lindsay（1926）, pp. 7, 9.

（43）Lindsay（1924）, p. 175; Lindsay（1926）, p. 6.

（44）Lindsay（1924）, p. 175; Lindsay（1926）, pp. 1-2.

（45）Lindsay（1924）, p. 175.

（46）Lindsay（1924）, p. 176; Lindsay（1926）, pp. 3, 5-6; Lindsay（1946）, pp. 1-3.

（47）Lindsay（1950a）; Lindsay（1950b）.

（48）Lindsay（1924）, pp. 176-8; Lindsay（1928）, p. 8.

（49）Lindsay（1928）, pp. 10, 12. この視点は、「現代民主主義国家」をテーマとしたLindsay（1943b）にもはっきりと示されている。例えば、その第四章を参照。

（50）これらに関するリンゼイの具体的な議論については、平石（二〇一八）を参照されたい。

（51）Lindsay（1926）, p. 9.

（52）福田（一九九八）参照。特に、「欲求の展開と知性の意味」（一九七〇年）、「文化変容と人間形成」（一九七五年）、「現代文明と人間形成」（一九八一年）、「現代社会における大学の使命と一般教育」（一九八七年）の各論考は、リンゼイの教育論と比べると大変興味深い。

【参照文献】

L ○○○は、キール大学図書館所蔵のリンゼイ文書（Lindsay Papers）のファイル名を指す。それぞれのファイルで通しの頁数は付されていないので、示されている頁数はそれぞれの元来の文書に付されたものである。

〔一次文献〕

Lindsay（1905）: Lindsay, A. D., Moral Causation and Artistic Production in *International Journal of Ethics*, Vol. 15 No. 4（July, 1905）

――――（1924）: Lindsay, A. D., The Meaning of Philosophy in *Highway*, Vol. 16 No. 4（Oct., 1924）

――（1926）: Lindsay, A. D., The Task of Philosophy（Feb., 1926）, L127

――（1928）: Lindsay, A. D., *Philosophy of Our Common Problems*（Jan.-Feb., 1928）, L172

――（1932）: Lindsay, A. D., The Difference between Knowledge and Wisdom in the *Common Room*（Nov., 1932）, L179

――（1933）: Lindsay, A. D., *Christianity and Economics*（London, 1933）

――（1934）: Lindsay, A. D., Unemployment and Education in *The Journal of Adult Education*, Vol. 6 No. 4（April, 1934）, L180

――（1935）: Lindsay, A. D., *The Essentials of Democracy*（London, 2nd edn., 1935）（永岡薫訳『増補　民主主義の本質――イギリス・デモクラシーとピュウリタニズム』（未來社、一九九二年））原書初版は一九二九年刊。

――（1940）: Lindsay, A. D., I Believe in Democracy in A. D. Lindsay, *Selected Addresses*（Holmrook, 1957）（永岡他訳『わたしはデモクラシーを信じる』（聖学院大学出版会、二〇〇一年））

――（1941）: Lindsay, A. D., A Plan for Education in *Picture Post*, Vol. 10 No. 1（Jan. 4, 1941）

――（1942a-1）: Lindsay, A. D. The Universities（Sep. 1, 1942）, L203

――（1942a-2）: Lindsay, A. D. The Universities and Citizenship II（Sep. 8, 1942）, L203

――（1942a-3）: Lindsay, A. D., III The Universities and the Teaching of Citizenship（undated）, L203

――（1942a-4）: Lindsay, A. D., IV The Universities and the Teaching of Citizenship（undated）, L203

Lindsay（1942a-1）からLindsay（1942a-4）は、タイトルに必ずしも一貫性はなく、また特に後半二つは日付が記されていないが、内容的には連続しており、恐らく一九四二年九月に四回連続で放送されたラジオ講演の原稿である。なお、各講演とも二頁のカーボンコピー原稿であるが、頁番号が付されていないため、引用の際には平石の方で便宜的に頁番号を付した。

――（1942b）: Lindsay, A. D., Discussion Groups（Sep. 24, 1942）, L203

――（1943a）: Lindsay, A. D., The Future of Adult Education（1943）, L174

――（1943b）: Lindsay, A. D., *The Modern Democratic State*, Vol. 1（Oxford, 1943）（紀藤信義訳『現代民主主義国家』（未來社、一九六九年））

――（1946）: Lindsay, A. D., What Philosophy Means to Me（March, 1946）, L203

――（1947a）: Lindsay, A. D., Modern Weapons and Social Responsibility in the *Listener*（March 6, 1947）, L218

――（1947b）: Lindsay, A. D., The Work of the Universities in Adult Education（Dec. 4, 1947）, L203

――――（1948a）: Lindsay, A. D., Education in England: Education in a Democracy（Jan. 23, 1948）, L203
――――（1948b）: Lindsay, A. D., The Philosophy of English Education（undated）, L172
日付は記されていないが、明らかにドイツ人の聴衆（特に若者）を前提にしており、恐らくバトラー法と思われる法について「昨年の偉大な教育法」と記されているので、リンゼイがドイツを訪問した際の一九四八年の講演原稿と目される（バトラー法は、成立は一九四四年だったが施行は一九四七年であった）。
――――（1950a）: A. D. Lindsay, A Dual Task in Higher Education in *The Listener*, Vol. 43 No. 1103（March 16, 1950）
――――（1950b）: A. D. Lindsay, The Function of the Universities in *Nature*, No. 4223（Dec. 16, 1950）

〔二次文献〕
福田（一九九八）：福田歓一『福田歓一著作集　第九巻――人間形成と高等教育』（岩波書店、一九九八年）
平石（二〇一八）：平石耕「〈疎外〉・民主主義・キリスト教――〈危機の時代〉の思想家としてのA・D・リンゼイ」（1）（2）、『成蹊法学』第八八号・第八九号（二〇一八年六月、二〇一八年一二月）
石田（二〇一五）：石田雅樹「ウォルター・リップマンにおける二つの政治教育論――政治知識の向上か、精神の陶冶か」、『宮城教育大学紀要』第五〇巻（二〇一五年）
井柳（二〇一七）：井柳美紀「一九世紀デモクラシーにおけるデモクラシーと〈教養〉――M・アーノルドの教養論を中心に」、『静岡大学法政研究』第二一巻、第三・四号（二〇一七年三月）
松浦（二〇〇〇）：松浦京子「義務と自負――成人教育におけるシティズンシップ」、小関隆編著『世紀転換期イギリスの人びと』（人文書院、二〇〇〇年）所収
Scott（1971）: Scott, Drusilla, *A. D. Lindsay: A Biography*（Oxford, 1971）
安原（一九九八a）：安原義仁「A・D・リンゼイとイギリスの大学教育改革―オックスフォードからキールへ」、永岡編著『イギリス・デモクラシーの擁護者――A・D・リンゼイ　その人と思想』（聖学院大学出版会、一九九八年）所収
――――（一九九八b）：安原義仁「A・D・リンゼイと占領下ドイツの大学改革――ドイツ大学改革検討委員会を中心に」、永岡編著『イギリス・デモクラシーの擁護者――A・D・リンゼイ　その人と思想』（聖学院大学出版会、一九九八年）所収

第八章　宗教と政治リテラシー
——政治教育者としてのラインホールド・ニーバー

鏑木政彦

はじめに

英国のシティズンシップ教育をリードしてきた政治学者バーナード・クリックは、特定の政治目的を実現するための手段としての政治教育と、政治リテラシー向上のための政治教育を区別して、政治リテラシーを政治的立場を超えた政治に関する「知識・技能・態度の複合体」とみなしている。しかしその一方で、「政治リテラシーの習得は……何らかの価値を前提とした態度につながらざるをえない」とも述べ、政治リテラシーが「自由」「寛容」「公正」などの諸価値を前提にすることを認める。(1) このような、宗教に依拠しないリベラルな諸価値を前提とする政治リテラシーは、「世俗的な政治リテラシー」とよぶことができるだろう。

政治リテラシーが世俗的であるのはある意味、当然のことである。シティズンシップ教育の問題関心は、リベラル・デモクラシーにおけるシティズンシップにあり、(2) リベラル・デモクラシーは諸宗教に対する国家の中立性、政教分離を掲げるからである。しかしながら、リベラル・デモクラシーの政教分離や信教の自由は、宗教と政治のたんなる切断であるというよりも、両者の関係の再編とみることが適切である。切断という側面だけに注目するならば、政治リテラシーを宗教から切り離したままにしておくことも許されるが、再編された宗教と政治との関係という側面からみるならば、政治リテラシーが前提とする諸価値を宗教から切断することは、それらの価値の起源を忘却し、その基礎を揺るがしてしまうことになるかもしれない。マルセル・ゴーシェは、リベラル・デモクラシーと宗教の関係を論じる著作の中で、政治と宗教の分離の固定化により、双方の価値が不明瞭化してきたことを指摘する。(3)ゴーシェによれば、政治は宗教との対立において自らの価値を明らかにしてきたために、宗教が弱体化すると政治の価値自体も曖昧になる。ゴーシェの議論が正当であるとすれば、政治リテラシーを「自由」「寛容」「公正」などの世俗的な諸価値に依拠させるだけでは、政治を活性化することにはならないのではないだろうか。

本章は、ゴーシェの指摘を真面目に受け取りつつ、宗教と政治の複雑に変容する関係を視野に入れて、政治リテラシーの教育において宗教が果たしうる役割を再考したいと思う。冒頭に紹介したクリックは、神や超自然的なものよりも人間理性に信頼を置き、一九六〇年代から政治教育に取り組んできたが、(4)世界的にみるならば一九七〇年代半ば以降、公共空間における宗教の意義は再び高まりはじめ、(5)九〇年代以降、宗教的市民と世俗的市民との対話は政治理論の重要な課題の一つとなっている。(6)宗教的市民と世俗的市民の「重なり合う合意」(ジョン・ロールズ)を追究するためには、政治に関わる宗教的な教説や言説を、マイケル・オークショットの言う解釈学的に開かれた「資源」(7)として読み解き、政治的な構想や対話のための言語として蓄えることが重要だと考えられる。宗教的市民と世俗的市民が共に生活する世界で、政治という「底も知れず、果てしない海原」の「航海」(8)に共同で携わる市民には、政治について世俗的な価値だけでなく宗教的価値にも関わらせて読み書きできる力(リテラシー）を養うことが必要なのではないだろうか。

以上のような問題意識に基づいて本章は、二〇世紀のアメリカを代表するキリスト教神学者ラインホールド・ニーバー（Reinhold Niebuhr, 1892-1971）の政治論を、政治リテラシーのための資源として解釈することを試みる。ニーバーはキリスト教界にのみ知られた神学者ではなく、数多くの著作や論考を通じて一般社会でも認知された公共的知識人であった。歴史家のアーサー・シュレジンジャーJr.は、ニーバーを「二〇世紀において最も影響力を有したアメリカの神学者」と評している。(9) 彼の政治論は二〇年代から注目され、三〇年代にはアメリカの言論界で大きな影響力を持ちはじめた。ハンス・モーゲンソーを代表とする国際関係論の現実主義学派に道徳的な基礎を与え、その影響力と存在感は四〇年代から五〇年代のはじめにかけて頂点に達する。神学校でキリスト教倫理学を担当する一神学者が、数多くの政治的論考や公共的な活動を通して、アメリカが世界を指導する超大国になろうとする時期に、アメリカ人のためのいわば政治教育者の任に当たったのである。一九五二年の心臓発作を機にニーバーの活動範囲は徐々に縮小し、一九七一年の逝去から八〇年代にかけては忘れられたような存在になっていたと言われるが、九〇年代に入ると彼の著作に対する関心が蘇り、二〇〇〇年代に入ってもその流れは尽きていない。(10) 歴代の米国大統領、ジミー・カーター、ビル・クリントン、バラク・オバマが、白身の政治の考え方に影響を与えたものとして、ニーバーの名とその著作を挙げていることもよく知られている。(11)

本章は次のような構成をとる。まず第一節「ニーバーの思想的歩み」では、ニーバー思想を解釈するための前提となる、ニーバーの生涯についてやや詳しく叙述する。必ずしも日本の読者に馴染みがあるわけではないニーバーの人物像と、彼のテキストの書かれた歴史的背景を描き出し、ニーバーのテキストを理解するための手がかりを提示したい。つづく第二節「クリスチャン・リアリズム」では、ニーバーの思想的核心をなす「クリスチャン・リアリズム」の解明に取り組む。ニーバーは、カール・バルトやパウル・ティリッヒと並んで現代プロテスタント神学を代表する神学者とみなされているが、その言論活動とテキストの内容から、政治哲学者と呼ばれることもある。両分野にまたがる活動を導いた彼の思考の中核にあるのがクリスチャン・リアリズムである。本章はこのクリスチャン・リアリズムを神学的リアリズムと政治的リアリズムに分け、前者については特にプラグマティックな思考との関係から、後者についてはリアリズム政治論の祖とも言えるマックス・ウェーバーとの比較から解明に取り組む。第三節「クリスチャン・リアリズムの政治リテラシー」では、前の二つの節の検討を踏まえて、政治を営むためにニーバーが提示した思考のエッセンスを分析する。最後に、宗教が提供する政治の読み書き能力（リテラシー）の特質や意義、その教育可能性について若干の考察を述べて結びとしたい。

一　ニーバーの思想的歩み

ニーバーの神学と政治論は、激動の歴史を背景に生まれた[12]。ニーバーは一八九二年六月二一日、ドイツ移民の牧師の子としてアメリカ中西部のミズーリ州に生まれた。フロンティアが消滅したアメリカが大きな転換期を迎えようとする時期である。父グスタフはドイツに生まれ、一八八一年にイリノイに入植。その後、聖職者になることを決意し、一八八五年に「北米ドイツ福音教会」の神学校を経て牧師となる。二年後、同じ教派の宣教師の娘リディア・ホストと結婚、二人の間に生まれた四番目の子がラインホールドである。家庭での主たる言語はドイツ語であり、教会もドイツ系アメリカ人を対象とするドイツ語の世界であった。成長したニーバーが入学したエルマースト大学、大学卒業後に進学したイーデン神学校もほぼすべての授業がドイツ語で行われていた。ニーバーは一九一三年に神学校を卒業し、北米ドイツ福音教会の牧師となる資格を取得、卒業の二ヶ月前に逝去した父が牧師を務めていた教会から招聘を受けたがそれを断り、イェール大学宗教学部に進学する。彼の信仰は、父グスタフの自由主義プロテスタントを引き継ぐものであったが、伝統的な福音主義よりも近代的なリベラリズムに傾倒するものであり、出身教派を超えた学びの場を求めたのである。

ニーバーはイェールで「純血の中の雑種[13]」という意識を抱きながら苦学する。彼はこれまで受けてきた教育の不十分さを痛感しながら英語と格闘し、ドイツ系アメリカ人としてのアイデンティティに悩んだ末、自分の生涯をドイツ語ではなく英語に賭けることを決める。一九一四年の春、論文「宗教的知識の妥当性と確実性」を提出して神学士（B.D.）を取得。学部長から一定の成績の基準を満たせば在学継続を許可すると約束をもらうが、研究をさらに進めるよりも現実世界に挑戦したいという意欲が勝り、翌一九一五年、論文「不死の教説に対するキリスト教の貢献」を提出して修士（M.A.）を受けると、同年八月に新興の工業都市デトロイトにある、出身教派に属する小さな教会、ベテル福音教会の牧師となる。

二三歳でデトロイトに赴任したニーバーは、一九二八年にニューヨークに移るまでの一三年間をこの地で過ごす。当時、デトロイトは自動車産業の創成期にあたり、労働人口の増加とともに、さまざまな社会問題に悩まされるようになっていた。当初、田舎から新しい産業都市に出てきた青年牧師は、アメリカという国に、社会的福音運動の説く理想を実現するという夢を描いていた。彼はベテル福音教会赴任後、賛美歌をドイツ語から英語に変更し、第一次世界大戦時には礼拝の言語も同じように切り替えた。ニーバーは理想を実現しうる希望のアメリカ社会に、教会を同化させようとしたのである。

しかし、産業社会の現実を知るにつけ、だんだんとその理想像は崩れていく。ニーバーは労働者側に立ち、デトロイト教会産業協議会（Detroit Council of Churches Industrial Relations Commission）で活動する。自動車産業の勃興をリードした経営者ヘンリー・フォードの中に、博愛的事業家という見た目とは裏腹の権力欲を認め、その道徳的虚偽を暴露しようとするなど、活発に社会改良運動に取り組んだ。また、第一次世界大戦の当初はウィルソン大統領の理想主義に感銘し、ドイツ系移民の偏狭性を批判してアメリカ文化への同化を唱えたが、戦後はウィルソンの世界秩序構想が挫折したことに幻滅し、さらにデトロイトの落ち込んだ経済状況に直面して、政治的リベラリズムの根本原則そのものに疑問をもつにいたる。ニーバーは、教育や良心への訴えを主要な手段とする道徳的な理想主義のみでは、現実を変えられないことを痛感し、現実主義的な権力の使用が不可欠であると考えるようになる。(14) 一九一九年には「われわれは、この世を救うために、リベラリズムよりもより用心深くない何かを必要としている」と述べ、(15) 自由主義の限界を超えるものとして、ロシア革命を導いたマルクス主義に惹かれていくのである。

二〇年代から三〇年代にかけてのニーバーは、アメリカ社会における社会主義的な改革を目指す活動に参画する一方で、その困難さも自覚し、キリスト教が社会に対して果たしうる役割について考察を深めていった。社会活動や、新聞・雑誌への寄稿、『文明は宗教を必要とするか』(一九二七年)の出版などを通して、ニーバーは徐々に世に知られるようになる。そして一九二八年、キリスト教の学術研究と現実の社会問題との溝を埋める人材として、ユニオン神学校から「キリスト教倫理」の教授職に招聘されるのである。

神学校の教師になった後もニーバーの政治的活動は変わらなかった。一九二九年、ニューヨーク株式市場は大暴落、大恐慌が起こる。この危機にいかに対処すればよいのか、ニーバーは具体的な政治的変革を求め、社会主義に傾倒していった。鈴木有郷は次のように述べている。「一九二〇年代が終わり三〇年代に入ろうとしていたアメリカは、正に神の摂理の貧しき器として自己浄化できるかどうかの正念場に立っている、とニーバーは考えていたのである。政治的変革こそそれを可能にする最も効果的かつ具体的方法である、と」。(16)

一九二八年の大統領選でニーバーは、社会党の党首ノーマン・トーマスを支持し、一九二九年には社会党に加入する。そして、一九三〇年にはニューヨーク州上院議員の社会党候補者、一九三二年には連邦下院議員の社会党候補者となる。彼は一九三四年から三九年の末まで「社会主義キリスト者協会（the Fellowship of Socialist Christians）」の有力会員として活動、雑誌『ラディカル・レリジョン』の編集者をつとめ、社会主義を支持する数多くの論考を発表した。しかし、現実の社会主義による理想の実現が容易でないことを、ニーバーはすでに一九三〇年のソヴィエト・ロシア視察で直観していた[17]。彼は、ソヴィエト型社会主義に懐疑を抱きながらも、地域の労働運動の組織化を助けるハイランダーセンターや[18]、黒人と白人の共同農場の試みであるデルタ協同組合農場[19]など、社会改革の具体的なプロジェクトに関与する。

この時期ニーバーは、学術・出版においても旺盛な活動を展開した。一九三二年に四冊目の著作『道徳的人間と不道徳的社会』を刊行。これは彼の作品の中で最も反響が大きかったといわれるものであり、この書への批判を契機にニーバー神学の独自の展開が始まる。『ある時代の終焉に関する考察』（一九三四年）、『キリスト教倫理の解釈』（一九三五年）、『悲劇を超えて』（一九三七年）とたて続けに著作を出版した彼のもとに、一九三七年には、ギフォード講演の依頼が届く。このことは、この時期すでにニーバーが大西洋を超えて注目される神学者になっていたことを意味しており[20]、そしてこの講演をもとに出版した『人間の本性と運命』（第一巻一九四一年、第二巻一九四三年）こそがニーバーの神学的な代表作となる。第二次世界大戦へと突き進む危機の二〇年代に、ニーバーの神学は確立したのである。

再びニーバーの政治的活動に戻ってみよう。一九三二年の大統領選では、一九二八年と同様に社会党の大統領候補者トーマスを支持した。一九三六年の選挙でも当初はトーマスを支持したが、選挙直前になって民主党の大統領候補者フランクリン・ルーズベルトに票を投じる決断をする[21]。これは有力候補者のうち「より悪くない」方を支持するという消極的な支持であり、ルーズベルトに対する積極的な支持ではなかった。しかし一九三九年九月、ドイツがポーランドに侵攻し、英仏がドイツに宣戦、第二次世界大戦が始まると、彼の考えは変わっていく。一九四〇年、ニーバーはヨーロッパの戦局に対するアメリカの中立を主張する社会党を離党する。そして一九四〇年と四四年の大統領選では、民主党の大統領候補者ルーズベルトを支持。一九四〇年以降は、当初は批判していたニュー・ディールを、社会主義的改革の代替策として支持するようになる。

一九四一年一二月、アメリカは第二次世界大戦に参戦する。ニーバーはドイツからのユダヤ人移民の受け入れや、「民主的ドイツのためのアメリカ協会」など複数の組織の設立に関わると共に、多数の時事的な論説を発表した。彼が訴えたのは、デモクラシーの正当性であり、それを守るために、アメリカは持てる力を使用することをためらうべきではないということであった。しかし彼は力を礼賛したのではなく、力の行使がもつ道徳的両義性を鋭く自覚し、その点を強調した。

戦後になると、ニーバーはアメリカが引き受けることになる国際的な地位を反映して、国際政治の問題に取り組んだ。彼は、米国国務省の政策企画室に迎えられ、ジョージ・ケナンやモーゲンソーらと意見交換し、戦後アメリカ外交の確立に貢献したと言われる。国際関係論の現実主義派に対して及ぼした影響について、当時の国務省政策企画室を率いたケナンは後に「ニーバーこそ我々の父である」といい、国際政治学を打ち立てたモーゲンソーはニーバーについて「もっとも広い知的意味において、国際政治学の基礎を築くことに貢献した人物である」と評価している。(22)

四〇年代から五〇年代を通じてニーバーは数多くの政府系組織に参加した。この時期の彼の政治的立場はしばしば保守主義と特徴づけられている。(23) 一九四四年までは、財産の部分的な社会化が正義を促進することに同意し、民主的な社会主義に理解を示していたが、四九年末には、民主的社会主義もドグマに支配されているとしてそれを否定し、ドグマではなく経験に基づく、実践的で柔軟な改革を擁護するようになる。(24) また、国際関係においては、戦後ヨーロッパの経済復興とソ連の封じ込め政策を支持する。一九五二年の『アメリカ史のアイロニー』では、ブルジョワ・イデオロギーとマルクス主義イデオロギーを比較して、後者はより権力の問題について迂闊であるとして、次のように述べる。「マルクス主義は、生における権力の要素を、自由主義よりも重視しているが、彼らは権力の所在を認識するという点においては自由主義以上に大きな誤認をしたと言ってよい[25]」。

『アイロニー』の出版後間もなく、ニーバーは脳梗塞で倒れたが、その後も公の発言を止めることはなかった。冷戦の進行とともにニーバーは、アメリカの国益追求の現実主義と、自国の政治的イデオロギーの優位性を信ずる道徳主義を批判するようになる。アメリカのこのような精神的特質は、国家の自己利益のみを求める狭量と道徳的な自己満足の独善性のために、権力の限界を超えた行動に進んでしまう、とニーバーは警告した。ベトナム戦争が本格化するなか、アメリカのベトナムへの介入を大国の責任であるとする主張に対して、ニーバーはそれをアメリカの全能に対する幻想だと批判したのである[26]。

デトロイトの小さな教会の牧師からスタートした公的生涯において、ニーバーは休むことなくこの世の営みに積極的に関与し、良心にもとづく発言を続けたが、一九七一年、肺炎で倒れ、帰らぬ人となる。享年七八歳であった。

以上に述べたニーバーの思想的な歩みは、社会に出るまでの準備期間を別にして、三つの時期にわけると理解しやすい。

第一は、デトロイトの教会に牧師として赴任し、そこで様々な社会問題に直面するとともに、第一次世界大戦から戦後にかけて自由主義の挫折を経験、社会主義に傾倒していく時期である。年代でいえば、一九一五年から三〇年代の半ば頃までである。この時期のニーバーは、人間の善意による理想実現の困難を認識し、個人の教育的改善を通してよりよき社会を実現しようとする、自由主義的理想主義を批判した。改革のための権力による強制の不可避性を認識しつつ、その強制を人間の道徳的理性的要素に適合するように用いるために、社会主義に期待を掛ける。しかし彼は、現実の共産主義における理想主義的幻想に懸念を抱いており、社会主義的改革への希望と、それを実現することの困難さの自覚という、相矛盾する二面性を抱えていた。この時期の代表的な著作は『道徳的人間と不道徳社会』である。

第二は、『道徳的人間』の中には道徳的人間という理想主義的な自由主義が残されているのではないかという弟リチャードの批判を受けて、社会と人間の根源的な罪性に開眼し、そこから神学的な反省を深めていく時期である。この時期のニーバーの思考を導いたのは、アウグスティヌスの読書であり、そこから彼は独自のクリスチャン・リアリズムを切り拓き、政治に対する神学的な吟味を深めていく。理想的な人間像の幻想に囚われた社会主義から離れ、大統領選挙では民主党へと支持を変える。そして国務省の政策企画室のスタッフとなり、現実主義に基づくアメリカ国際秩序の道徳的基礎づけに関わる。時期でいえば、三〇年代後半から五〇年代はじめまでである。この時期の特徴は、それまでの矛盾する二面性をクリスチャン・リアリズムの枠組みの中で統合し、現実と神学とを結びつける見方を確立したことである。代表的な著作は、『人間の本性と運命』『光の子と闇の子』『アメリカ史のアイロニー』である。

第三は、脳梗塞を患い、公的職務を徐々に減らすようになりながらも、表舞台から完全に引退することはなく、なお公に向けて論考を発表し続けた晩年、年代でいえば一九五二年〜一九七一年である。アメリカを中心とする戦後秩序に対する保守的な姿勢を基調としつつ、五〇年代、六〇年代の冷戦の展開の中で、アメリカ外交の宿痾ともいうべき道徳主義を批判し、権力の限界に対する冷めた認識から、ベトナム戦争を批判する。代表的な著作は、『自己と歴史のドラマ』『人間の本性と社会』である。

以上の時期区分は、ニーバーの思想とその展開を理解するための便宜的な整理にしかすぎないが、時代によって政治的立場を変化させた彼の思想の中に、一貫した政治的思考と態度が見えてはこないだろうか。それは、理想を追究する善意でさえ政治的には悪となる人間の非道徳的な現実を直視しながら、そこに立ち止まることなく、可能な範囲で改革と正義を追求しようという政治に対する姿勢である。(27) このような彼の政治的思考を支えたのが、ニーバーのクリスチャン・リアリズムであった。

二　クリスチャン・リアリズム――キリスト教的リアリティとプラグマティズム

クリスチャン・リアリズムとは、もともと二〇世紀前半のアメリカ・プロテスタント神学者の中から生じた運動である。クリスチャン・リアリズムを唱えた人々は、社会的福音と同様に神の支配に関する聖書的ビジョンと近代社会とのギャップを問題としたが、社会的福音とは異なって、そのギャップを人間の運動によって埋めることが可能であるとは考えなかった。彼らの思考の特徴は、ニーバー研究者であるロビンによれば、「聖書的理想は、社会的現実だけではなく、理想それ自体を定式化するあらゆる試みをも裁く」とし、人間的な理想を超える、聖書的理想の超越性を重視した点にある。しかしながらクリスチャン・リアリズムは現実を批判するだけの観想的な立場にとどまるものではなかった。それは「聖書的な信仰は、自己超越の能力にビジョンと方向性を提供するが、われわれが最もよくチャレンジし、自分の力を注ぐことができるのは、実際に進行している現実を理解する場合である」(28) とし、聖書の超越的リアリティへの確信と同時に、この現世への営みの理解と改革に積極的に取り組むことの重要性を強調した。ニーバーはこの思想的な運動の創始者ではないが、そのもっとも重要な代表者である。

ニーバーのクリスチャン・リアリズムを構成する要素は、主として三〇年代の神学的探究にもとづく神学的、道徳的リアリズムと、それをもとに展開される三〇年代から四〇年代以降の政治的リアリズムである。ニーバーの論文集『クリスチャン・リアリズムと政治の課題』（一九五四年）は第二次世界大戦後の四〇年代後半と五〇年代に書かれた論文からなるが、クリスチャン・リアリズムの基礎はそれ以前から形成されていたのである。

1　神学的、道徳的リアリズム

クリスチャン・リアリズムは神学的リアリズムである。リアリズムとは現実主義とも実在論とも訳されるが、神学的には実在論と訳すのが適切だろう。ニーバーにとって神や真理とは、かつてシュライエルマッハーが宗教に関して述べた「無限に対する感情」のような、たんなる感情の表現ではない。神に関する言明が正しいのは、それが「人間が有する概念や理論から独立した、神の実在を正確に再現しているから[29]」なのである。例えばクリスチャンは、愛の理想を神の意思と本性において「リアル（実在的）」と考える。たとえ愛の理想が、地上に一度として実現されたことも今後実現される見込みがなくとも、それは「リアル」なのである。なぜならば、愛の理想は人間の感情や経験に基礎をおくものではなく、神における実在だからである。

神学的リアリストは、道徳的リアリストでもある。神が正義の神として実在しているのであれば、正義の掟はたんなる力ある者の命令や「力への意思」による捏造なのではなく、神の意思と本性における実在とみなしうるからである。他方、道徳的リアリストは必ずしも神学的リアリストである必要はない。正義の神を前提におかなくても、正義の掟は例えば定言命法として直観的に与えられると考えることができるからである。道徳的リアリストは、たんなる理想主義ではなく、カントが根源悪を認めたように、人間の道徳的な能力の限界、悪への性癖をもリアルなものとして認識する。神学的リアリズムと結びつく道徳的リアリズムと同様に、神学的リアリズムとは結びつかない道徳的リアリズムも、道徳的掟の実在と、それを達成することが困難な人間の道徳的現実の両者を認め、両者の緊張関係の中で、人間の生活にとって本質的である必要や制約に関する知識を基礎にして、異なる欲求や価値の葛藤を調整しうる正当な義務や目的を、道徳的な真理として打ち立てる。「道徳的リアリストは、人生の掟は愛であるという神学的リアリストの命題を共有することなく、道徳的な真理を肯定することができる(30)」。

ところで、ロビンが論じるように、このような道徳的リアリズムは、現代の哲学者には概ね不評である。「リアリズムは、現実についてのただ一つの説明としての地位を要求しているように思われ」、しかも「道徳的リアリズムは、道徳的現実について唯一の正しい見解が存在すると要求するだけでなく、……その唯一の正しい見解を異なる関心や意見を持つ者に対しても指図しうるという命法を押し付ける、道徳的権威を要求しているようにみなされる(31)」からである。このようにして現代では、神学的、道徳的リアリズムは道徳的権威主義とみなされる傾向が強く、道徳的掟に関するより解釈学的な、またはプラグマティックな解釈が受け入れられるようになってきている。そこでは、道徳的リアリティとは「生活の普遍的な法則なのではなく、むしろ特定の歴史的状況における異なる説明の中で人々の生き方を導く(32)」ものとして提示されるのである。

ロビンは、ニーバーの神学的・道徳的リアリズムを、現代において広く受け入れられている、プラグマティックなものであると解釈する。やや長いがロビンの議論を引用しよう。「「神の意思と本性」を神学的に次のように語ること、すなわち、個人の生と人間の集団を引き裂く衝動や目的の葛藤が統合されるような現実として、または、あらゆる個人がそれによって調和を保って生活することのできる掟として語ることは、我々がその現実の完全な説明を与えることができることを、または掟が要求するすべてを我々が知っていることを要求することと同じではない。神が実在するということを要求することは、自然と道徳のいずれについても神の視点でみることを要求することではない。実際、そのような視点はただ神にのみ属するという宗教的な確信は、いかなる人間個人も集団もそうした要求をもちえないということを保証する最善の方法といえるかもしれない[33]」。

ニーバーの神学的リアリズムにおいて、愛の理想は神の意思と本性において「リアル（実在的）」である。このことはしかし、愛という掟が、普遍的な法則として存在しているということを意味するのではない。たしかにニーバーにとって聖書はいつの時代においても神を証しする書物であるが、しかしそれは聖書の言葉が一言一句神の霊感によるということを意味するものではない。ニーバーによれば、聖書は、人間の経験のリアリティと神との関係を、神話や象徴を通して表現している。聖書における「愛」という言葉が意味するものは、神の本性においてリアルである「愛」が、十字架上のイエスにおいて象徴的に表現されるとともに、それが人間の経験のリアリティを構成するという、そのような人間と神との関係に基づいて、その都度その都度解釈されねばならないものなのである。しかもその折々の解釈は、ニーバーによればつねに不完全で部分的なのであり、したがってつねに新しい解釈に開かれていなければならないのである。

神学的・道徳的リアリズムがこのようなものであるとすれば、神学的リアリストが語ることは、何らかの宗教的権威による道徳的命令ではありえない。特定の神話解釈の権威的な押しつけが行われるとすれば、それは、神と人間との関係において示された表現に対する自らの解釈を完全なものとみなす、傲慢さである。そのような傲慢を諫め、聖書の言葉を権威主義的ではない仕方で解釈する方法をニーバーに提供したのが、彼が学生時代以来馴染んでいたプラグマティズムであった。

2 キリスト教プラグマティズム

宗教的真理の解釈のために、ニーバーを含む二〇世紀初頭のアメリカのクリスチャン・リアリズムが参考にしたのが、プラグマティズムであった。従来の正統的な信仰を守ろうとする保守的プロテスタントやカトリックはプラグマティズムを拒否したが、リベラル派はプラグマティズムの方法を受け入れた。リベラル派からみれば、近代的な世界観を持ちつつ正統的な信仰をそのまま維持しようとするのは、現実生活を導く観念と信仰との分裂を意味した。科学に代表される近代的な世界観と信仰との分裂は、信仰を知識から切り離す信仰主義でしかなく、いったん正統的な信仰を失ったら、懐疑主義に陥るほかなくなる。リベラル派は、この両極端を避けつつ、神に関する真理を語るための方法として、プラグマティズムを受容したのである。

晩年の一九五七年の論考でニーバーは、自身の立場を「キリスト教プラグマティズム」とよび[34]、それを「伝えられたドグマや一般通則は、たとえそれらがいかに崇められ尊敬されているとしても、所与の状況下で正義の樹立に貢献することがなければ、受け入れられないという堅い決心を伴う、キリスト教的自由と責任感の、経済と政治の複雑な問題への適用[35]」と言い表した[36]。宗教的信念や伝統的な教義は、我々の行動を導く宗教以外の他の観念や信念と矛盾せず、首尾一貫したものでなければならない。というのも、宗教的な信仰はもともと他の知識や信念との関わりから生まれてきたからである。知が進歩した現代において、信仰だけを他の知識から切り離して後生大事に守り抜くようなことは、宗教的信念を尊重することにはならない。「我々の行動を導く信念とは、宗教的畏怖、科学的観察、実践的知慮、技術的技能など我々の知識や経験のすべてを調整し、我々の人生全体に方向性を与え、共有される目的を通して我々を他者と結びつける、より大きな目的を追求できるようにするもの」なのである。したがって「他の信念との一貫性を考慮することなく伝統的な宗教観念を肯定することは、ドグマを作り出した信仰を尊重することにならない[37]」のである。

ニーバーによれば、ある観念や信念の真理性とは、それらが社会の中で他の観念や信念と結びついて導き出す行為の帰結や、新しい証拠、異なる視点によって挑戦を受ける。それらの挑戦に応えられる宗教的信念も、信念に基づく行為の帰結や、科学などの新しい観念から批判を受け、それに応えていくことによって真理性を明らかにしていくのである。ニーバーはプラグマティズムによる首尾一貫性と効果性という真理規準を宗教にも当てはめようとするのである。

ところで、人間が抱くことのできる観念や信念の可能性の幅は、文明や社会ごとに条件づけられている。そのため、上記のようなプラグマティズムの方法による真理の検証は、文明や社会によって真理性が異なることを認める相対主義を含むことになる。しかし、クリスチャン・リアリズムはそもそも相対主義と対立するものではなかっただろうか。たしかに神学的リアリズムにとって、その信仰の核心に関する相対主義は許容できるものではない。他方、聖書の一言一句を神の霊言とするような権威主義もまた彼らのとる立場ではない。問題は、権威主義に依拠することなく、神の証言である聖書に宿された神の真理をいかに確保するかであった。ニーバーはこの問題に関して、聖書的リアリズムという立場を取る。聖書的リアリズムは、我々の知識から独立した聖書が証言する実在、例えば神の愛のリアリティを認め、このような神的リアリティは相対主義を超える絶対的なものであるとする。このとき聖書的リアリズムは、神のリアリティそのものの真理と、経験を通した検証によって我々が抱く神に関する信念とを区別し、後者については相対的であることを認めて、プラグマティズムの首尾一貫性と効果性という真理規準を適用するのである。絶対的な神のリアリティから区別される神に関する信念の真理性は、政治や経済などの多様な経験とのつながりにおいて、首尾一貫性と効果性から検証される。これによって聖書的リアリズムは、特定の宗教的な信念を絶対的な真理とする、宗教的な権威主義を回避するのである。

先に引用したように、ニーバーのキリスト教プラグマティズムは「正義の樹立のためにキリスト教的自由と責任感とを経済と政治の領域に適用すること」であった。キリスト教プラグマティズムは、相対的な効果が問題となる現実に適用されるキリスト教、いわば応用キリスト教なのである。応用とは、決して状況に応じて都合よく自分の信念を変えることではない。神的リアリティとそれに対する信念と行為とを区別し、宗教的信念をも行為の一段階として位置づけ、行為のもたらす結果から、信念の妥当性を見分ける方法的態度である。新約聖書に伝えられているイエスの次の言葉はその意味でプラグマティックである。「こういうわけで、あなたがたは、実によって彼らを見分けることができるのです」（ヨハネ六：二〇）。

ニーバーにとって重要なことは、観念体系のもつ首尾一貫性そのものを守ることではなく、多様な現実の中で出会う新たな視点や経験の挑戦を受け止め、可能な限り広範囲な現実を視野に入れた首尾一貫性へと練り上げて、愛と正義の「実」をもたらすことであった。クリスチャン・リアリズムは、聖書の教える『神の国』の理想、すなわち愛と正義を遠望しつつ、「いま・ここ」における政治的現実の中で生まれる「実」を追求する。そのためにクリスチャン・リアリズムは、神学的・道徳的リアリズムであると同時に、政治的リアリズムでもなければならないのである。

3　政治的リアリズム——マックス・ウェーバーとの比較

ニーバーによれば、リアリズムという言葉は同じであっても、神学的リアリズムと政治的リアリズムとを類比的に理解することはできない。例えば、神の本性である「愛」というもののリアリティと、政治社会における「権力」というもののリアリティを、類比的に扱うことはできない。政治においてリアリズムとは「社会的・政治的状況の中に存在する、定まった規範に反対するあらゆる要素、とりわけ自己利益や権力の要素を考慮に入れるような態度[38]」を意味する。神学や形而上学におけるリアリズムにおいては概念やドグマの実在が問題となるが、人間が生きて活動する世界では、人間を突き動かす欲望や利益などの実在が考慮されなければならない[39]。

政治におけるリアルなものについてのニーバーの理解は、政治についての一定の理解を前提としている。それはニーバーのみならず、E・H・カーやケナン、モーゲンソーなど、歴史家や国際政治学の現実主義派にも共通する考え方であった。彼らにおいて政治とは、国家内や国家間における自己利益や権力の追求に関わる活動であり、そこでリアルとみなされるものは、道徳や理想ではなく権力や利益であった。M・J・スミスは、マックス・ウェーバー、カー、ニーバー、モーゲンソー、ケナン、ヘンリー・キッシンジャーを取り上げて、二〇世紀の古典的な政治的リアリズムの系譜を論じている。[40] ニーバーの政治的リアリズムは、ウェーバーを直接の手がかりにしているとは確言できないが、[41] ウェーバーとの比較によって、その特質を明らかにすることができる。そこで、ここではスミスを参考にしつつ、ウェーバーとニーバーを比較検討してみたい。

（1）ウェーバーの政治的リアリズム

スミスによれば、ウェーバーが現実主義に対して果たした貢献は、（1）国家と政治についての定義、（2）国際関係とは国家間の止むことなき闘争であるという見方、（3）ナショナリズム、（4）政治指導者に対する関心、（5）心情倫理と責任倫理、に整理できるが、このうち、五つ目の心情倫理と責任倫理の区別こそ、後に続く者に「計り知れない影響を与え続けており、現実主義のライトモチーフを構成している」[42] という。

ウェーバーが心情倫理と責任倫理を論じた『職業としての政治』は、クルト・アイスナーの革命的社会主義に対してどのような態度をとるかで分裂していた学生に対して、政治を天職とする真の政治家の本領とは何か、適切な政治倫理とは何かを示そうとするものであった。ウェーバーは、心情倫理と責任倫理を直接に論じる前に、理想的な政治家像を描きつつ、次のように述べる。政治家にとって決定的な資質は「情熱、責任感、判断力」[43] である。「情熱」とは、「『事柄』への情熱的献身、その事柄を司っている神ないしデーモンへの情熱的献身」[44] であり、つまるところ「信仰」[45] である。ウェーバーは、「情熱」が「責任性」と結びつくときにはじめて政治家がつくり出されると述べるが、この両者を結びつけるのが「判断力（Augenmaß）」である。ウェーバーは判断力を

「政治家の決定的な心理的資質である」[46]とし、政治家になるために克服しなければならない悪徳として「虚栄心」を挙げる。[47]虚栄心は、人を仕事の本筋から離れさせ、無責任を招くものであり、政治家がこの悪徳と結びつくと、「権力を笠にきた成り上がり者の大言壮語や権力に溺れたナルシシズム、要するに純粋な権力崇拝」[48]が蔓延り、政治が歪められるのである。このようにウェーバーは、真の政治家をつくる精神的な諸資質を描いた上で、心情倫理と責任倫理に議論の焦点を移してゆく。

よく知られているように、心情倫理とは、主観的な意図の倫理である。それは、結果をおよそ問題とせず、意図の純粋さだけを問うものであり、代表例が山上の垂訓の倫理である。ウェーバーによれば「国家相互の間であれ、あるいは国家の枠の中で、つまり国家に含まれた人間集団相互の間で行われる場合であれ、要するに権力の分前にあずかり、権力の配分関係に影響を及ぼそうとする努力である」[49]政治の活動において、意図の純粋さは役に立たない。「政治における決定的な手段は暴力」であり、「この世がデーモンに支配されていること。そして政治にタッチする人間、すなわち手段としての権力と暴力性とに関係をもったものは、悪魔の力と契約を結ぶものであること。さらに善からは善のみが、悪からは悪のみが生まれるというのは、人間の行為にとってけっして真実ではなく、しばしばその逆が真実であること。……これが見抜けないような人間は、政治のイロハもわきまえない未熟児である」[50]。

これがウェーバーの考える政治の現実である。心情倫理のみの政治家には、この政治の現実に立ち向かうことは不可能である。そこで彼が求めたのは、責任倫理を持つ政治指導者であった。責任倫理は、自らの行為がもたらす「客観的結果」に対して責任を取ることを要請する。ウェーバーは、責任倫理の政治指導者には「生の現実を直視する眼をもつこと、生の現実に耐え、これに内面的に打ち勝つ能力をもつこと」が必須であると述べ、心情倫理と責任倫理は両立不可能のごとくに描いているが、講演の最後の方では、心情倫理と責任倫理とは「絶対的な対立ではなく、むしろ両者あいまって『政治への天職』をもちうる真の人間をつくりだす[51]」と述べている。先に紹介した「情熱と責任感と判断力」を有する真の政治家像からみれば、心情倫理と責任倫理の統合こそが政治のリアリティを生きる政治家の倫理として要請されているのである。

スミスはこのようなウェーバーの議論から、ウェーバー自身における心情倫理と責任倫理の結びつきを分析している。ウェーバーは真の政治的指導者か否かを判断する基準を、責任倫理をどれだけ重視しているかにあると考えているが、その判断基準を明確に提示せず、そのかわり、ドイツの国民的利益という基準を暗黙裡のうちに導入している[52]。つまりウェーバーは、責任倫理に従う政治家とそうでない政治家の違いを、彼の主観的な「信仰」であるドイツ・ナショナリズムの視点からリアルなものを基準として判断しているというのである。

スミスは、ウェーバーにおける責任倫理と心情倫理の結びつきを掘り起こすことによって、政治的リアリズムが要請する結果責任なるものの恣意性を明らかにした。考慮されるべき結果は心情倫理によって異なるのであり、ナショナリズムの政治的リアリズムのみが、唯一の政治的リアリズムなのではない。では、ニーバーはどんな信仰といかなる政治共同体への責任を結びつけて、政治的リアリズムを切り開いたのだろうか。

（2）ニーバーの政治的リアリズム

スミスが指摘する、ウェーバーの政治的リアリズムを構成する五つのポイント──（1）国家と政治についての定義、（2）国際関係とは国家間の止むことなき闘争であるという見方、（3）ナショナリズム、（4）政治指導者に対する関心、（5）心情倫理と責任倫理──からみると、ニーバーにも共通して強く現れているのは、（1）、（2）、（5）の要素である。ニーバーは、（3）のナショナリズムについては、むしろ国民的集団がもつ利己的な性格を指摘して批判的に論及しており、また（4）の政治指導者に対する関心については、デモクラシーにおける指導者選抜の機能よりも、批判的議論の機能を重視している。ウェーバーが課題としたドイツの政治状況とは異なり、強い政治的指導者を選抜しうる大統領制がすでに存在しており、イデオロギーの分裂よりも、人種間の対立のほうが大きな問題であったというアメリカの事情が、これらの違いの背景にあると考えることができる。しかしながら、（1）国家と政治、（2）国際関係、（5）心情倫理と責任倫理については、ニーバーはウェーバーと前提を共有し、重なる議論を展開している。

まず、（1）の政治と国家について考えてみよう。ニーバーは、「政治の仕事は、人間の実存の生命力を組織化して、人間の生命の対立する諸力や利害から「共同の利益＝国家（commonwealth）」が創造されるようにすることである。それは、アナーキーの道具としての力に抗して、秩序の道具として、力を行使することなしには歴史のなかで決して達成されることのない課題である」[53]、また「政治の本質は勢力の均衡による正義の達成である」[54]と述べ、政治は、個々の人間の生命力が生きていくための秩序を形成する営みであり、その主たるプレイヤーは国家・政府であるとみなしている。政府は、アナーキーやティラニーを防ぐための政治的手段として必要とされているのである。国際関係においても、ティラニーとアナーキーを避けることが優先されなければならないのであり、そのためには帝国主義に陥ることのないような形で大国による暗黙のヘゲモニーが求められるとする[55]。このようにニーバーの政治的リアリズムは、ナショナリズムと政治指導者の部分を除いてウェーバー的なリアリズムと重なっていたのだが、ただしその根拠付けは異なっていた。詳しくは次節で述べるが、政治や国家を認識する際の前提条件――罪深い人間の誤りやすさ、集団のもつ利己心、権力の傲慢――をニーバーはキリスト教の人間観から引き出していた[56]。この相違は（5）心情倫理と責任倫理の論じ方の違いに反映している。

ウェーバーがナショナリズムによる心情倫理と責任倫理の結合を構想したのに対して、ニーバーはキリスト教による両者の結合を構想している。ニーバーにおいて、例えば愛の倫理、つまりウェーバーのいう心情倫理は、この地上においてそのまま実現するとは信じられていない。ウェーバーが心情倫理の代表的な例とする山上の垂訓は、ニーバーにとって、歴史的世界に実現されるものではなく、歴史を超えたものなのである。これにより、キリスト教的正義を地上に実現しようとする、心情倫理的政治家の道徳的うぬぼれは否定される。ニーバーにとって、神学的リアリティに関わるものは絶対的なものとして、地上ではなく地上を超えた世界にあるとされ、現世の権力の正当化には使用されないのである。他方、神学的リアリティそのものではない、相対的世界の中で正当化されるべき信念については、前項で述べたプラグマティックな方法によって、信念がもたらす行為の結果から吟味される。つまり、行為の結果に対する責任を問う、責任倫理に服するのである。

ウェーバーは心情倫理と責任倫理の統一の中に真正の政治家を見出したが、そこでは結果をはかる基準としてナショナリズムの価値が導入されていた。ニーバーは神的リアリティにかかわる信念の領域と、地上の制約を背負う中で相対的な善の追求が目指される倫理の領域を分けたが、前者を心情倫理、後者を責任倫理として読み替えると、ニーバーにおいても、心情倫理と責任倫理の統一が果たされていることがわかる。二人の心情倫理の基盤は異なっているが、しかし心情倫理と責任倫理を結びつける点においては共通しているのである。

ところで、ウェーバーの心情倫理と責任倫理は、西洋精神史にみられる構造的な対立、すなわち古代ギリシア悲劇の、古き神々に従うべきか国家に従うべきかの倫理的葛藤、原始キリスト教の神に従うべきか国家に従うべきかの対立を歴史的背景として有していると指摘されているが[57]、この両者を結びつける精神的能力とは何だろうか。ウェーバーが真正の政治家に求めた資質から、それを「判断力」とよぶことができるだろう。すでに指摘したように、ウェーバーは真正の政治家に「情熱」「責任感」「判断力」を求めた。「情熱」が心情倫理、「責任感」が責任倫理に相当すると考えると、「判断力」には心情倫理と責任倫理を統合する役割が担わされていると考えられる。

ドイツ系移民の子として、国に従うべきか神に従うべきかが自分自身にとっての課題であったニーバーは、ウェーバーと類似する、政治を行う精神の三肢構造について次のように述べている。「保守的な信条のリアリズムとリベラルな精神の理想主義の統合は、キリスト教的洞察の現実への適用によって要求される政治へのプラグマティックなアプローチの最善の現代的表現として提唱される。というのは、最終的な基準としての愛の掟と止むことなき力としての自己愛の法則の双方を知ることによって、キリスト者はプラグマティックな倫理のための基礎をもつことができるようになるからである。この倫理の中で、最も高く最も包括的な正義と秩序の共同体を樹立するという、究極的な目的のために権力と自己利益は利用され、騙され、抑制され、歪められるのである」(58)。

この中にある三肢構造、すなわち「リベラル精神の理想主義」「保守的信条の現実主義」「プラグマティックな政治へのアプローチ」または「最終的な規準としての愛の掟」「止むことなき力としての自己愛の法則」「究極の目的のために権力と自己利益を手懐けるプラグマティックな倫理」は、ウェーバーの「情熱」「責任感」「判断力」と符合するものと言えるのではないだろうか。情熱的要素は、理想主義、または愛の法則を最高の規準とする倫理として、責任感の要素は、保守主義、または自己愛の法則を知る態度として、判断力の要素は、プラグマティックな政治や倫理へのアプローチとして、ニーバーの議論の中に組み入れられている。ニーバーのプラグマティックな思考とは、字義から想像されるようなたんなる実利的な思考ではなく、究極的な愛の掟と、現実の人間の自己愛との間で、正義を目指す判断力と言い換えることができよう。ニーバーの政治的リアリズムを支える鍵となるのは、この意味でのプラグマティックな政治的判断力なのである。

先に述べたように、クリスチャン・リアリズムは、神のリアリティに基づいている。しかし、キリスト者は神のリアリティのみを語っていればいいわけではない。世俗社会におけるキリスト教の真理性を弁証しようとするニーバーにとって、神のリアリティのみを語る態度は社会からの撤退であり、キリスト教の使命の放棄であった。ニーバーにとってキリスト者とは、聖書的リアリズムに基礎をおくプラグマティストとして、現世における相対的な愛と正義の実現に、現世の営みに関する正当化されるべき信念の領域に、取り組まなければならないのである。

三　クリスチャン・リアリズムの政治リテラシー

前節ではニーバー思想の中核をなすクリスチャン・リアリズムの解明に取り組んだが、それは彼の政治思想を、政治と宗教が複雑に錯綜する現代のための「宗教的な政治リテラシー」として読み解くためであった。本節ではこれまでの分析を基に、彼の著作から読み取ることのできる政治リテラシーを次の三項目に整理して提示したい。

(1) 人間の自由と罪——政治の人間学的基礎
(2) 正義の技術としてのデモクラシー——政治の基本原則
(3) 地の国を超えるもの——政治の歴史哲学的目標

これは一つの仮説的な整理にすぎないが、「宗教的な政治リテラシー」と呼びうるものを描き出すことができれば、ひとまず本章の課題にとっては十分である。

ニーバーはその生涯の歩みの中で、完全とはいえないにしても、いくつかの政治的幻想から抜け出て、政治的現実の認識にたどり着いた。[59] そして、それに基づいて世に出した著作は、アメリカ市民の政治的教育という効果をもった。本節は、ニーバーの政治的教育の内容を、いわば学習指導案としてまとめ直す試みとも言える。ニーバーが、二〇世紀前半の危機に直面したアメリカ人を対象に、「政治」という科目を学ぶために書き上げた様々な著作や論考から、その修得目標となる学習内容を整理してみよう。

1　人間の自由と罪——政治の人間学的基礎

第一の学習内容は「政治の人間学的基礎」である。そこで身につけるべき中核的な概念は「自由」と「罪」である。ニーバーの政治観の根底にあるのは、政治を行う人間は、自由でありかつ罪を犯す存在であるという人間観である。彼はそれを、聖書的リアリズムに基づき、聖書の神話的象徴の解釈を通して論じる。「政治の人間学的基礎」として学ぶべき項目は、（1）「両義的存在としての人間」、（2）「罪人としての人間」、（3）「人間の自由と責任」である。

（1）両義的存在としての人間

ニーバーは主著『人間の本性と運命』において、人間を「自然（nature）」と「精神（spirit）」の二つの側面から捉える。人間は一方では、「自然の子」として、自然の制約のもと、その範囲のなかにおいて自由を有している。他方で人間は「自然、生命、彼自身、彼の理性、および世界などの外に立つ精神」でもある。[60] これは、人は塵で、神の形につくられたという創世記の記述をもとにした人間論である。

ニーバーによれば、聖書的象徴に表現された人間の二面性の全体を捉えるためには、「時間と永遠の広がり（time-eternity dimension）」[61] をもって人間をみる目が必要であるが、そのような目を持つことのない人間の思想は、二面性のいずれかを強調することになる。合理主義は人間の理性を強調して人間の自然性をないがしろにし、自然主義は人間の自然を強調して人間の独自性を曖昧にしてきた。これらが政治的な領域に展開されると、合理主義は理想主義や楽観主義となり、政治の中にセンチメンタリズムが持ち込まれる。自然主義は、理想を欠いた現実主義や悲観主義となり、シニシズムが持ち込まれる。これらは政治的リアリズムを歪め、政治的判断力を過たせるものとして作用するのである。

（2）罪人としての人間

人間の自然性、有限性はそれ自体としては悪ではない。しかし、人間の二面性、すなわち自然の支配のもとにある有限性と、自然を超えた超越性あるいは自由との矛盾を機会として、人間は不可避的に罪に陥る。ニーバーは人間の二面性から、罪の不可避性を二つに分けて考える。まず人間は、自己の有限性・不安定性を、自己の被造性を忘れた権力意志によって克服しようとする。しかしそれは、人間の有限性を超えようとする傲慢という罪にほかならない。ついで人間は、自己の自由を、自然の衝動的な生命力の中に生きることを通して隠蔽しようとする。しかしそのような衝動は、自然とは異なる、とどまるところを知らない肉欲に支配されることでしかない[62]。

このように、人間が自己の有限性を受け入れないところから罪が生じる。「罪の源は、人間が時間的であることにあるのではなくて、その存在の有限的で依存的な特質を認めることを故意に拒絶することにある[63]」。ニーバーに特徴的なことは、このような罪がたんに個人的な帰結をもたらすだけでなく、社会的な帰結をもたらすことを強調したことである。「人間は個人であるが、しかしそれに自己満足することはない[64]」。人間は自己を、他者関係からなる自分の人生の中心におこうとして、他者との調和を破壊する。「人間は、全体の中で一つの制約された個人であるが故に罪人だというのではなくて、むしろ、全体を見渡すことのできる能力そのものによって、自分自身を全体と想像するという誤りにおとしこまされるが故に罪人なのである[65]」。

罪人としての人間は呪われた想像力の持ち主である。「人間の住んでいる社会は、それぞれの人間が求めている生の目的を成就する基盤でもあり、また同時に、その成就を妨げるわざわいの場所でもある。……人間は他の動物とは異なって、自己の生存に必要とする限度を超えて欲望を広げる想像力を与えられており、またこの想像力によって呪われているからである」[66]。

この想像力を介して、人間の罪は社会的な帰結をもたらす。「人間は、自然と人間社会との両方の不完全性さに根ざしている病気にかかっているのであるが、自然の不完全さを排除するための道具がかえって人間社会の不完全さを増大させる手段となってしまうということは、おそらく、人間の悲しい運命なのであろう」[67]。

（3）人間の自由と責任

以上のように、人間の罪は、人間の有限性と自由という二面性を契機に不可避的に生じ、個人と社会に悪しき帰結をもたらす。注意すべきは、罪が不可避的に生じるからといって、人間にその責任がないということにはならないことである。なぜなら、上で論じたように、人間の罪が生じる契機の一つは人間の自由にあり、また下で論じるように、そのことを人間は観想において知ることができるからである。

ここで、自由という言葉が、独特の宗教的な意味で使用されていることに注意しよう。自由とは、精神的存在としての人間が有する超越性に根拠をもつ。この究極的な自由を自覚した人は、最高段階の自由にあるといえる。しかし、行動における人間は、前項で論じたように、不可避的に罪に陥る。人間は、権力意志や衝動によって、究極的な自由を誤用してしまうからである。この意味で人間は、究極的には自由であるけれども、善悪を選択する自由をもってはいない。これを逆からみれば、人間は行動においては罪を犯す自由しかもたないが、しかしそのことを知ることにおいて、精神的な存在としての自由を獲得するのである[68]。ニーバーは簡潔に次のように述べる。「人間が罪を犯すのは、彼の自由の中においてであり、またその自由によってである。究極の逆説は、罪の不可避性の発見が人間の自由の最高の主張だということである」[69]。

ニーバーは、キリスト教が伝えてきた原罪説をこのように解釈し、それを通して、人間の自由と、罪に対する責任を確保する。彼は、罪の不可避性の観想や発見という最高度の自由によって人間は罪を犯さなくなる、などとは断じて言わない。人間は、最高度の自由において、自己が罪にまみれた行動をとっていることを観想し、それを通して人間は悔恨と懺悔へと導かれる。だが、このような観想や悔恨、懺悔があるとしても、人間は罪から免れえない。「観想においてさえも、自己は有限なる自己である」[70]。罪の観想、悔恨や懺悔が人間を罪から解放するという主張は、ニーバーにとって「パリサイ的幻想」でしかないのである。

以上の議論は、直接に政治を論じるものではないが、政治を行う人間という存在に対する、ニーバーの基礎的な洞察である。ニーバーにとって、この神学的リアリズムに基づく人間観こそ、政治を考えるためのイロハなのである。

2　正義の技術としてのデモクラシー――政治の基本原則

第二の学習内容は「政治の基本原則」を身につける、である。政治の基本原則とは、政治を実際に行う際に、それに則ることが必須となる原則を意味し、その具体的な内容をニーバーは、「正義の技術としてのデモクラシー」に求める。正義の技術としてデモクラシーを用いることができるようになることが、ここでの達成目標である。学ぶべき項目は、（1）「政治の条件と目的」、（2）「デモクラシーの理由」、（3）「デモクラシーの限界」に分けられる。

（1）政治の条件と目的

人間が罪人であることの帰結として、地上には争いや葛藤が絶えることはない。政治が関わるのは、このような「「罪の世界」の中に正義を打ち立てること」[71]である。政治に課された条件は「罪の世界」であり、このような世界のただ中で「正義を打ち立てること」が政治の務めなのである。「罪深い世界の中で正義を打ち立てることが、政治秩序に課されたその悲しい務めの全てである[72]」。政治の条件と義務または目的がこのように規定されることによって、いくつかの政治原則が導かれる。

まず、政治においては、道徳的にはいかにいかがわしく思われるとしても、強制的要素、つまり権力の行使を避けることはできない。「もっとも近親的な社会集団は別としても、より大きな基盤の上に立つ社会共同体は、強制の手段を必要とする[73]」、「人間の精神および想像力の限界、すなわち自己の利益と同様に他人のそれをはっきりと直視しうるまでに己の利害を超越することが人間にできないということが、力を社会統一の過程における不可避的な一要素とする[74]」からである。そのことを認識せずに「ある国家が力の行使も威嚇もなしに「共通点」に達するとか、あるいは「一般意志」を認識しうると主張できるのは純粋な水のような浪漫主義者のみであろう[75]」。

ニーバーは権力を礼賛しているわけではない。権力の行使は正義を破壊し、平和を危機に陥れる。「社会は絶えず悩まされているが、それは社会生活における強制的要素（人間の知性と想像力の限度がこれを避けられないものにする）が平和を作り出す過程において不正を生むという事実によるだけでなく、この強制的要素がある社会集団内に不安定な平和状態を助長し集団相互の相剋を悪化させる傾向にもよるのである。権力は共同体内の平和のために正義を犠牲にし、共同体間の平和を破壊する[76]」。

政治において権力の行使は不可避だが、権力の行使が政治なのではない。先に述べたように、権力の行使を通じて正義を達成することが政治である。政治においては権力と正義との絶妙なブレンドが求められているが、それが難しいがために政治は不安定さを免れない。「政治とは、歴史の終わりにいたるまで、良心と権力とがあいまみえ人間生活の倫理的要素と強制的要素とが互いに浸透しあい、一時的かつ不安定な妥協をつくり出す場である[77]」。

不安定を除去しようとして権力を強くしすぎれば、それは自由のないティラニーにいたる。権力の要素を排除してしまえば、それは秩序のないアナーキーに陥る。「政治の基本問題は、社会的組織化というレベルにおいて秩序の道具である力が、社会的統合という次のレベルにおいてアナーキーかティラニーの道具となることをいかにして防ぐかである」[78]。

(2) デモクラシーの理由

各人の力の行使を抑えてアナーキーを防ぐはずの権力が、一方的に強力となって人々を隷従させるティラニーに陥らずに正義の秩序を樹立するために、ニーバーは力を社会全体の責任と管理の下に置くことを求める。「社会が直面している問題は、生と生との道徳的理性的調整を志向する諸要素を増大させながら、力の要素を減じていくということであり、また、力がいぜんとして必要であるような場合、その力を社会全体の責任のもとにおくということであり、また社会的に責任を取ることのないような力であれば(たとえば経済的所有に固有な力など)、それを打破することであり、さらにまた社会的コントロールのもとに完全におくことができないような種類の力には、倫理的自己抑制力をもたしめるようにすることである」[79]。

このような調整や改革は、人間の理性や善意だけで実現できるものではない。自己利益に囚われた罪人である人間の間で、権力の過剰な集中や解体を防ぐには、そのための社会的慣習や政治制度を必要とする。ニーバーは、このための制度としてデモクラシーを評価する。デモクラシーは「自由と秩序の両者が矛盾することなく、互いに支え合うことを可能にする社会組織の恒久的に貴重な形態」なのである[80]。

では、デモクラシーがこの機能を果たし続けるためには何が必要なのか。ニーバーは第二次世界大戦中に書いた著作の中で、「正義を実行しうる人間の能力がデモクラシーを可能にするが、他面、人間の不正に陥りやすい傾向が、デモクラシーを必要とする」[81]と述べている。この文章には、ニーバーのデモクラシー論の中心的な論点が要約されている。第一は、この文の後半の内容に関するものだが、自由なる人間の罪の不可避性に対するデモクラシーの意義の問題、言い換えると、デモクラシーの理由である。第二は、正義を達成するデモクラシーを実現するために求められる市民の能力の問題、言い換えると、デモクラシーの限界の問題である[82]。

まず、第一の論点であるデモクラシーの理由をみてみよう。デモクラシーに対するニーバーの評価は、政治は罪深い人間の営みであるという大前提から導かれている。どんな人間であっても、政治に関わるときには、自己利益や偏見に惑わされる可能性がある。したがって、政治制度に求められることは、どんな権威や権力に対しても、批判が許される体制であり続けることである。「……デモクラシーの自由が正しいとされる理由は……いかなる歴史的現実といえども、批評に対して免疫になったとき誤謬や罪をさらに増長させようとする誘惑におちいらないというようなものは存在しないということである[83]」。

（3）デモクラシーの限界

次に、第二の論点、デモクラシーを実践する市民の能力についてみてみよう。この点については、すでに前節でプラグマティックな判断力として論じた。政治を行う者には、究極的な愛の掟と現実の人間の自己愛との間で、正義を目指す判断力の働きとしてのプラグマティックな思考が求められた。そのような思考を実践するためには、デモクラシーを「解決不可能の問題に手近な解決（proximate solutions）を見出していく方法[84]」として活用できる力が重要となる。このようにデモクラシーとは、ある意味ささやかなものなのであり、「デモクラシーが人生の最終目的となることはありえない[85]」。世界や人生の究極的な問題の解決のためには別の方法が求められるのであり、必要ならば、市民はその方面にも通じる必要がある。しかし、罪の世界で平和と秩序をつくるためには、まずもってデモクラシーの方法を学ぶ必要がある。

ところが、ときに政治理論家はデモクラシーをドグマ化し、様々なデモクラシーの理論を唱える。ニーバーは、個人の自由と社会的統一の理想を実現しうると考える政治理論を、人間の罪性を見落とし、人間に過大な期待を寄せる理想主義であるとして批判する。他方、権力追求や自己利益のみを現実と見る理想なき政治理論を、人間の自由の価値を見落とし、自由のために働くデモクラシーの価値を過小評価するものとして批判する。いずれも人間に対する冷静な認識を欠き、偽りの希望と恐怖に動かされているのである。ニーバーは、希望を説くだけの理想主義者、現実の恐怖ばかりに目を注ぐ現実主義者に対して、「希望を抱いて馬鹿をみるなら、心配が杞憂に終わることもある（If hopes are dupes, Fears may be liars）」[86]という詩人の言葉を引用している。

デモクラシーを実践する上で重要なことは、人間の能力を的確に見積もり、デモクラシーの限界を見極めることなのである。冷戦が始まろうとする時期、ニーバーはアメリカにおいて、デモクラシーへの献身という宗教が広がっていると指摘し、その問題点を次のように述べている。「デモクラシーは、たしかに全体主義よりもよい社会の形式である。しかし、その多くの擁護者は、少なくとも一つの誤りをコミュニストと共有している。彼らは、社会的次元以外の実存の次元を知らない。……宗教としてのデモクラシーのもう一つの害悪は、より包括的な宗教的信仰なしに、われわれの特異なデモクラシー理解を人生の究極的な価値と同一視することである。これは特にアメリカ人に当てはまる病である」[87]。

デモクラシーという世俗的なものを究極の価値とすることがなぜ問題とされるのだろうか。デモクラシーそれ自体を究極的なものとすることは、人間世界の罪というデモクラシーの理由を忘れることであり、歴史的現実を超えた愛と正義のために「手近な解決」を発見するというデモクラシーの限界を超えることを意味したからである。

3　地の国を超えるもの——政治の歴史哲学的目標

第三の学習内容は、「政治の歴史哲学的目標」である。そこで身につけるべき中核的な概念は「神の国」や「愛」など、この地上を超えた神的リアリティに関わる概念である。政治は世俗的な事柄であるから、超越的なことに関する議論は不要であると一般には考えられている。実際、政治学の教科書では、超越的な価値については個人の自由な信念の領域にゆだね、わざわざ取り扱ったりはせず、そのかわり、自由や公共性など市民の共通の利益の実現に関わる理念や制度が扱われる。しかしながら、公共性そのもののために生きることは人間に可能なのだろうか。むしろ、なにごとか守るべき価値や信念があるからこそ、それを守るために人間は公共性や自由を必要とするのではないだろうか。政治とは、政治の限界を超えるものとの関係抜きにはありえない。「政治の歴史哲学的目標」において学ぶべき学習項目は、（1）「寛容と謙遜」、（2）「正義と愛」、（3）「歴史の目標」である。

（1）寛容と謙遜

ニーバーは、批判の自由を通じて、「解決不可能の問題に手近な解決を見出していく[88]」デモクラシーが成立するために「寛容な協力の精神（a spirit of tolerant cooperation）[89]」が必要であるという。デモクラシーにおける批判はもちろん重要だが、批判と批判の際限のない応酬は、デモクラシーによる秩序形成を不能とし、崩壊の危機を招くからである。

では、このような精神を提供することができるのは何か。ニーバーによれば、そこで重要になるのが宗教である。「デモクラシーと深遠な宗教との真の接触点は、謙遜の精神（the spirit of humility）の中にあるのであるが、このような謙遜は、デモクラシーが必要とするものであり、それはまた、宗教の成果の一つでなくてはならない。デモクラシーの生活は、個人間においても、グループ間においても、寛容な協力の精神を必要とするのであるが、このような精神は、自己の利益以上の律法を知らない道徳嘲笑主義者たちも、自己の利益を超えた律法を認めはするが、最も公平無私な理想主義者の唱える声明の中にも腐敗が忍び込んでいるということに気づかない道徳的理想主義者たちによっても、達成することのできない精神である[90]」。

このようにニーバーは、寛容の土台となる謙遜の精神は、宗教の中で、言い換えれば神的リアリティとのふれあいの中で養われると考える。世俗秩序を超えた神的なものは、地上の世界を超えつつ、この地上の世界に関わるのである。

（2）正義と愛

政治的な寛容が宗教的な謙遜の徳と関係するように、政治の世界で追求される正義は宗教的な愛と関係する。ここで、歴史を超えたものと歴史的なものとの関係は、前者が後者を支えかつ超えるという弁証法的な関係で理解される。「歴史における正義と神の国における愛との関係についてのキリスト教的理解は弁証法的なもの」であり、「愛は、歴史における正義のあらゆる達成の成就でもあれば否定でもある[91]」。すなわち、「歴史における正義の達成は不確定な度合いで始まり、より完全な愛と兄弟愛にその成就を見出す」。だが、「それぞれの成就の新たな段階にも、完全な愛と矛盾する要素がある[92]」。

ニーバーにとって愛は、あらゆる規範の中の究極の規範であった。「愛（アガペー）は自由な精神としての自己の最終的な規範として、自己の義務と責務を記述するために仮に使用される他の規範すべてに対する裁きの永久の源泉である[93]」。愛はイエスにおいて啓示された究極的規範であるがゆえに、罪人の利己心が支配する社会において、その純正な形態のままに存在することはできない。だが、その一部は正義として実現されうるのであり、「正義は、利己保持がすべての次元において愛の律法に反発する場所としての社会に働く、愛の道具でなければならない[94]」とされる。

ここでも、世俗秩序を超えたもの（愛）が、地上の世界を超えつつ（正義と対立する愛）、この地上の世界に関わる（愛の道具としての正義）のである。謙遜と同様に愛もまた、世俗的なものからではなく、それを超えた神との交わりから発している。謙遜が、異なる個人や集団による政治秩序の形成を可能にする徳であるとすれば、愛は、既存の秩序の不正を暴き、新しい正義を打ち立てようとする行動を促す徳である。政治は、政治を超えたものからの声によって、自らを作り変えることができる。そしていかなる政治も完全なものとはいえない以上、つねに自らを作り変えることを求められているのである。

（3）歴史の目標

謙遜をもって愛によって動機づけられた人間の行動は、政治を超えたものとの交わりから生まれ、政治の世界へと関わっていく。このような人間の政治への関わりを基礎づけるのは、自然と精神の統合体としての人間である。そして、このような両義的存在としての人間は、歴史に対しては、「歴史的過程を超越すると同時にそれに巻き込まれてもいる被造物」として捉えられる。(95) だが、キリスト教の歴史観は、人間の側だけから語られるものではない。歴史は、歴史に対する神の側からの介入、すなわちイエス・キリストの受肉と復活、そして再臨という歴史の枠組みから理解されなければならない。ニーバーにとって人間の政治の営みは、この大きな歴史の枠組みの中に位置づけられ、意味づけられるのである。

ニーバーは、イエス・キリスト、その受肉と復活、再臨を中心に歴史を解釈する。イエス・キリストとともに、歴史に「神の国」が到来したが、しかし「神の国」は完全には成就していない。「一方では、歴史は、神の隠された主権の開示と、生と歴史の意味の啓示において頂点に達した。他方では、歴史は今なお、勝利のメシアの第二の到来［再臨］における歴史の頂点を待ち望んでいる」。(96)「神の国はすでに到来した」と言えるのは、「イエスの倫理の絶対的な性格」が「自然の偶然性と時間の必然性を超える人間の超越的自由に従っている」からであり、「神の国は未だ来たらず」と言えるのは、「人間の実際の歴史は、偶然性と必然性に支配され、人間の依存状態と有限性に巻き込まれる状態から逃れ、またそれらを否定しようとする罪深い努力によって堕落している」からである[97]。

この歴史の二重性から、歴史的過程は単なる進歩や循環としてではなく、両義的なものとして理解される。歴史は、たんに自然に支配された世界なのではなく、人間の自由な活動を通して、新たな創造がなされる領域である。しかしながら、歴史は、人間の罪として語られる、人間存在の本質的な課題を解決することはできない。ニーバーはアウグスティヌスの『神の国』を引用し、「『神の国』と「地の国」とは双方ともに歴史の中で増大する」と述べる[98]。「すでに来た」と「未だ来たらず」の間を中間時とよぶが、ニーバーの歴史観の特徴は、この中間時における矛盾を何らかの仕方で解消するのではなく、矛盾のままに凝視する点にある。

このような歴史観は、政治にとってどのような意味をもつのだろうか。それは、自らの政治への関与や関心、問題意識を歴史の大きな流れの中で相対化しながら、なおその置かれた歴史的な状況の中で理想を目指していくための動機と思考の枠組みを提供するものであるといえるだろう。近代の歴史観は、ヘーゲルやマルクス主義にみられるように、歴史そのものが人類の課題を解決するという理想をいだいたものであった。しかし、そのような歴史観は、人間の罪性を見落とし、現実の裏切りの経験を通して、数多くの道徳嘲笑主義者を生み落とした。他方で、歴史には意味などないとし、自らの歴史的責任を引き受けることなく、現世のパワーゲームに戯れるだけの者も少なくない。たしかに、歴史は理想を成就することがないというニーバーの歴史観の一面だけをみれば、そのように生きることも理由のないことではない。しかし、それは歴史を超越する精神の自由を放棄して歴史から逃避することなのであり、いずれそれは、歴史をともに生きる人々の共同体を破壊し、自由と秩序を生み出す政治の土台そのものを腐蝕していくだろう。

歴史的責任を引き受ける動機は、歴史を超えたものから与えられる。しかし、歴史を超えたものが与える動機は、しばしば狂信にも変化する。狂信とは異なる、冷静なる信仰は、謙遜の態度で愛を動機とすることによって、苦しむ者の苦しみを引き受ける。「キリスト教信仰は、人々に、生と歴史における誤った安全や救済への偶像崇拝的な探究を断念させることができよう。それでもなお、このキリスト教信仰は、人間と共に人間のために苦しむまさにその地点を目指す人間の歴史的な努力に深く関与する《存在の永遠的根拠》への確信によって、自らの歴史的責任を喜んで受け入れるように人々を鼓舞することができるのである(99)」。

おわりに

「静謐の祈り」として知られる、ニーバーの祈りがある。

神よ
変えることができるものについて、それを変えるだけの勇気を与え給え。
変えることができないものについては、それを受け入れるだけの冷静さを与え給え。
そして、この両者を識別する知恵を与え給え。

有名なこの祈りは、政治に関わる敬虔な宗教者の心境を表現するものとしても、また深い政治的知恵の表現としても読める。もちろん、変えることができないものを認めるが故に、政治的闘争における弱さを指摘することもできる。しかしながら、これはやはり地上における闘争のための言葉としてではなく、素直に、地上を超えた正義を求めて、歴史を導く神に捧げる祈りとして読むべきだろう。

本章が抽出した政治リテラシーは、この祈りの中にも表現されている。勇気と冷静さ、そして知恵は、人間の偉大さを示すものであるが、両義的な人間存在は、その偉大さを働かせようとするその只中で、過ちを犯す。人間社会における強制力の不可避性は変えることのできない人間の定めなのである。これを無くそうとする試みは、いかなるものであれ、その偉大な取り組みの中で、自ら専制的な力へと変質してしまうだろう。だが、重要なことは次である。そのように変えられない定めを認めたとしても、地上にはなお正義のために変えることのできる余地が存在する。不正を糾弾する預言者的な声に促され、不正が改められ、愛と正義が実現することがある。デモクラシーは、そのための政治制度として擁護されなければならない。これら善きものの実現を願って、歴史の彼方に「神よ」と呼びかける人間は、互いに寛容とゆるしをもって生きる謙遜へと導かれるのであり、このような謙遜の中でこそ、変えられないものと変えられるものとを見分ける知恵が働くのではないだろうか。地上を超えたものを展望する地平に立ってはじめて人間は、相対的な善悪の判断に距離感をもって向き合うことができるからである。

あらためてニーバーの政治観を要約するならば、政治とは、たとえ信仰において不正義とみなされるものであっても、政治において現実に働いている要素をそれとして認め、それを前提とした上で聖書が伝える愛と正義に近づいていく営みである。キリスト者の生は、このような意味で政治的である。その信仰にもとづく政治の営みは、喩えていえば、聖書の伝える神のリアリティという北極星を頼りに、地上に実現しうる相対的な愛と正義を目指して、現実という海の荒波の中を、(一時的であることも少なくない)平和という港に寄港しながら続ける航海といえる。

このようなニーバーの政治リテラシーは、その宗教性をほとんど共有できないであろう現代日本人にとってどんな意味をもちうるのだろうか。

まず指摘したいことは、ニーバーのキリスト教信仰においては一致できない者でも、政治に関わるからには、そこで実現したいと思う価値や正義があるはずだという点である。自己の信じる価値や正義を狂信するのではなく、時に反省を加えつつ真摯に向き合う姿勢は、政治という営みをファナティシズムや権力崇拝に堕落させないために必須のものである。ニーバーの場合には、そのような役割をキリスト教信仰が果たしたが、ではニーバーと信仰を共有しない者は、何によってそのような態度を養えばよいのか。このような問題設定を建てたとき、ニーバーの政治リテラシーは、私たちにとっても意味あるものとして浮かんではこないだろうか。

次に、ニーバー的な政治リテラシーが意味をもつということを仮に前提としたとき、政治学教育の中にこれらの要素をどのように組み込むことができるだろうか。すでに紙幅が尽きるためこの課題は別稿に委ねるほかないが、ここでは二つの方向性を述べておきたい。

まずは、宗教的な部分を世俗的な知に置き換えていく方向である。政教分離のもとでの公教育において、宗教的な教義に基づく政治教育は難しい。しかし、人間の誤りやすさ、理性によるコントロールの不可能性などは、宗教によらずとも、例えば精神分析や歴史を通しても学ぶことができる。人間の知性のもつ曖昧さ、道徳的な両義性に対する感性を養うことは、政治教育の前提として必須の要素といえるはずである。

もう一つは、ここで抽出した政治リテラシーを、キリスト教以外の宗教を含む複数の宗教によって教えるという方向性も考えられる。仏教は貪瞋痴の三毒のゆえに人間は執着を逃れがたいと教える。この教えは、人間の誤りやすさという政治リテラシーを教える際にも利用可能である。各々の文化の伝統宗教の知恵を現代デモクラシーの運営のために活用するという道筋は、世俗主義と宗教との不毛な対立を乗り越えるためにも有効な道であるといえるのではないだろうか。

政治は、政治を超えるものとの批判的な接触を欠くと、自己目的化し、精神の平準化を招いて、人間の生命を衰弱させる。地の国を超えるものが、地の国において語られることの意味がここにある。宗教的市民は、地の国を超えるものがそれ自体において価値あるものと信ずる。世俗的市民は、そのような価値は認めないが、しかし地の国を超えるものが果たす地上的な意味を理解することはできる。ここに、宗教的な市民と世俗的な市民との、完全ではなくとも「重なり合う合意」の可能性がある。政治の世界においておぞましい言葉が氾濫し、紛争と対立がますます混迷するいま、私たちが進みゆくべき方向性が、そこに示されているとはいえないだろうか。

＊本論文は、平成二六年度〜三〇年度科学研究費・基盤研究Ｂ「〈政治リテラシー〉の理論的研究と政治学教育への実践的展開」（ＪＳＰＳ科研費 JP26285028）、及び平成二六年度〜二九年度科学研究費・基盤研究Ｃ「多元的な近代の宗教性をめぐる総合的研究——宗教概念・市民的なもの・市民の倫理」（ＪＳＰＳ科研費 JP26370023）の助成を受けた研究成果の一部である。

【注】

（1）クリック（2011）、九〇頁。
（2）クリック（2011）、一三七頁。
（3）ゴーシェ（2010）、第三章。
（4）蓮見（2008）、二四一頁。
（5）ケペル（1992）、Casanova（1994）.
（6）ロールズ（2006）、ハーバーマス（2014）。
（7）中金（1995）、一三六頁。
（8）オークショット（1968）、四〇三頁。
（9）A. Schlesinger Jr.（1992）,（2005）.

(10) McKeogh (1997), pp. 1-2. 他方で、宗教が活発に論じられる二一世紀のアメリカで、ニーバーの名前が出されることが少ないという指摘もある。A. Schlesinger Jr., (2005).

(11) カーターは海軍兵士であった頃に、軍人としての務めとイエス・キリストの教えをいかに両立すべきかを考え、ニーバーの著作にふれはじめたという (Sabella (2017), pp. 117-119)。クリントンは大きな影響を受けた書物として、『聖書』、マルクス・アウレリウス『自省録』、トマス・ア・ケンピス『キリストにならいて』、ウェーバー『職業としての政治』と並んで、ニーバーの『道徳的人間と不道徳的社会』を挙げている (McKeogh (1997), p. 2, 154)。オバマは、二〇〇七年のニューヨーク・タイムズのコラムニスト、デイヴィット・ブルックスのインタヴューにて、「ニーバーを読んだことがあるか」との質問に対して、「私は彼が大好きだ。彼は私のお気に入りの哲学者の一人だ」と答えている (Brooks 2007)。オバマがいかにニーバーに依拠していたかについては Holder and Josephson (2013) を参照のこと。

(12) この節の叙述は主として、Fox (1985)、鈴木 (1998)、Sabella (2017)、および Sifton (2015) の巻末年譜を利用している。煩雑を避けるため、注は主要部分のみに限定している。

(13) Fox (1985), p. 22.

(14) McKeogh (1997), p. 3.

(15) McKeogh (1997), p. 3.

(16) 鈴木 (1998)、七〇頁。

(17) 鈴木 (1998)、七七頁。田上 (2015)、二四五頁。『道徳的人間と非道徳的社会』(原著一九三二年) で論じる社会集団の有するエゴイズムを、ニーバーはソヴィエト・ロシアの労働者階級の運動の中に認めている。

(18) ニーバーの教え子であるメイルス・ホートン (Mayles Horton) によりハイランダー・スクールとして一九三二年に設立される。この学校は、もともとは地域の労働運動の組織化を手助けするものとして計画されたが、やがて非暴力抵抗と市民的不服従の技術を提供する、市民権運動のための中心になる。Sabella (2017), p. 127f.

(19) 一九三六年に、ニーバーの友人で宣教師のシェアウッド・エディ (Sherwood Eddy) らによって、地域の経済的窮状を救うことを目的として始められた。Sabella (2017), p. 44.

(20) 一八八八年に始まるギフォード講演にそれまで招かれたことのあるアメリカ人は、ウィリアム・ジェイムズ、ジョシュア・ロイス、ジョン・デューイ、ウィリアム・ホーネスト・ハッキングの四人であった。なお、ニーバーの前年（一九三七―三八年）の講演者はカール・バルトであった。彼は「神認識と神奉仕」と題して講演を行い、キリスト者の奉仕にはキリスト教的生活や教会における神奉仕（礼拝）だけでなく、「政治的な神奉仕」があることを説いた。時代は神学者に対しても、公共的生活に関する発言を求めていたのである。

（21）Fox（1985）, p. 177.

（22）スミス（1997）、一七五頁。

（23）プロテスタンティズムの政治思想研究の第一人者である千葉真は、それまでのキリスト教現実主義に重点を置くニーバー研究の潮流に対して、ニーバーの初期思想にうかがわれる政治倫理的ラディカリズム及びその原基である預言者的宗教性を重視し、後期ニーバーが、戦後のアメリカにおけるラディカルなデモクラシーの発展のための作業を怠ったことを批判している（千葉（1988）、一六七頁）。これは、ラディカルデモクラシーという観点からみた場合のニーバー評価としては頷ける。しかしながら、ここで考えるべきことは、ニーバーが、千葉が期待するようには活動を展開しなかったその理由である。本章は、そこにニーバーのプラグマティズムが重要な意義を果たしたと考える。ニーバーにとっては、デモクラシーよりも政治そのものが優先されたのであり、そこで重要な役割を負わされたのがプラグマティックな態度であった（第二節参照）。

（24）スミス（1997）、一五六頁。

（25）ニーバー（2002）、一四六頁。

（26）スミス（1997）、一六二頁。

（27）佐々木毅「道徳主義とリアリズムとの独特な結合の提案」（ニーバー（1998）所収）を参照。佐々木は、ニーバーの議論の特徴を次のように描く。「彼は一方で個人主義的伝統のもっている社会問題に対する死角を激しく批判し、この点でいわゆる左翼陣営に対して親近感を示しているが、他面において、左翼陣営の中核である共産主義に対して返す刀でその政治判断の脆弱性を徹底的に突くという立場を採用している」。それは「人間の本性と限界を冷静に見据えたうえで可能な限りにおいて改革と正義の実現を図ろうとしている点で、イデオロギー論争の水準を遥かに超えた政治的思惟の水準を示したものであった」。この理解を踏まえつつ、本章はニーバーの神学へと分析の対象を広げ、ニーバーの政治論と宗教論を統合的に捉えることを目指している。ニーバーの現実認識と正義追求とを両立させたものは、その宗教的な世界観に基づいているからである。

（28）Lovin（1995）, p. 1. 本節の議論はロヴィンの解釈に依拠している。

（29）Lovin（1995）, p. 20.

(30) Lovin (1995), p. 21.

(31) Lovin (1995), p. 21.

(32) Lovin (1995), p. 22.

(33) Lovin (1995), p. 22.

(34) ニーバーにおけるプラグマティズム、特にウィリアム・ジェイムズとの関係は、すでによく知られている。ニーバーと思想的交流のあった歴史家のアーサー・シュレジンガー・ジュニアは、ニーバーの立ち位置を、一方で福音主義のリベラルなプロテスタンティズム、他方でアメリカのプラグマティズムに置く「キリスト教プラグマティズム」にあったと言う (Schlesinger Jr. A. (1956), p. 132)。彼によれば、ニーバーは「宇宙を開かれて未完のものと捉えることにより、つねに未完成で、つねに肥沃で、つねに新しいもので活気にあふれているものととらえる感覚」をジェイムズと共有していた。ニーバーに学び、ニーバーとティリッヒの研究者として名高いロナルド・ストーンは、ニーバーを「プラグマティックなリベラル」と特徴づけている (Stone (1972), p. 9)。ニーバーの伝記を書いたフォックスもニーバーを「完璧なジェイムズ流プラグマティスト」と特徴づけている (Fox (1985), p. 84)。さらにコーネル・ウェストは、ニーバーのプラグマティズムの痕跡をその神学士論文「宗教的知識の有効性と確実性」(一九一四年) の中に確認し、ニーバーは「宗教的な主張の正当性は人間の経験に求めることができる」と考えたが、そこには宗教を「人間の苦闘と英雄的な道徳的行為を挑発するもの」としてとらえる「ジェイムズ流の宗教観」が認められるとする (ウェスト (2014)、三三五頁)。

(35) Lovin (1995), p. 48 からの引用。

(36) ニーバーのキリスト教プラグマティズムの特徴は、プラグマティズムの代表者であるデューイに対する彼の批判に現れている。ニーバーは四〇歳のときの著作『道徳的人間と非道徳的社会』において、三二歳年上のデューイの『哲学と文明』を引用した上で、デューイが社会的な保守主義を「無知」によるとする見方を批判し、「特に人間の集団的行動における歴史の世界は、決して理性によって克服されることはないであろう」と述べる (ニーバー (1960)、一七五頁)。ニーバーにとってプラグマティズムの知性改善論は、人間の罪性を認識していない理想主義であった。また、『光の子と闇の子』においてはデューイの『共通の信仰』にふれて、その純粋な世俗主義の「共通の信仰」によるコミュニティの文化的統一の試みを、「私的利益をより高い律法のもとに従わせなければならない」とする「光の子」に典型的な幻想と批判する (ニーバー (2017b)、一三一頁)。キリスト教プラグマティズムは、聖書に由来する人間観をもとにした政治的リアリズムに基づいて、デューイのプラグマティズムを批判するのである。

（37）Lovin（1995）, p. 49.

（38）Niebuhr（1953）, p. 114.

（39）道徳的なリアリズムについては、前項で論じたように、神学的リアリズムと類比的に理解される、道徳的な理念の実在の側面と、政治的リアリズムと類比的に理解される、自己利益のような要素の側面の二つがある。

（40）スミス（1997）。

（41）管見の限りでは、ニーバーはウェーバーの『プロテスタンティズムの倫理と資本主義の精神』には言及しているが、『職業としての政治』には言及していない。ドイツ系アメリカ人であり、ドイツ語で教育を受けたニーバーが『職業としての政治』を知っていた可能性は極めて高いが、文献的な証拠は確認できていない。

（42）スミス（1997）、二五頁。

（43）ウェーバー（1980）、七七頁。

（44）ウェーバー（1980）、同頁。

（45）ウェーバー（1980）、八一頁。

（46）ウェーバー（1980）、七八頁。

（47）ウェーバー（1980）、七九頁。

（48）ウェーバー（1980）、七七頁。

（49）ウェーバー（1980）、一〇頁。

（50）ウェーバー（1980）、九四頁。

（51）ウェーバー（1980）、一〇三頁。

（52）スミス（1997）、六六頁。

（53）Davis and Good（2012）, p. 119（Niebuhr, "Force and Reason in Politics," *Nation*, vol. 150（February 10, 1940）, p. 216）. なお、Davis and Good（2012）はニーバーの政治論からのアンソロジー集である。引用にあたっては本書のページ数と本書に記された出典箇所を明記する。

（54）ニーバー（1949）、一九七頁（Niebuhr（2013）, p. 189）。

(55) スミス（1997）、一四三頁。
(56) スミスはニーバーとウェーバーの関係について、次のように述べている。「ニーバーの国際関係論における現実主義思想への独自の貢献は、おそらく、ウェーバーの責任倫理に宗教的な基礎付けを与えたことである。しかし残念なことに、この基礎は、現実主義の正確な内容を規定するにあたって、ウェーバーのナショナリズム、カーの社会主義を超えるものではなかった。」スミス（1997）、一六七頁。
(57) 柳父（2011）を参照。
(58) Davis and Good（2012）, p. 199（Niebuhr, "Christian Faith and Social Action," *Christianity and Crisis*, vol. 2, 1952, p. 241）.
(59) ニーバーの共産主義やアジア認識の偏った側面については、佐藤優「ラインホールド・ニーバー『光の子と闇の子』解説」（ニーバー（2017b））、及び田上（2015）、二五二頁を参照。
(60) ニーバー（1951）、二〇頁（Niebuhr（1996）, vol. 1, p. 3f.）. 人間の精神的能力は、人間は「神の像」として作られた「神との相似性」にあり、人間の自然性は、神によって創造されたという「被造物性」に求められる。ニーバー（1951）、二〇二頁（Niebuhr（1996）, vol. 1, p. 150）。
(61) ニーバー（1951）、二〇〇頁（Niebuhr（1996）, p. 148）。
(62) ニーバー（1951）、二三二―二三三頁（Niebuhr（1996）, vol. 1, 178f.）。
(63) ニーバー（1951）、二三一頁（Niebuhr（1996）, vol. 1, p. 177）。
(64) ニーバー（1951）、三七頁（Niebuhr（1996）, vol. 1, p. 16）。
(65) ニーバー（1951）、三七頁（Niebuhr（1996）, vol. 1, p. 17）。
(66) ニーバー（1960）、一八三頁（Niebuhr（1960）, p. 1）。
(67) ニーバー（1960）、一八三頁（Niebuhr（1960）, p. 1）。『道徳的人間と非道徳的社会』では個人の道徳性に対する期待がまだ残っていた。ニーバーはその点を弟リチャードから指摘され、その批判を受け止めるところから、さらに独自の神学を探究した。Sabella（2017）, pp. 31-33.
(68)「人間精神の自由を究極的に保証するものは、その意志が、善悪を選択する自由をもっていないということを自覚することである。なぜなら、精神の自由の最高の段階に達すると、自己は、精神としての自己が自己の直接的必然性をもって感じる所の究極的実在と価値とを、その前の行動がいつも混乱させてきたということを、観想と考慮において、発見するからである。」

ニーバー（1951）、三一九頁（Niebuhr（1996）, vol. 1, p. 258）。

（69）ニーバー（1951）、三三三頁（Niebuhr（1996）, vol. 1, p. 263）。

（70）ニーバー（1951）、三三〇頁（Niebuhr（1996）, vol. 1, p. 260）。

（71）Davis and Good（2012）, p. 163（Niebuhr, "Christian Politics and Communist Religion," in J. Lewis, *Christianity and the Social Revolution*, 1936, p. 446）.

（72）Davis and Good（2012）, p. 180（Niebuhr, "The National Preaching Mission," *Radical Religion*, Vol. 2（Spring, 1937）, p. 3）.

（73）ニーバー（1960）、一八四頁（Niebuhr（1960）, p. 3）。

（74）ニーバー（1960）、一八六頁（Niebuhr（1960）, p. 6）。

（75）ニーバー（1960）、一八五頁（Niebuhr（1960）, p. 6）。

（76）ニーバー（1960）、一九〇―一九一頁（Niebuhr（1960）, p. 15f.）。

（77）ニーバー（1960）、一八四頁（Niebuhr（1960）, p. 6）。第二次世界大戦勃発当初は中立法を改正して維持した米国は、一九四〇年三月には英仏に武器貸与を認め、枢軸国との戦争準備に入っていく。そうした時勢の中でニーバーは次のように述べている。「われわれは、世界がこれまで知ってきた最善の正義のシステムが不完全な善と同様、積極的な悪で満たされてきたことを知っている。しかし、われわれはまた、罪ある世界において正義と文明のシステムは、それらの代わりに何か完全な兄弟愛のスキームを代用することが容易なことだと考える人が想像するよりも、より貴重でかつより不安定であることを知っている」（Davis and Good（2012）, p. 143（Niebuhr, "Christ and Our Political Decisions," *Christianity and Crisis*, Vol. 1（August 11, 1941）, p. 1））。

（78）Davis and Good（2012）, p. 119（Niebuhr, "Force and Reason in Politics," *Nation*, vol. 150（February 10, 1940）, p. 216）.

（79）ニーバー（1998）、三八頁、ニーバー（1960）、一九三頁（Niebuhr（1960）, p. 20）。

（80）ニーバー（2017b）、一一頁（Niebuhr（2014）, p. 1）。

（81）ニーバー（2017b）、七頁（Niebuhr（2014）, p. xxxii）。

（82）ダニエル・F・ライスは、ニーバーのデモクラシー論には二つの動機があると述べる。一つは「個人の自己超越の自由の不確かな高みと、その自由の破壊の途方もない深さの両方を言い尽くそうとする試み」であり、もう一つは「正義の達成という歴史的・政治的な課題に愛（アガペー）の規範を適用しようとする生涯の努力」である（Rice（1993）, p. 230）。これは、多様に語られうるニーバーのデモクラシー論の核心を突く指摘である。

(83) ニーバー（2017b）、七四頁（Niebuhr（2014）, p. 70f.）。

(84) ニーバー（2017b）、一一七頁（Niebuhr（2014）, p. 118）。

(85) Davis and Good（2012）, p. 191（Niebuhr, "Democracy as a religion," *Christianity and Crisis*, Vol. 7（August 4, 1947）, p. 1）.

(86) ニーバー（2017b）、一七四頁（Niebuhr（2014）, p. 176）。ニーバーは典拠を記載していないが、アーサー・フュー・クラフ（Arthur Hugh Clough）の詩「苦闘を無駄と呼んではならぬ」からの引用と思われる。クラフのもともとの詩では、if節の動詞は"are"ではなく、仮定法の"were"である。翻訳は平井正穂編『イギリス名詩選』岩波文庫、一九九〇年による。

(87) Davis and Good（2012）, p. 191（Niebuhr, "Democracy as a religion," *Christianity and Crisis*, Vol. 7（August 4, 1947）, p. 1）.

(88) 注85参照。

(89) ニーバー（2017b）、一五一頁（Niebuhr（2014）, p. 151）。

(90) ニーバー（2017b）、一五一頁（Niebuhr（2014）, p. 151）。

(91) ニーバー（2017a）、二六八頁（Niebuhr（1996）, vol. 2, p. 156）。

(92) ニーバー（2017a）、二六八頁（Niebuhr（1996）, vol. 2, p. 156）。

(93) Davis and Good（2012）, p. 156（Niebuhr, Faith and History, 1949, pp. 178-179）.

(94) Niebuhr（2013）, p. xxxii.

(95) ニーバー（2017a）、二六一頁（Niebuhr（1996）, vol. 2, p. 240）。

(96) ニーバー（2017a）、六七頁（Niebuhr（1996）, vol. 2, p. 47f.）。

(97) ニーバー（2017a）、七〇頁（Niebuhr（1996）, vol. 2, p. 50f.）。

(98) ニーバー（2017a）、三三二頁（Niebuhr（1996）, vol. 2, p. 318）。

(99) ニーバー（2017a）、三三五頁（Niebuhr（1996）, vol. 2, p. 320f.）。このニーバー（2017a）の末尾は、『道徳的人間と非道徳的社会』の末尾と呼応するものとして読むことができる。「われわれは、個人のはしごを天にかけ、人類全体の事業の不節制と腐敗を救済しないままに放置するなどということはできない。／その救済（redemption）の仕事において、もっとも有能な働き手は、すてさった幻想に代えて新しい幻想（illusions）をもちだしてきた人々であろう。これらの幻想のうちでもっとも重要なものは、人類の集団的生活は完全な正義をつくりあげることができるということである。さしあたり、それはきわめて価値のある幻想である。なぜなら、正義を完全に実現させるという希望が精神の中に崇高な熱狂を生み出さないならば、正義に近づくことはできないからである。そのような熱狂を除いては、有害な権力や「天上にいる悪の霊」とあえて戦おうとするものはないのである。幻想はおそろしい狂信を助長するが故に危険である。従って、それは、理性によって制御されなければならない。ひとはただ、幻想がその仕事を果たし終える前に、理性がそれを破壊しさることがないように希望しうるのみである」(ニーバー(1960)、三四二―三四三頁、ニーバー(1998)、二八九―二九〇頁(Niebuhr (1960), p. 277)。

【参照文献】

ウェスト、コーネル(2014)『哲学を回避するアメリカ知識人』村山淳彦他訳、未來社。

ウェーバー、マックス(1980)『職業としての政治』脇圭平訳、岩波文庫。

オークショット、マイケル(1968)「政治教育」阿部四郎訳、永井陽之助編『政治的人間』平凡社。

クリック、バーナード(2011)『シティズンシップ教育論――政治哲学と市民』関口正司監訳、法政大学出版局。

ケペル、ジル(1992)『宗教の復讐』中島ひかる訳、晶文社。

ゴーシェ、マルセル(2010)『デモクラシーと宗教』伊達聖伸・藤田尚志訳、トランスビュー。

鈴木有郷(1982)『ラインホルド・ニーバーの人間観』教文館。

――(1998)『ラインホルド・ニーバーとアメリカ』新教出版社。

スミス、マイケル・J.(1997)『現実主義の国際政治思想』押村高訳、垣内出版。

高橋義文(2013)『ラインホールド・ニーバーの宗教・社会・政治思想の研究』(科学研究費補助金基盤研究B報告)聖学院大学。

田上雅徳(2015)『入門講義　キリスト教と政治』慶應義塾大学出版会。

千葉眞(1988)『現代プロテスタンティズムの政治思想』新教出版社。

中金聡(1995)『オークショットの政治哲学』早稲田大学出版部。

ニーバー(1949)『基督教倫理』上興二郎訳、新教出版社(原著1935)。

――(1951)『キリスト教人間観　人間の本性　第一部』武田清子訳、新教出版社(原著1941)。

――(1960)「道徳的人間と非道徳的社会」武田清子訳、『世界大思想全集　社会・宗教・科学思想編30』河出書房新社(原著1932)。

――――（1998）『道徳的人間と非道徳的社会』大木英夫訳、白水社（原著 1932）。

――――（2002）『アメリカ史のアイロニー』大木英夫・深井智朗訳、聖学院出版会（原著 1952）。

――――（2017a）『人間の運命　キリスト教的歴史解釈』高橋義文・柳田洋夫訳、聖学院大学出版会（原著 1943）。

――――（2017b）『光の子と闇の子』武田清子訳、晶文社（原著 1944）。

蓮見二郎（2008）「『クリック・レポート』」、岡崎晴輝・木村俊道編『はじめて学ぶ政治学』ミネルヴァ書房。

ハーバーマス（2014）「公共圏における宗教――宗教的市民と世俗的市民における「理性の公共的使用」のための認知的前提」鏑木政彦訳（原著、2005）、島薗進・磯前順一編『宗教と公共空間』東京大学出版会。

柳父圀近（2011）「心情倫理と責任の「相補性 Ergänzung」―『職業としての政治』の思想史的背景にふれて」『法學研究』第八四巻第二号。

ロールズ、ジョン（2006）「公共的理性の観念・再考」、『万民の法』中山竜一訳（原著 1999）、岩波書店。

Brooks, David（2007）, Obama, Gospel and Verse, *New York Times* APR. 26, 2007
（https://www.nytimes.com/2007/04/26/opinion/26brooks.html?_r=0）
Casanova, José（1994）, *Public Religions in the Modern World*, The University of Chicago Press.
Davis, Harry R. and Good, Robert C.（2012）, *Reinhold Niebuhr on Politics. His Political Philosophy and Its Application to Our Age as Expressed in His Writings*, Forgotten Books.
Fox, Richard Wightman（1985）, *Reinhold Niebuhr. A Biography*, Cornell University Press.
Holder, R. Ward and Josephson, Peter B.（2013）, "Obama's Niebuhr Problem," in: *Church History*, Vol. 82, Issue 3.
Lovin, Robin W.（1995）, *Reinhold Niebuhr and Christian Realism*, Cambridge University Press.
McKeogh, Colm（1997）, *The Political Realism of Reinhold Niebuhr. A Pragmatic Approach to Just War*, Macmillan Press.
Niebuhr, Reinhold（1953）, *Christian Realism and Political Problems*, Faber & Faber Limites.
――――（1960）, *Moral Man and Immoral Society*, Westminster John Knox Press.
――――（1996）, *The Nature and Destiny of Man. A Christian Interpretation: Volume I: Human Nature, Volume II Human Destiny*, Westminster John Knox Press.

——— (2013), *An Interpretation of Christian Ethics*, Westminster John Knox Press.

——— (2014), *The Children of Light and the Children of Darkness*, The University of Chicago Press.

Rice, Daniel F. (1993), *Reinhold Niebuhr and John Dewey. An American Odyssey*, State University of New York Press.

Sabella, Jeremy L. (2017), *An American Conscience - The Reinhold Niebuhr Story*, Wm. B. Eerdmans Publishing.

Schlesinger Jr., A. (1956),"Reinhold Niebuhr's Role in American Political Thought and Life," in: Charles W. Kegley (ed.), *Reinhold Niebuhr, His Religious, Social, and Poltical Thought*, The Macmillan Company.

——— (1992), "Reinhold Niebuhr's Long Shadow", *New York Times* JUNE 22, 1992 (https://www.nytimes.com/1992/06/22/opinion/reinhold-niebuhr-s-long-shadow.html)

——— (2005), "Forgetting Reinhold Niebuhr," *New York Times* SEPT. 18, 2005 (https://www.nytimes.com/2005/09/18/books/review/forgetting-reinhold-niebuhr.html)

Sifton, Elisabeth (ed.) (2015), *Reinhold Niebuhr. Major Works on Religion and Politics*, The Library of America.

Stone, Ronald H. (1972), *Reinhold Niebuhr. Prophet to Politicians*, Abington.

【執筆者紹介】（掲載順）

関口　正司（せきぐち　まさし）〔編者：第一章〕
一九五四年生まれ。九州大学大学院法学研究院・教授。西洋政治思想史、政治哲学。
主要業績：『自由と陶冶――J・S・ミルとマスデモクラシー』（みすず書房、一九八九年）、『政治における「型」の研究』（編著、風行社、二〇〇九年）。

施　光恒（せ　てるひさ）〔第二章〕
一九七一年生まれ。九州大学大学院比較社会文化研究院・准教授。政治理論、政治哲学。
主要業績：『リベラリズムの再生――可謬主義による政治理論』（慶應義塾大学出版会、二〇〇三年）、『英語化は愚民化――日本の国力は地に落ちる』（集英社新書、二〇一五年）、『本当に日本人は流されやすいのか』（角川新書、二〇一八年）。

蓮見　二郎（はすみ　じろう）〔第三章〕
一九七三年生まれ。九州大学大学院法学研究院・准教授。政治理論、市民教育論。
主要業績：『はじめて学ぶ政治学――古典・名著への誘い』（共著、ミネルヴァ書房、二〇〇八年）、『政治概念の歴史的展開　第六巻』（共著、晃洋書房、二〇一三年）、「イングランドにおける政治教育・市民教育の現状と課題」『政治思想研究　第15号』（二〇一五年）。

石田　雅樹（いしだ　まさき）〔第四章〕
一九七三年生まれ。宮城教育大学教育学部・准教授。政治哲学、政治理論。
主要業績：『公共性への冒険――ハンナ・アーレントと《祝祭》の政治学』（勁草書房、二〇〇九年）、『はじめて学ぶ政治学――古典・名著への誘い』（共著、ミネルヴァ書房、二〇〇八年）。

竹島　博之（たけしま　ひろゆき）〔第五章〕
一九七二年生まれ。東洋大学法学部・教授。政治思想史、政治哲学、シティズンシップ教育。
主要業績：『カール・シュミットの政治――「近代」への反逆』（風行社、二〇〇二年）、『土着語の政治――ナショナリズム・多文化主義・シティズンシップ』（ウィル・キムリッカ著、岡﨑晴輝・施光恒・竹島博之監訳、法政大学出版局、二〇一二年）、『原理から考える政治学』（出原政雄・長谷川一年・竹島博之編、法律文化社、二〇一六年）。

井柳　美紀（いやなぎ　みき）〔第六章〕
一九七二年生まれ。静岡大学人文社会科学部・教授。政治思想史。
主要業績：『ディドロ　多様性の政治学』（創文社、二〇一一年）、「デスポティズムと反デスポティズム――絶対君主政下における権力と自由」（川出良枝編『政治哲学1　主権と自由』岩波書店、二〇一四年所収）、「政治教育」（古賀敬太編『政治概念の歴史的展開　第5巻』晃洋書房、二〇一三年所収）。

平石　耕（ひらいし　こう）〔第七章〕
一九七二年生まれ。成蹊大学法学部教授。西洋政治思想史。
主要業績：『グレアム・ウォーラスの思想世界――来たるべき共同体論の構想』（未來社、二〇一三年）、『政治の発見3　支える――連帯と分配の政治学』（共著、風行社、二〇一一年）、『市民社会論』（共著、おうふう、二〇一六年）。

鏑木　政彦（かぶらぎ　まさひこ）〔第八章〕
一九六五年生まれ。九州大学大学院比較社会文化研究院・教授。西洋政治思想史。
主要業績：『ヴィルヘルム・ディルタイ――精神科学の生成と歴史的啓蒙の政治学』（九州大学出版会、二〇〇二年）、「ニーチェ――「神の死」以降の宗教と国家」（宇野重規編『政治哲学3　近代の変容』岩波書店、二〇一四年所収）。

政治リテラシーを考える——市民教育の政治思想

2019年2月20日　初版第1刷発行

編　者　関口正司
発行者　犬塚　満
発行所　株式会社　風行社
〒101-0064 東京都千代田区神田猿楽町1－3－2
Tel. & Fax. 03-6672-4001
振替 00190-1-537252
印刷・製本　中央精版印刷株式会社

ISBN978-4-86258-124-2